# 福建2022调查年鉴

国家统计局福建调查总队　编

中国统计出版社
China Statistics Press

图书在版编目（CIP）数据

福建调查年鉴. 2022 / 国家统计局福建调查总队编
. -- 北京 : 中国统计出版社, 2022.7
ISBN 978-7-5037-9810-8

Ⅰ. ①福… Ⅱ. ①国… Ⅲ. ①统计资料－福建－2022－年鉴 Ⅳ. ①C832.57-54

中国版本图书馆 CIP 数据核字(2022)第 088196 号

福建调查年鉴 2022

作　　者/ 国家统计局福建调查总队
责任编辑/ 张　洁
封面设计/ 李雪燕
出版发行/ 中国统计出版社有限公司
地　　址/ 北京市丰台区西三环南路甲 6 号　邮政编码/100073
发行电话/ 邮购（010）63376909　书店（010）68783171
网　　址/ http://www.zgtjcbs.com
印　　刷/ 河北鑫兆源印刷有限公司
经　　销/ 新华书店
开　　本/ 890mm×1240mm　1/16
字　　数/ 250 千字
印　　张/ 10.5
版　　别/ 2022 年 7 月第 1 版
版　　次/ 2022 年 7 月第 1 次印刷
定　　价/ 280.00 元

# 《福建调查年鉴 2022》

# 编委会和编辑人员

## 编辑委员会

主　　编：刘文峰

副 主 编：林嗣杰　朱国勇　张爱光　周德同　王江明　陈志良　毛小美

编　　委：（以姓氏笔画为序）

王尔中　王振洪　孔令军　冯志强　苏良太　李　富　吴文芳　邱勇辉　陈　桦　陈光政　林　勇　林秀琴　罗　萍　郭美花　黄　岚　曾大武　曾红梅　游源然

## 编辑工作人员

主任编辑：黄　岚

执行编辑：林　凯

编辑人员：林小静　张琳琅　徐海燕

# 编者说明

一、《福建调查年鉴 2022》，全书收录了 2021 年和历史主要年份福建省、市、县经济和社会发展等各方面的抽样调查数据，是一部从不同侧面反映福建经济和社会发展情况的资料性书籍。

二、全书内容分为六篇：1. 综合；2. 住户调查；3. 价格调查；4. 农村调查；5. 市县调查主要指标。并附录：全国及各省(区、市)调查主要指标。各篇首均有简要说明，各篇末均附有《主要统计指标解释》。

三、本资料使用的度量衡单位均采用国家统一标准计量单位。

四、本资料使用符号说明：

“#”表示其中项；

“…”表示不足小数位的数据；

“空格”表示没有或未掌握该指标数据。

五、本资料部分数据由于单位取舍不同而产生的误差均未作调整。

六、本年鉴所涉及的全国性统计数据，除特殊注明外，均为包括香港、澳门特别行政区和台湾省数据。

# 目　录

## 一、综　合



## 二、住户调查

## 三、价格调查

## 四、农村调查



## 五、市县调查主要指标

## 附录　全国及各省（区、市）调查主要指标

# 一 综　合

资料整理：张琳琅

# 简 要 说 明

本篇主要内容和资料来源

一、本篇资料主要包括国民经济和社会发展统计公报、有关调查内容全年分析、全省行政区划及国民经济和社会发展主要指标四部分。

二、国民经济主要指标数据、统计公报部分资料来源于省统计局，全省行政区划资料来源于省民政厅，有关调查内容全年分析由国家统计局福建调查总队各专业处整理提供。

# 2021 年福建省国民经济和社会发展统计公报

福 建 省 统 计 局
国家统计局福建调查总队

2022 年 3 月 14 日

## 一、综合

初步核算，全年实现地区生产总值 48810.36 亿元，比上年增长 8.0%。其中，第一产业增加值 2897.74 亿元，增长 4.9%；第二产业增加值 22866.32 亿元，增长 7.5%；第三产业增加值 23046.30 亿元，增长 8.8%。第一产业增加值占地区生产总值的比重为 5.9%，第二产业增加值比重为 46.8%，第三产业增加值比重为 47.3%。全年人均地区生产总值 116939 元，比上年增长 7.3%。

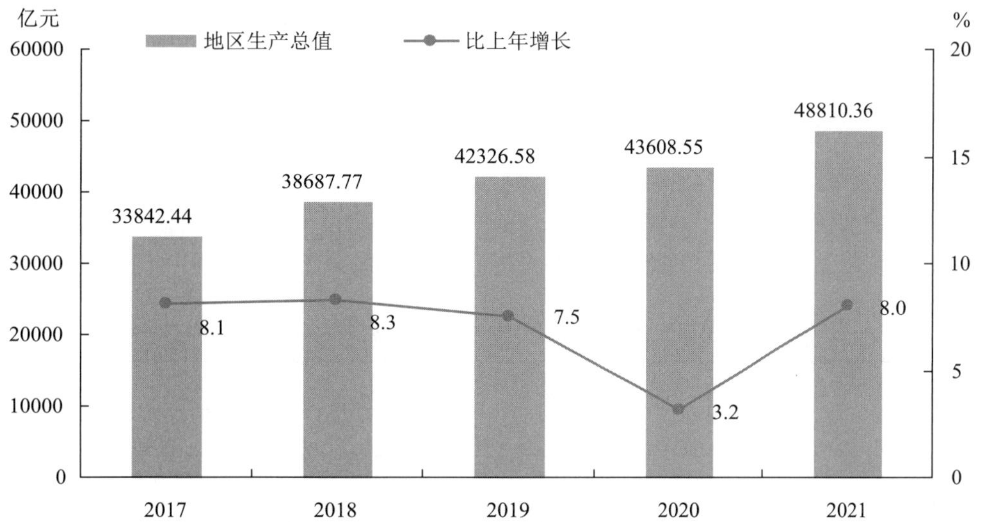


图 1 2017-2021 年地区生产总值及其增长速度

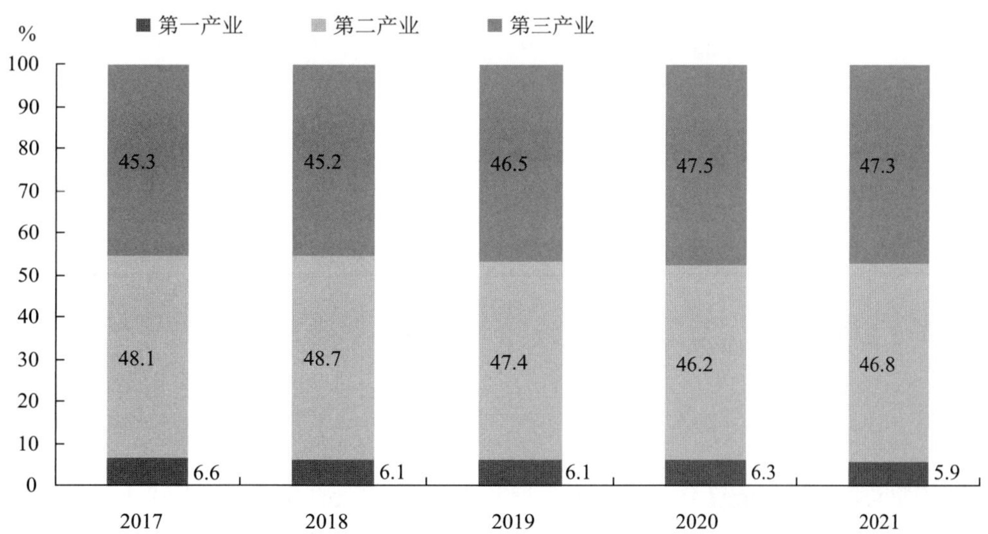


图 2 2017-2021 年三次产业增加值占地区生产总值比重

年末常住人口4187万人，比上年末增加26万人。其中，城镇常住人口2918万人，占总人口比重（常住人口城镇化率）为69.70%，比上年末提高0.95个百分点。全年出生人口34.5万人，出生率为8.26‰；死亡人口26.2万人，死亡率为6.28‰；自然增长率为1.98‰。年末户籍人口数为3943.83万人，比上年末增加22.22万人。

全年城镇新增就业52.01万人。有24.69万名城镇失业人员实现了再就业。年末城镇登记失业率为3.33%，比上年末下降0.49个百分点。

全年居民消费价格比上年上涨0.7%。工业生产者出厂价格上涨4.9%。工业生产者购进价格上涨9.2%。农产品生产者价格上涨4.5%。

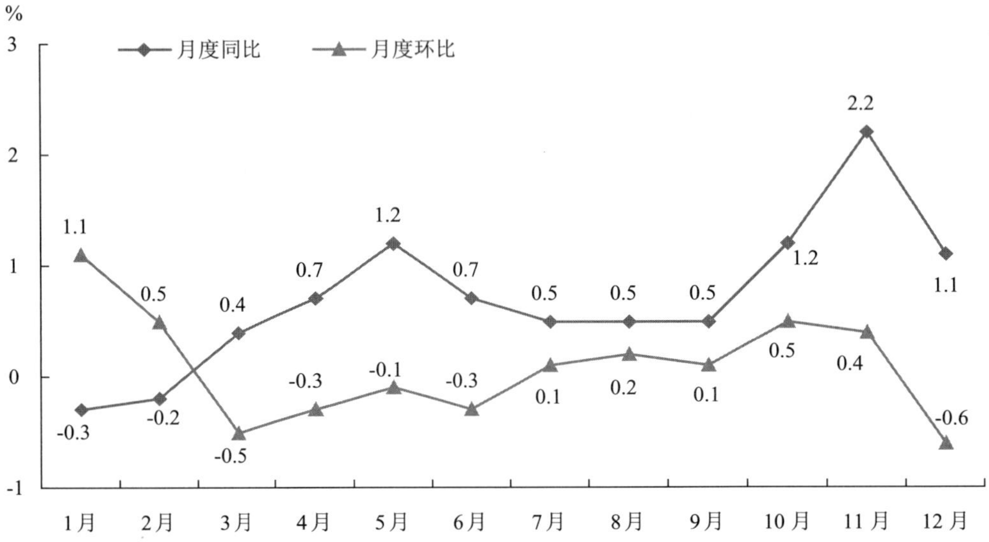


图3　2021年居民消费价格月度涨跌幅度

表1　2021年居民消费价格比上年涨跌幅度

| 指　标 | 全省（%） | 城市 | 农村 |
|---|---|---|---|
| 居民消费价格 | 0.7 | 0.8 | 0.3 |
| 食品烟酒 | -1.1 | -1.0 | -1.5 |
| 衣着 | 1.5 | 2.1 | -0.7 |
| 居住 | 1.3 | 1.4 | 0.8 |
| 生活用品及服务 | 0.7 | 0.8 | 0.4 |
| 交通和通信 | 3.7 | 3.6 | 4.0 |
| 教育文化和娱乐 | 2.0 | 2.1 | 1.5 |
| 医疗保健 | 0.0 | -0.1 | 0.2 |
| 其他用品和服务 | -3.7 | -3.9 | -3.0 |

全年新登记市场主体208.95万户，日均新登记企业1529户，年末市场主体总数达676.72万户。

## 二、农业

全年农林牧渔业总产值5200.97亿元，比上年增长5.1%。粮食种植面积83.51万公顷，比上年增加0.07万公顷。粮食产量506.42万吨，比上年增加4.10万吨，增长0.8%。其中，稻谷产量393.18万吨，增加1.43万吨，增长0.4%。

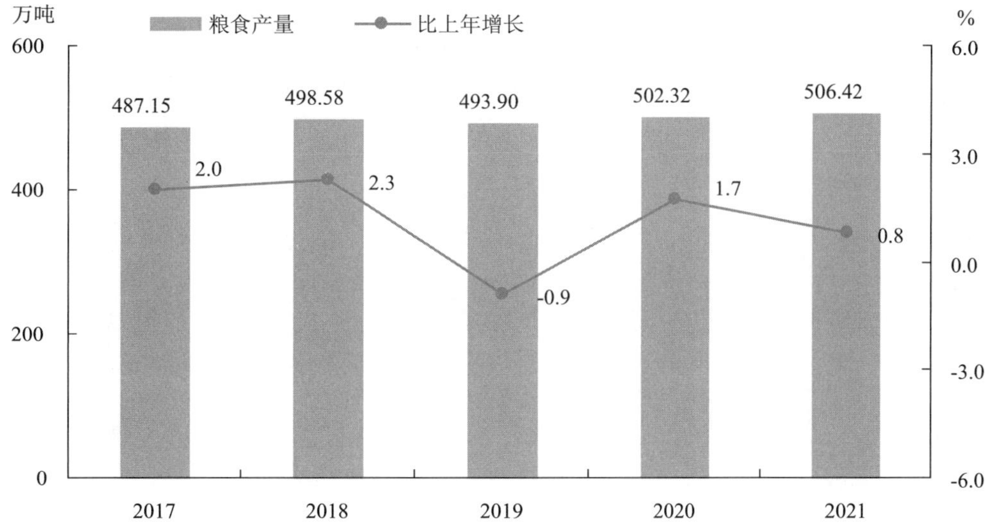


图 4　2017-2021 年粮食产量及其增长速度

表 2　2021 年主要农产品产量

| 产品名称 | 产量（万吨） | 比上年增长（%） |
|---|---|---|
| 粮食 | 506.42 | 0.8 |
| 春收 | 24.39 | 0.6 |
| 夏收 | 77.33 | 0.1 |
| 秋收 | 404.71 | 1.0 |
| 油料 | 23.31 | 2.5 |
| 其中：花生 | 22.21 | 2.5 |
| 油菜籽 | 1.02 | 6.1 |
| 甘蔗 | 28.79 | 6.7 |
| 烤烟 | 10.52 | 4.9 |
| 茶叶 | 48.79 | 5.8 |
| 水果 | 810.29 | 6.0 |
| 蔬菜 | 1540.46 | 3.2 |
| 食用菌 | 146.04 | 5.9 |

全年肉蛋奶总产量 363.38 万吨，比上年增长 9.8%。肉类总产量 286.54 万吨，增长 10.5%。其中，猪肉产量 124.34 万吨，增长 19.8%。禽蛋产量 55.91 万吨，增长 4.2%。牛奶产量 19.43 万吨，增长 14.7%。年末生猪存栏 937.62 万头，比上年末增长 2.9%；全年生猪出栏 1547.59 万头，比上年增长 19.1%。

全年水产品总产量 853.07 万吨，比上年增长 2.4%。其中，淡水产品产量 95.59 万吨，增长 3.3%；近海捕捞 153.11 万吨，增长 0.1%；远洋捕捞 60.66 万吨，下降 0.2%；海水养殖 543.72 万吨，增长 3.2%。

## 三、工业和建筑业

全年全部工业增加值 17787.60 亿元，比上年增长 9.0%。规模以上工业增加值增长 9.9%。其中，轻工业增长 10.8%，重工业增长 9.0%；采矿业下降 8.8%，制造业增长 10.0%，电力、热力、燃气及水生产和供应业增长 13.4%。工业产品销售率 96.47%。

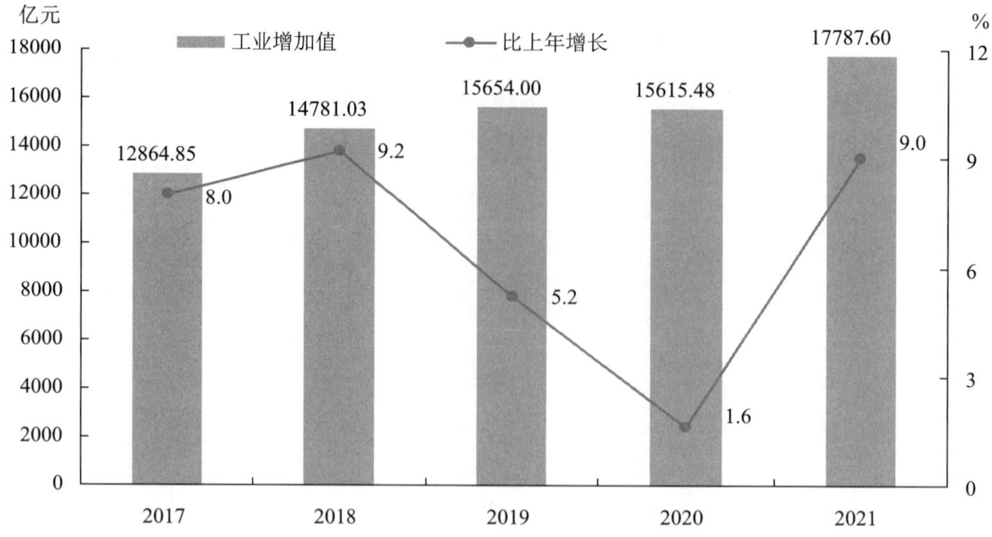


图 5 2017-2021 年全部工业增加值及其增长速度

全年规模以上工业的 38 个行业大类中有 32 个增加值实现正增长。其中，汽车制造业增长 32.4%，电气机械和器材制造业增长 31.1%，计算机、通信和其他电子设备制造业增长 14.2%，电力、热力生产和供应业增长 13.4%。工业战略性新兴产业增加值增长 21.8%，占规模以上工业增加值的比重为 22.0%。高技术制造业增加值增长 26.4%，占规模以上工业增加值的比重为 15.3%。装备制造业增加值增长 17.8%，占规模以上工业增加值的比重为 25.3%。

表 3 2021 年规模以上工业企业主要工业产品产量

| 产品名称 | 单位 | 产量 | 比上年增长(%) |
|---|---|---|---|
| 纱 | 万吨 | 556.94 | 2.2 |
| 布 | 亿米 | 79.42 | 3.1 |
| 化学纤维 | 万吨 | 1029.66 | 18.3 |
| 卷 烟 | 亿支 | 895.60 | 1.0 |
| 彩色电视机 | 万台 | 1383.29 | 4.0 |
| 其中：液晶电视机 | 万台 | 1377.03 | 3.8 |
| 房间空气调节器 | 万台 | 181.03 | 27.8 |
| 原 煤 | 万吨 | 540.68 | -17.5 |
| 发电量 | 亿千瓦时 | 2931.21 | 11.2 |
| 其中：火电 | 亿千瓦时 | 1702.83 | 9.8 |
| 水电 | 亿千瓦时 | 274.28 | -6.0 |
| 核电 | 亿千瓦时 | 777.20 | 19.1 |
| 粗 钢 | 万吨 | 2535.52 | 2.8 |
| 钢 材 | 万吨 | 3980.53 | 5.2 |
| 十种有色金属 | 万吨 | 89.55 | 21.0 |
| 其中：精炼铜（电解铜） | 万吨 | 82.15 | 22.9 |
| 原铝（电解铝） | 万吨 | 7.23 | 2.6 |
| 水 泥 | 万吨 | 10096.37 | 4.0 |
| 硫 酸（折 100%） | 万吨 | 332.19 | -0.2 |
| 纯 碱（碳酸钠） | 万吨 | 24.10 | -5.5 |
| 烧 碱（折 100%） | 万吨 | 37.91 | 5.6 |

续表

| 产品名称 | 单位 | 产量 | 比上年增长(%) |
|---|---|---|---|
| 乙　烯 | 万吨 | 211.90 | 52.7 |
| 农用氮、磷、钾化学肥料（折纯） | 万吨 | 66.69 | -22.7 |
| 发电机组（发电设备） | 万千瓦 | 16.16 | -40.2 |
| 汽　车 | 万辆 | 34.26 | 89.9 |
| 其中：基本型乘用车（轿车） | 万辆 | 14.09 | 433.4 |
| 运动型多用途乘用车（SUV） | 万辆 | 3.18 | -8.7 |
| 新能源汽车 | 万辆 | 9.32 | 263.1 |
| 集成电路 | 亿块 | 27.89 | 32.2 |
| 移动通信手持机（手机） | 万台 | 2275.52 | -4.5 |
| 微型计算机设备 | 万台 | 1369.67 | -8.3 |

注：发电量为全社会口径。

年末发电装机容量 6983.32 万千瓦，比上年末增长 9.6%。其中，火电装机容量 3596.24 万千瓦，增长 3.4%；水电装机容量 1385.75 万千瓦，增长 4.1%；核电装机容量 986.20 万千瓦，增长 13.2%；并网风电装机容量 735.02 万千瓦，增长 51.2%；并网太阳能发电装机容量 277.01 万千瓦，增长 36.9%。

全年规模以上工业企业实现利润 4353.30 亿元，比上年增长 24.7%。全年规模以上工业企业每百元营业收入中的成本为 86.21 元，比上年减少 0.27 元；营业收入利润率为 6.72%，提高 0.48 个百分点。年末规模以上工业企业资产负债率为 51.7%，比上年末提高 1.2 个百分点。

全年全社会建筑业实现增加值 5140.55 亿元，比上年增长 2.5%。具有资质等级的总承包和专业承包建筑业企业完成建筑业总产值 15810.43 亿元，增长 12.0%。

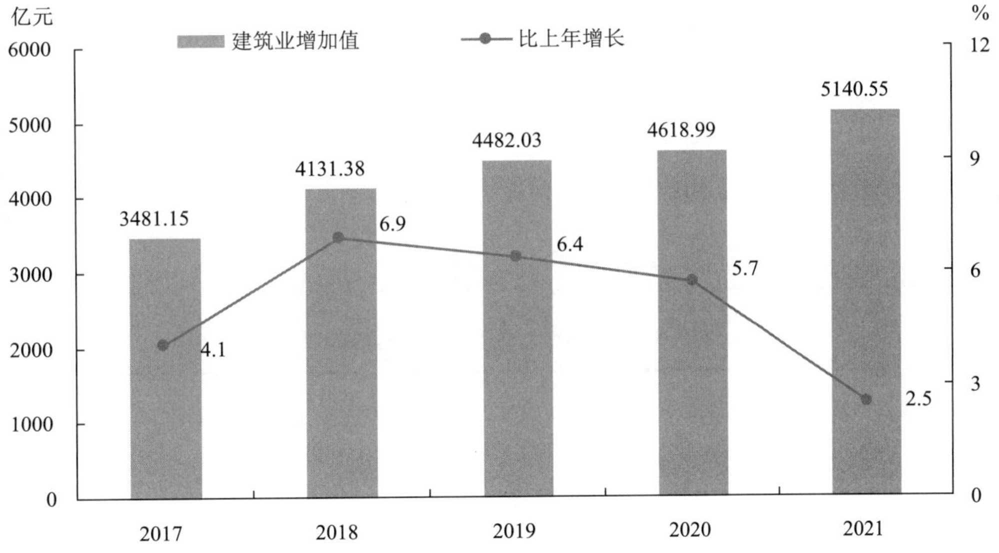


图 6　2017-2021 年建筑业增加值及其增长速度

## 四、服务业

全年批发和零售业增加值 5552.53 亿元，比上年增长 15.4%；交通运输、仓储和邮政业增加值 1772.74 亿元，增长 13.1%；住宿和餐饮业增加值 696.23 亿元，增长 14.2%；金融业增加值 3623.07 亿元，增长 5.2%；房地产业增加值 2813.92 亿元，增长 4.8%。规模以上服务业企业营业收入比上年增长 22.3%。

全年公路通车里程 111030.66 公里，比上年增长 0.8%。高速公路网累计建成 6043.91 公里，增长 0.7%。铁路营业里程 3983.31 公里，增长 5.5%。

全年货物运输总量166130.86万吨，比上年增长18.1%，货物运输周转量10164.20亿吨公里，增长12.7%。旅客运输总量21893.27万人次，下降14.1%，旅客运输周转量650.89亿人公里，下降1.7%。

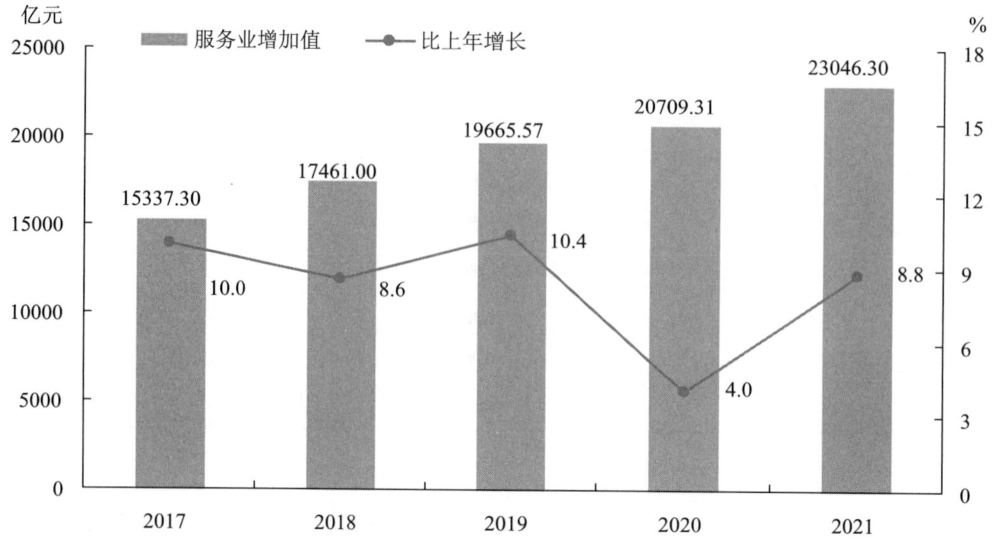


图7　2017-2021年服务业增加值及其增长速度

表4　2021年各种运输方式完成货物运输量及其增长速度

| 指　标 | 单位 | 绝对数 | 比上年增长（%） |
|---|---|---|---|
| 货物运输总量 | 万吨 | 166130.86 | 18.1 |
| 铁路 | 万吨 | 5111.72 | 12.5 |
| 公路 | 万吨 | 110776.99 | 21.6 |
| 水运 | 万吨 | 50223.83 | 11.6 |
| 民航 | 万吨 | 18.33 | -19.6 |
| 货物运输周转量 | 亿吨公里 | 10164.20 | 12.7 |
| 铁路 | 亿吨公里 | 201.32 | 11.3 |
| 公路 | 亿吨公里 | 1233.16 | 20.7 |
| 水运 | 亿吨公里 | 8724.61 | 11.7 |
| 民航 | 亿吨公里 | 5.11 | -15.2 |

表5　2021年各种运输方式完成旅客运输量及其增长速度

| 指　标 | 单位 | 绝对数 | 比上年增长(%) |
|---|---|---|---|
| 旅客运输总量 | 万人次 | 21893.27 | -14.1 |
| 铁路 | 万人次 | 8350.42 | 10.8 |
| 公路 | 万人次 | 10521.70 | -29.3 |
| 水运 | 万人次 | 742.13 | 0.1 |
| 民航 | 万人次 | 2279.02 | -2.1 |
| 旅客运输周转量 | 亿人公里 | 650.89 | -1.7 |
| 铁路 | 亿人公里 | 238.64 | 6.9 |
| 公路 | 亿人公里 | 74.52 | -17.8 |
| 水运 | 亿人公里 | 0.82 | 7.1 |
| 民航 | 亿人公里 | 336.92 | -3.0 |

全年沿海港口完成货物吞吐量 69190.18 万吨，比上年增长 11.4%。其中，外贸货物吞吐量 25959.94 万吨，增长 10.2%。集装箱吞吐量 1746.21 万标箱，增长 1.5%。

年末民用汽车保有量 778.04 万辆，比上年末增加 46.71 万辆，其中私人汽车保有量 670.82 万辆，增加 38.15 万辆。民用轿车保有量 467.32 万辆，增加 25.47 万辆，其中私人轿车保有量 428.03 万辆，增加 24.07 万辆。

全年完成邮电业务总量（按 2020 年不变单价测算）995.85 亿元，比上年增长 24.6%。其中，邮政业务总量 474.78 亿元，增长 26.8%；电信业务总量 521.07 亿元，增长 22.7%。邮政业全年完成邮政函件业务 2529.07 万件，包裹业务 63.43 万件，快递业务量 41.50 亿件，快递业务收入 351.27 亿元。年末电话用户总数 5531.42 万户，增长 1.1%。其中，固定电话用户 707.16 万户，下降 3.5%；移动电话用户 4824.25 万户，增长 1.8%。移动电话普及率为 116.1 部/百人。5G 手机终端用户 1397.57 万户，增长 159.2%。固定互联网宽带接入用户 1985.14 万户，增长 8.4%，固定宽带家庭普及率为 119.2 部/百户。移动互联网用户 4146.55 万户，增长 4.2%。

## 五、国内贸易

全年社会消费品零售总额 20373.11 亿元，比上年增长 9.4%。按经营地统计，城镇消费品零售额 17568.32 亿元，增长 9.2%；乡村消费品零售额 2804.79 亿元，增长 10.5%。按消费类型统计，商品零售额 18552.38 亿元，增长 9.2%；餐饮收入额 1820.73 亿元，增长 10.8%。

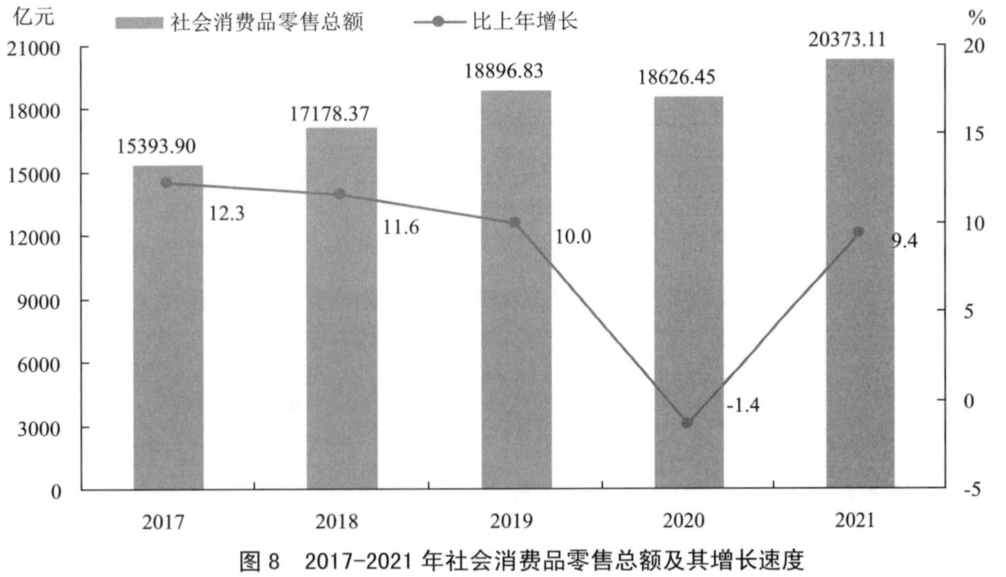


图 8　2017-2021 年社会消费品零售总额及其增长速度

限额以上单位商品零售额中，服装鞋帽针纺织品类比上年增长 26.9%，石油及制品类增长 24.1%，中西药品类增长 23.5%，化妆品类增长 17.2%，粮油食品类增长 13.9%，文化办公用品类增长 13.5%，日用品类增长 13.4%，家用电器和音像器材类增长 9.0%，家具类增长 6.5%，金银珠宝类增长 5.5%，汽车类增长 4.0%。

全年限额以上商品网上零售额 1775.54 亿元，比上年增长 28.7%。

## 六、固定资产投资

全年固定资产投资 19083.28 亿元，比上年增长 6.0%。第一产业投资 357.77 亿元，增长 17.1%；第二产业投资 6186.17 亿元，增长 11.6%，其中，工业投资 6183.26 亿元，增长 11.6%；第三产业投资 12539.34 亿元，增长 3.2%。基础设施投资 4548.74 亿元，增长 2.4%。民间投资 11018.71 亿元，增长 5.9%。高技术产业投资 1577.70 亿元，增长 36.0%。全年到位资金 17290.83 亿元，比上年增长 6.6%。

全年房地产开发企业投资 6195.61 亿元，比上年增长 2.8%。其中，住宅投资 4560.71 亿元，增长 4.3%。

表6　2021年分行业固定资产投资情况

| 行　　业 | 绝对数（亿元） | 比上年增长（%） |
|---|---|---|
| 农、林、牧、渔业 | 410.89 | 20.7 |
| 采矿业 | 90.02 | 47.6 |
| 制造业 | 5322.07 | 13.9 |
| 电力、热力、燃气及水生产和供应业 | 771.17 | -4.8 |
| 建筑业 | 7.54 | 44.5 |
| 批发和零售业 | 142.69 | 0.7 |
| 交通运输、仓储和邮政业 | 1462.56 | 3.6 |
| 住宿和餐饮业 | 124.38 | -21.6 |
| 信息传输、软件和信息技术服务业 | 168.96 | -4.0 |
| 金融业 | 16.53 | -6.1 |
| 房地产业 | 6584.19 | 1.1 |
| 租赁和商务服务业 | 258.33 | 26.1 |
| 科学研究和技术服务业 | 73.18 | 122.9 |
| 水利、环境和公共设施管理业 | 2325.81 | 6.1 |
| 居民服务、修理和其他服务业 | 36.05 | -12.8 |
| 教育 | 450.92 | 10.3 |
| 卫生和社会工作 | 304.68 | 5.4 |
| 文化、体育和娱乐业 | 457.38 | -0.1 |
| 公共管理、社会保障和社会组织 | 75.94 | 23.7 |

全年各类棚户区改造开工7.2万套，基本建成4万套。新开工建设城镇保障性安居工程住房9.1万套(户)，基本建成城镇保障性安居工程住房5万套（户）。

表7　2021年房地产开发和销售主要指标及其增长速度

| 指　　标 | 单位 | 绝对数 | 比上年增长（%） |
|---|---|---|---|
| 投资完成额 | 亿元 | 6195.61 | 2.8 |
| 其中：住宅 | 亿元 | 4560.71 | 4.3 |
| 其中：90平方米及以下 | 亿元 | 1371.18 | -0.5 |
| 房屋施工面积 | 万平方米 | 34667.18 | 0.3 |
| 其中：住宅 | 万平方米 | 23458.10 | 2.3 |
| 房屋新开工面积 | 万平方米 | 6439.20 | -3.0 |
| 其中：住宅 | 万平方米 | 4587.40 | 0.8 |
| 房屋竣工面积 | 万平方米 | 4041.68 | 6.2 |
| 其中：住宅 | 万平方米 | 2699.13 | 12.3 |
| 商品房销售面积 | 万平方米 | 6976.44 | 5.6 |
| 其中：住宅 | 万平方米 | 5597.61 | 7.4 |
| 本年实际到位资金 | 亿元 | 7747.95 | 5.3 |
| 其中：国内贷款 | 亿元 | 884.52 | 17.3 |
| 个人按揭贷款 | 亿元 | 1173.55 | 3.0 |
| 本年土地购置面积 | 万平方米 | 346.74 | -42.1 |
| 土地购置费 | 亿元 | 2405.40 | -5.5 |

1620个在建省重点项目完成投资6331亿元。全年建成或部分建成323个项目，新开工441个项目。

## 七、对外经济

全年进出口总额 18449.58 亿元，比上年增长 30.9%。其中，出口额 10816.50 亿元，增长 27.7%；进口额 7633.08 亿元，增长 35.7%。进出口顺差 3183.42 亿元。

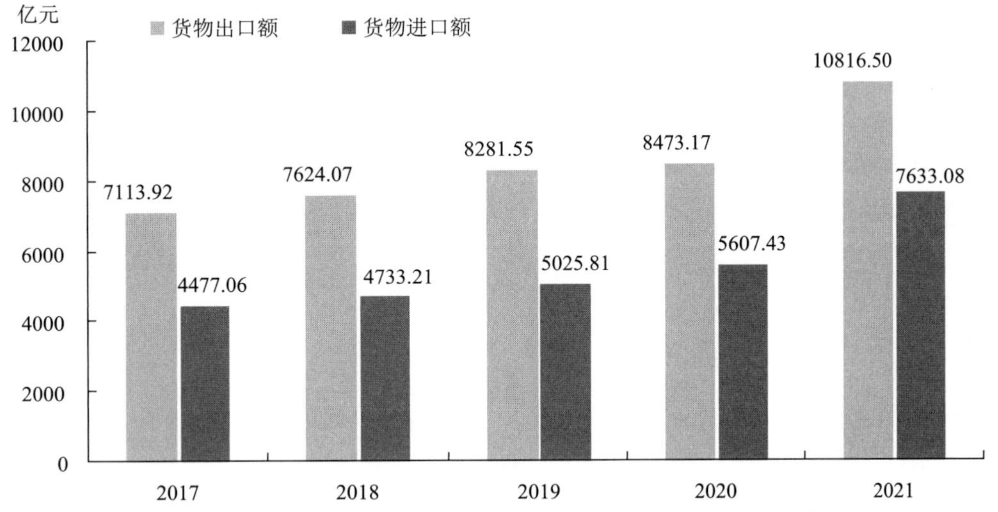


图 9　2017-2021 年货物进出口总额

表 8　2021 年进出口主要分类情况

| 指　标 | 绝对数（亿元） | 比上年增长（%） |
|---|---|---|
| 进出口总额 | 18449.58 | 30.9 |
| 出口额 | 10816.50 | 27.7 |
| 其中：一般贸易 | 7927.52 | 32.0 |
| 加工贸易 | 1493.03 | 16.5 |
| 其中：机电产品 | 3985.37 | 24.5 |
| 其中：高新技术产品 | 1382.60 | 36.0 |
| 进口额 | 7633.08 | 35.7 |
| 其中：一般贸易 | 6237.54 | 36.7 |
| 加工贸易 | 829.71 | 27.2 |
| 其中：机电产品 | 1328.77 | 28.9 |
| 其中：高新技术产品 | 980.62 | 32.4 |

表 9　2021 年对主要国家和地区进出口情况

| 国家和地区 | 出口额（亿元） | 比上年增长（%） | 进口额（亿元） | 比上年增长（%） |
|---|---|---|---|---|
| 美　国 | 1869.24 | 19.6 | 419.33 | 61.0 |
| 欧　盟 | 1645.54 | 31.8 | 419.48 | 21.5 |
| 东　盟 | 2311.92 | 27.1 | 1442.02 | 42.1 |
| 日　本 | 527.75 | 22.1 | 326.55 | 34.9 |
| 香港地区 | 469.54 | 7.5 | 9.21 | -36.0 |
| 台湾地区 | 517.32 | 29.7 | 529.29 | 22.9 |
| 韩　国 | 375.15 | 43.5 | 240.31 | 44.0 |
| 沙特阿拉伯 | 116.33 | 4.3 | 427.48 | 73.8 |

注：欧盟不含英国。

全年新设外商直接投资企业 2742 家，比上年增长 22.7%。实际使用外商直接投资金额 369.1 亿元，增长 6.1%。

备案和核准对外直接投资项目 262 个，比上年增长 19.1%。全年对外承包工程完成营业额 17.4 亿美元，增长 34.7%；对外劳务合作劳务人员实际收入总额 9.6 亿美元，增长 11.7%。

## 八、财政金融

全年一般公共预算总收入 5743.84 亿元，比上年增长 11.3%，其中，地方一般公共预算收入 3383.38 亿元，增长 9.9%。一般公共预算支出 5210.92 亿元，增长 7.5%。税收收入（含海关代征）5424.25 亿元，增长 15.7%。全年新增减税降费超过 230 亿元。

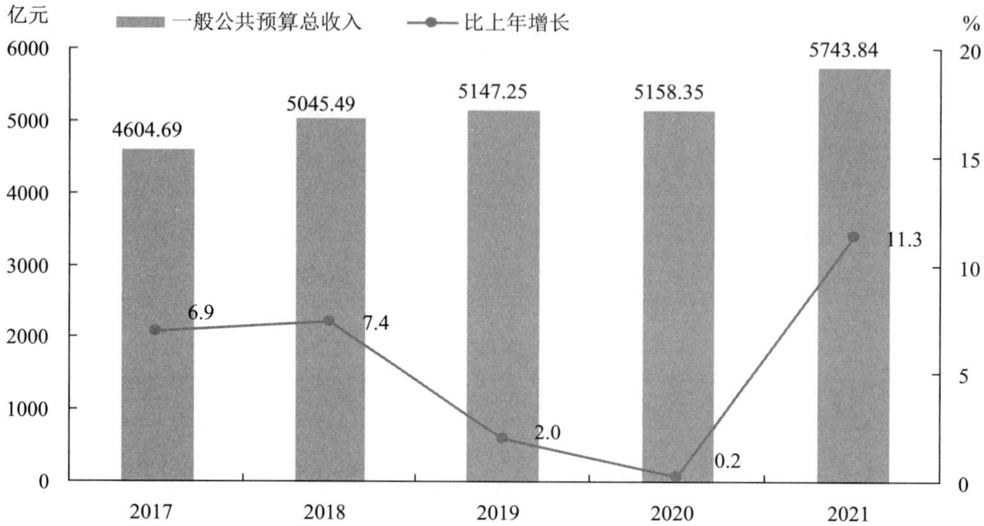


图 10　2017-2021 年一般公共预算总收入及其增长速度

年末金融机构本外币各项存款余额 62091.51 亿元，比上年末增长 10.1%；金融机构本外币各项贷款余额 67894.59 亿元，比上年末增长 13.4%。

年末农村合作金融机构人民币各项贷款余额 5703.94 亿元，比上年末增长 13.8%。中资金融机构人民币个人消费贷款余额 23520.71 亿元，比上年末增长 10.2%。

表 10　2021 年末全部金融机构本外币存贷款情况

| 指　　标 | 年末数（亿元） | 比上年末增长（%） |
|---|---|---|
| 各项存款 | 62091.51 | 10.1 |
| 其中：住户存款 | 26472.81 | 9.0 |
| 非金融企业存款 | 18805.64 | 9.2 |
| 其中：人民币存款 | 60557.26 | 9.8 |
| 各项贷款 | 67894.59 | 13.4 |
| 其中：短期贷款 | 19736.61 | 8.8 |
| 中长期贷款 | 42790.30 | 12.5 |
| 其中：人民币贷款 | 65920.32 | 12.5 |

年末境内 A 股上市公司 161 家，比上年增加 11 家，总市值 39425.98 亿元，增长 27.7%；B 股上市公司数量为 1 家，总市值 8.05 亿元，下降 2.9%。

全年保险公司保费收入 1294.49 亿元，比上年增长 4.7%。其中，财产险保费收入 328.05 亿元，人身险保费收入 966.44 亿元。支付各类赔款及给付 428.96 亿元，比上年增长 9.9%。其中，财产险 216.09 亿元，人身险 212.87 亿元。

## 九、居民收入消费和社会保障

全年居民人均可支配收入 40659 元，比上年增长 9.3%，扣除价格因素，实际增长 8.5%。按常住地分，农村居民人均可支配收入 23229 元，增长 11.2%，扣除价格因素，实际增长 10.9%；城镇居民人均可支配收入 51140 元，增长 8.4%，扣除价格因素，实际增长 7.6%。城乡居民人均可支配收入比值为 2.20，比上年缩小 0.06。

全年居民人均生活消费支出 28440 元，比上年增长 13.2%，扣除价格因素，实际增长 12.4%。按常住地分，农村居民人均生活消费支出 19290 元，增长 18.1%，扣除价格因素，实际增长 17.7%；城镇居民人均生活消费支出 33942 元，增长 11.3%，扣除价格因素，实际增长 10.5%。

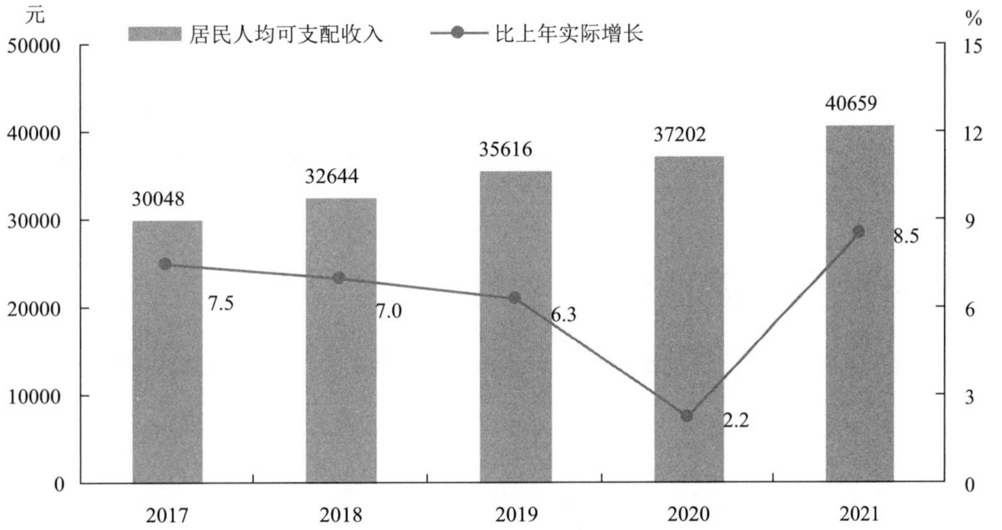


图 11 2017-2021 年居民人均可支配收入及其实际增长速度

年末参加城镇职工基本养老保险人数 1329.66 万人，比上年末增加 129.09 万人。企业参加基本养老保险离退休人员为 169.13 万人，全部实现养老金按时足额发放。参加基本医疗保险人数 3872.07 万人。参加失业保险人数 716.70 万人，比上年末增加 52.29 万人。

年末领取失业保险金人数 5.97 万人，比上年末减少 0.37 万人；纳入城市最低生活保障的居民 6.50 万人，比上年末增加 0.26 万人；纳入农村最低生活保障的居民 48.40 万人，比上年末增加 3.16 万人；城乡特困人员 6.70 万人。

年末各类养老床位数 26.31 万张，每千名老人拥有养老床位 38.80 张。建立社区服务中心（站）18212 个。全年销售社会福利彩票 39.93 亿元，筹集福利彩票公益金 12.90 亿元。

## 十、科学技术和教育

已布局建设 36 家省级产业技术研究院和 31 家省级产业技术创新战略联盟。拥有国家重点实验室 10 个、省创新实验室 4 个、省级重点实验室 245 个、国家级工程技术研究中心 7 个、省级工程技术研究中心 527 个、省级新型研发机构 204 家。建设国家众创空间备案 72 家、省级众创空间 344 家。科技企业孵化器认定 194 家，在孵企业 3754 家。新认定国家技术创新示范企业 30 家、国家企业技术中心 75 家、省级企业技术中心 517 家。专利授权 153814 件，其中，发明专利授权 12561 件。截至年末，有效发明专利 62156 件，比上年末增长 22.5%，每万人口发明专利拥有量 14.9 件。全年商标注册 44.7 万件，比上年增长 34.7%。全年共登记技术合同16320项，成交金额214.40亿元。

年末共有1654家机构通过检验检测资质认定，比上年增加188家，国家产品质量监督检验中心21个，省级产品质量监督检测中心36个。现有独立的认证机构14个、分支机构27个，累计获得95022张产品及管理体系认证证书。共有法定计量技术机构69个，全年强制检定工作计量器具154.4万台（件）。全年参与制修订国家标准498项，发布地方标准105项。

年末共有国家级地面观测站70个，高空气象观测站3个，天气雷达站10个，风廓线雷达站19个，大型海洋气象浮标站5个。共有地球物理台站（点）43个，前兆测项410个，测震台站（点）128个，强震动观测站位（点）205个，GPS观测基准站61个。共有373个渔业资源环境监测站位、235个近岸海域环境监测站位，共有47个海上水文气象观测浮标站位、43个沿海自动验潮站。测绘地理信息部门审批通过了公开出版地图148件。

全年研究生教育招生2.68万人，在校生7.66万人，毕业生1.65万人。普通本专科招生31.5万人（含高职招生16.12万人），在校生102.34万人，毕业生22.47万人。普通高校毕业生就业率94.12%。中等职业教育（不含技工校）招生13.98万人，在校生37.54万人，毕业生9.91万人。普通高中招生24.54万人，在校生69.93万人，毕业生19.64万人。初中招生52.58万人，在校生152.61万人，毕业生44.81万人。普通小学招生62.85万人，在校生352.9万人，毕业生52.82万人。特殊教育招生0.49万人，在校生2.87万人，毕业生0.52万人。学前教育在园幼儿167.27万人。九年义务教育巩固率为99.23%，高中阶段毛入学率为97.03%。

## 十一、文化旅游、卫生健康和体育

年末文化系统共有国有艺术表演团体69个，各级各类档案馆117个，公共图书馆95个，文化馆97个，博物馆99个，非国有博物馆39个。文化系统各类艺术表演团体演出0.78万场，本年度首演剧目132个，观众477.94万人次。

年末共有影院367家，银幕2134块，年度电影票房15.21亿元。广播电台4座，电视台4座，广播电视台68座，教育电视台1座。有线电视用户734.38万户，数字化率100%。广播节目综合覆盖率为99.85%；电视节目综合覆盖率为99.87%。

全年出版图书5097种，总印数1.49亿册；报纸42种（不含校报、副版），总印数6.58亿份；期刊174种，总印数0.20亿册。

全年接待入境游客65.11万人次，比上年下降71.7%。国际旅游外汇收入4.92亿美元，下降76.2%。接待国内旅游人数40680.51万人次，增长15.6%；国内旅游收入4862.34亿元，增长5.3%。旅游总收入4894.04亿元，增长2.8%。

年末共有各级各类医疗卫生机构2.87万个，其中，医院709个，卫生院892个，村卫生室1.68万个。年末共有卫生技术人员29.36万人，其中，执业（助理）医师11.07万人，注册护士12.8万人。年末共有医疗机构床位22.3万张，乡村医生和卫生员1.68万人。

全年我省运动员在全国最高级别比赛中共获得49金35银40铜。举办64项全省青少年体育赛事，参与人数2.4万人。

全年为民办实事项目新建6个全民健身中心、20个智慧体育公园。新增国家级体育产业示范单位4项、示范项目2项。销售体育彩票92.77亿元。

## 十二、资源、环境和应急管理

全年国有建设用地供应总量1.59万公顷，比上年增长2.5%。其中，工矿仓储用地0.45万公顷，增长7.0%；住宅用地0.19万公顷，下降27.5%；基础设施用地0.92万公顷，增长13.7%。

全年水资源总量 758 亿立方米。

全年植树造林总面积 7.16 万公顷。其中，人工荒山造林 0.33 万公顷，人工迹地更新面积 4.49 万公顷，低产低效林改造 1.09 万公顷。城市（县城）新增建成区绿地面积 1742.92 公顷，建成区绿地率 40.77%；新增公园绿地面积 538.28 公顷，人均公园绿地面积 15.02 平方米。新增水土流失治理面积 1217 平方公里。

森林覆盖率 66.8%。三明市、龙岩市、鼓楼区、湖里区、集美区、南靖县、浦城县、周宁县等 8 个市县获得国家生态文明建设示范市县命名；将乐县、武夷山市被国家授予“绿水青山就是金山银山”实践创新基地称号。截至目前，共 30 个市县获得国家生态文明建设示范市县命名，5 个县被授予“绿水青山就是金山银山”实践创新基地称号。现有各类自然保护地 357 处。拥有世界自然遗产（含双遗产）2 处、世界地质公园 2 处。

主要流域整体水质为优，Ⅰ-Ⅲ类水质比例为 97.3%；县级以上集中式生活饮用水源地水质达标率为 100%。列入国家考核的 142 个近岸海域国控点位中，一、二类海水水质面积占比 85.2%。

九市一区空气质量达标天数比例 99.2%，$PM_{2.5}$ 年均浓度为每立方米 21 微克。县级以上城市空气质量均达到国家空气质量二级标准。九市一区、11 个县级市和长乐区、龙海区、建阳区中，区域声环境质量“二级”的城市 12 个；道路交通声环境质量“一级”的城市 15 个，“二级”的城市 8 个。

市县生活垃圾无害化处理率 100%，市县污水处理率 97%。

地质灾害造成直接经济损失 133.80 万元。共发生森林火灾 44 起；受害面积 306.61 公顷。全年海洋灾害造成直接经济损失约 4978 万元，比上年减少 59.9%。全年发生（现）海洋赤潮 4 次；累计赤潮面积 12.5 平方公里。

发生各类生产安全事故 986 起，比上年下降 16.9%；死亡 684 人，下降 6.9%；没有发生重大事故。亿元地区生产总值生产安全事故死亡率 0.014，比上年下降 17.6%。

注：

1. 本公报未包括金门县和连江县的马祖列岛。
2. 本公报所列数据为初步统计数，部分合计数或相对数由于单位取舍不同而产生的计算误差，均不做机械调整。
3. 本公报地区生产总值、各产业增加值按现价计算，增长速度按可比价格计算。

资料来源：

本公报中城镇新增就业、登记失业率、社会保障数据来自省人社厅；财政数据来自省财政厅；税收数据来自省税务局；重点项目投资数据来自省发展改革委；公路里程、公路运输、水运、港口货物吞吐量数据来自省交通运输厅；铁路数据来自中国铁路南昌局集团有限公司；户籍人口数据、民用汽车数据来自省公安厅；保障性住房、城市污水处理、公园绿地面积数据来自省住建厅；货物进出口数据来自福州海关；外商直接投资、对外直接投资、对外承包工程、对外劳务合作等数据来自省商务厅；邮政业务数据来自省邮政管理局；电话用户、电信业务总量等数据来自省通信管理局；文化、旅游数据来自省文旅厅；货币金融数据来自人行福州中心支行；上市公司数据来自福建证监局；保险业数据来自福建银保监局；省级企业技术中心、国家技术创新示范企业数据来自省工信厅；工程技术研究中心、技术合同等数据来自省科技厅；教育数据来自省教育厅；专利数据、质量检验数据来自省市场监督管理局；气象数据来自省气象局；地震数据来自省地震局；测绘、地质灾害数据来自省自然资源厅；水产品产量、海洋数据来自省海洋与渔业局；广播、电视数据来自省广电局；电影、报纸、期刊、图书数据来自省委宣传部；档案数据来自省档案局；体育数据来自省体育局；卫生数据来自省卫健委；医保数据来自省医保局；低保、养老数据来自省民政厅；环境监测数据来自省生态环境厅；应急管理数据来自省应急管理厅；林业数据来自省林业局；水资源数据来自省水利厅；电力数据来自国网福建省电力有限公司；其他数据来自福建省统计局和国家统计局福建调查总队。

# 2021 年福建居民消费价格温和上涨

2021 年，福建居民消费价格（CPI）上涨 0.7%，涨幅比上年收窄 1.5 个百分点。其中：城市上涨 0.8%，农村上涨 0.3%；消费品价格上涨 0.5%，服务价格上涨 1.0%；扣除食品和能源价格的核心 CPI 上涨 0.9%。

## 一、福建 CPI 运行总体情况

### （一）同比前低后高，环比总体平稳

从同比看，除 1、2 月份分别下降 0.3%和 0.2%外，其余月份均呈上涨态势，由 1 月份下降 0.3%转为 5 月份上涨 1.2%，6-9 月涨幅稳定在 0.5%左右，10 月份涨幅扩大，其中 11 月份受翘尾和鲜菜价格拉升等因素影响，上涨 2.2%，为全年最高点。

从环比看，因受春节等因素影响，1 月份上涨 1.1%，为全年最大涨幅，3-6 月均在负增长区间，跌幅在 0.5%以内，7 月份开始由负转正，7-11 月涨幅稳定在 0.5%以内，12 月份由涨转跌，下降 0.6%，为全年最低点。

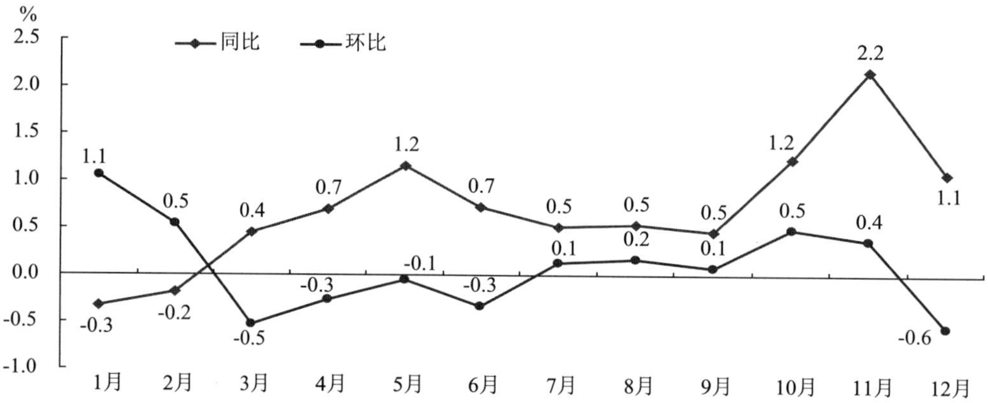


图 1　2021 年各月福建 CPI 同比、环比涨跌幅

### （二）八大类商品和服务价格呈“五涨一平两降”态势

2021 年，交通通信价格上涨 3.7%、教育文化娱乐价格上涨 2.0%、衣着价格上涨 1.5%、居住价格上涨 1.3%、生活用品及服务价格上涨 0.7%；医疗保健价格持平；其他用品及服务和食品烟酒价格分别下降 3.7% 和 1.1%。

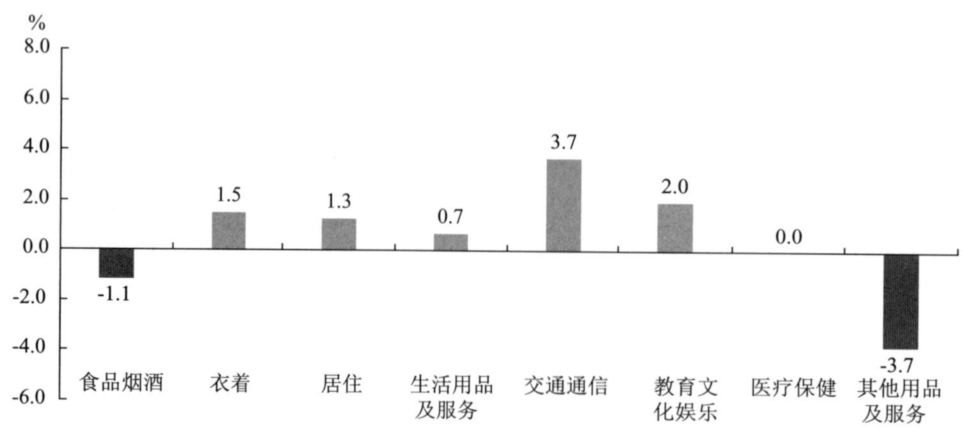


图 2　2021 年福建 CPI 分类别同比涨跌幅

### （三）与全国平均水平及华东六省一市比较情况

2021年，福建CPI上涨0.7%，比全国平均上涨0.9%低0.2个百分点，按指数从高到低排序，居全国各省（区、市）第22位，华东六省一市第7位。

## 二、价格变动主要特征

### （一）猪肉价格抑制食品价格上涨

2021年，全省食品烟酒类价格下降1.1%，比上年低8.1个百分点。其中，食品价格下降2.4%，比上年低11.7个百分点，拉动CPI下降约0.47个百分点。所调查的14类食品呈“11升3降”态势：蛋类、食用油和水产品价格分别上涨10.5%、8.0%和5.6%，豆类、菜及食用菌价格分别上涨4.4%、4.1%，其他食品类、粮食、调味品、干鲜瓜果类、奶类和糖果糕点类价格涨幅在0.4%～2.1%之间；禽肉类、薯类和畜肉类价格分别下降2.2%、7.5%和19.6%。

1.猪肉价格大幅下降。2021年，福建猪肉价格下降31.5%，拉动CPI下降约0.82个百分点。从同比看，自2020年10月份起，猪肉价格已连续15个月下降。2021年1-9月降幅逐月扩大，其中9月份同比下降48.8%，为全年大降幅，10月份起价格出现回升。从环比看，1月份受春节因素上涨6.8%，从2月份开始下降，特别是3月份以来降幅明显，2-6月分别下降0.1%、10.9%、12.7%、10.3%和13.7%，随后在国家收储政策等因素的影响下，猪肉价格降幅收窄，7-10月各月降幅稳定在6.0%以内，受到猪肉传统销售旺季影响，11月份由跌转涨，大幅上涨13.9%。

生猪产能持续恢复是猪肉价格大幅下降的最主要原因。2021年，全省生猪出栏、存栏量比上年有所提高，生猪出栏价格总体回落。2021年，全省生猪出栏1547.59万头，增长19.1%；生猪存栏937.62万头，增长2.9%；能繁母猪存栏94.98万头，增长2.4%。据福建省发改委价格监测数据显示，今年以来生猪出栏价格持续下降，2021年1月6日全省生猪出栏价格为每公斤38.83元，12月29日下降至17.60元，年底生猪出栏价格较年初价格大幅下降约54.67%。

进入下半年，受国家收储政策、市场供需等方面影响，7-10月猪肉价格运行较为平稳，降幅较上半年有所收窄。冬季为我国传统猪肉消费旺季，猪肉市场需求有所增加，受此影响，11月份全省猪肉价格出现反弹，结束连续9个月环比价格的下降态势。

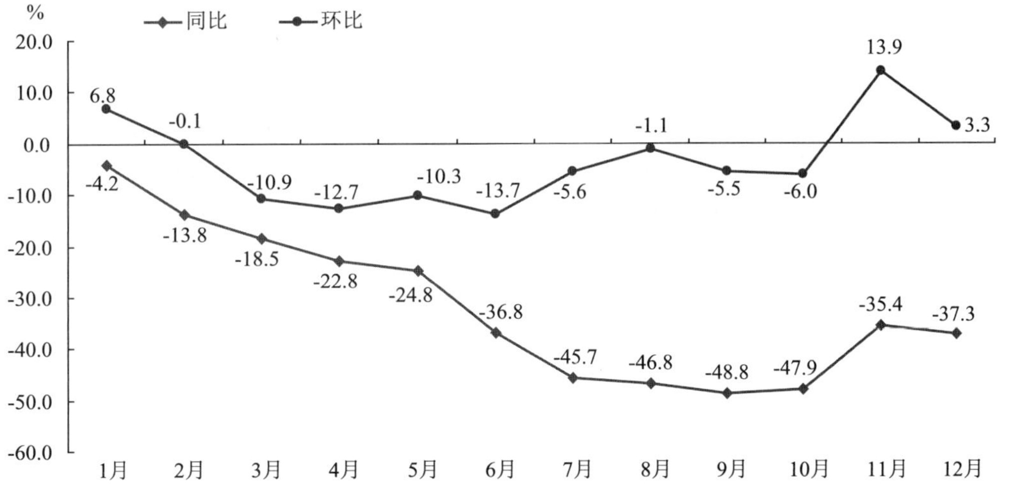


图3　2021年各月福建猪肉价格同比、环比涨跌幅

2.鲜菜价格受气候因素影响较大。2021年，受基期、供需及气候等因素影响，福建鲜菜价格上涨5.0%，拉动CPI上涨约0.10个百分点。从同比看，整体呈“中间低、两头高”走势，受鲜菜市场供应量充足的影响，降幅最大的为7月份，下降9.9%，受强降雨、大范围降温和基期较低等方面的影响，涨幅最大的为11月份，上涨36.5%。从环比看，整体呈“波浪型”走势。1月份受春节因素影响，涨幅为全年最高，上涨20.9%。

春节过后，天气晴好，鲜菜供应量充足，2-5 月价格均呈下行态势。进入夏季，高温和强降雨天气频发，影响鲜菜生长、采摘和运输，鲜菜价格波动较大。此外，2021 年冬季全国多地遭受强降温天气也助推了鲜菜价格的上涨。得益于 12 月份天气良好、冬季蔬菜集中上市的原因，下降 15.3%，降幅为全年最大。

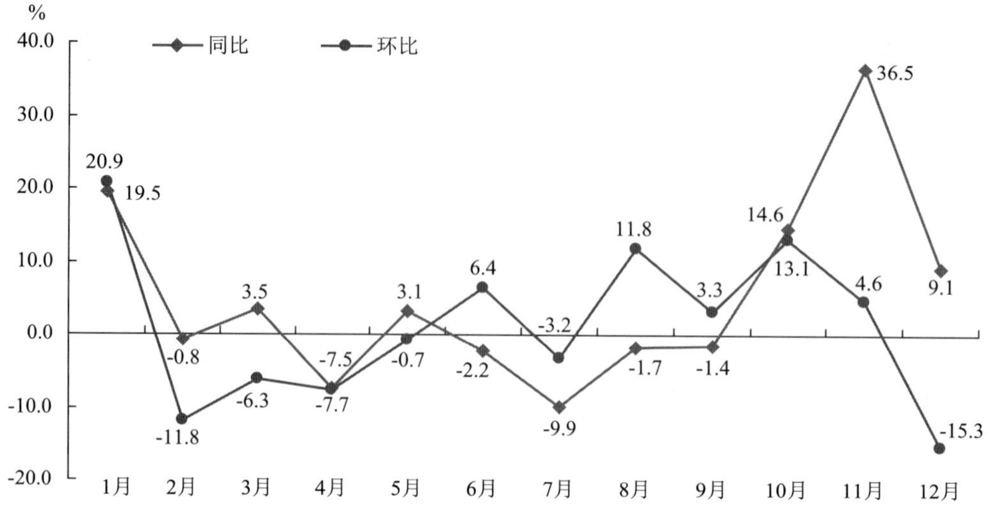

图 4　2021 年各月福建鲜菜价格同比、环比涨跌幅

3.鲜果价格小幅上涨。2021 年，受市场供需及气候等因素影响，福建鲜果价格同比上涨 1.4%，拉动 CPI 上涨约 0.02 个百分点。

4.粮食价格运行平稳。全国粮食产量连续 7 年稳定在 1.3 万亿斤以上，确保了粮食安全、供应充足，对粮食价格平稳运行提供有力支撑。2021 年，福建粮食价格上涨 0.6%，拉动 CPI 上涨约 0.01 个百分点。

5.禽肉类价格同比小幅下降。受猪肉价格下降带来的消费替代效应减弱叠加活鸡出栏量增加的影响，2021 年，福建禽肉类价格下降 2.2%，拉动 CPI 下降 0.04 个百分点，其中，鸡肉价格同比下降 6.4%。

6.蛋类价格同比涨幅明显。2021 年，福建蛋类价格上涨 10.5%，其中，鸡蛋价格上涨 11.5%，拉动 CPI 上涨 0.04 个百分点。一是受上年基期较低影响，2020 年鸡蛋价格总体偏低；二是饲料价格上涨导致养殖成本增加；三是国内新冠肺炎疫情总体得到控制，集中性餐饮消费需求逐渐恢复，助推鸡蛋价格上涨。

7.水产品价格上涨明显。2021 年，福建水产品价格上涨 5.6%，拉动 CPI 上涨约 0.20 个百分点，其中，淡水鱼价格涨幅明显，上涨 16.4%。一是退塘还湖造成养殖面积减少，影响淡水鱼生产；二是养殖成本上涨推升淡水鱼价格；三是国内淡水鱼主产区受洪涝灾害影响。

**（二）人工成本增加、政策性调价和文旅市场逐步恢复等因素带动服务价格上涨**

2021 年，福建服务价格上涨 1.0%，涨幅比上年扩大 0.7 个百分点，拉动 CPI 上涨 0.40 个百分点。所调查的 72 种服务价格项目中，45 种上涨，8 种持平，19 种下降，涨价面为 62.5%。

1.政策调价因素影响。受部分地区调整医疗服务项目价格影响，一般医疗服务、中医治疗、护理和一般治疗操作价格分别上涨 7.7%、3.2%、1.7%和 0.5%，影像学诊断、实验室诊断、临床诊断和病理学诊断分别下降 2.0%、2.2%、3.5%和 4.0%；受国家调整部分高铁动车组列车票价政策影响，火车票价格上涨 2.3%；受 2020 年初三明、龙岩等地减免公租房房租政策结束影响，公房房租价格上涨 0.2%；受 2020 年 9 月 19 日起开始实施的《关于实施车险综合改革的指导意见》中关于下调附加费用率、逐步放开自动定价浮动范围等举措影响，车辆保险价格下降 29.4%。

2.成本上涨因素影响。受人工费用上涨、经营成本增加等因素影响，部分服务价格涨幅明显。其他家庭服务上涨 10.6%、鞋类服务上涨 8.0%、课外教育上涨 6.7%、健身活动上涨 6.0%，家庭维修服务、小学初中教育、装潢维修费、美发、洗浴、中介服务价格涨幅在 3.4%～4.5%之间。

3.国内大部分地区疫情得到控制，疫情对日常工作和生活影响逐渐减小，居民出行意愿有所增加。飞机票、宾馆住宿和其他住宿价格分别上涨 13.5%、5.9%和 3.7%。但国外疫情仍在肆虐，国内局地仍有疫情暴发，对旅游市场和服务行业产生一定冲击，价格走势需引起关注。

（三）燃料价格上涨带动工业消费品价格走高

2021 年，受疫情后需求恢复、国内限电限产政策、全球货币政策宽松、输入性通胀等多种因素叠加影响，石油、有色金属铜、钢材、煤炭等上游大宗商品价格飙升，工业品生产成本增加，通过产业链传导至下游消费端，推高了汽柴油、建筑材料等部分工业消费品价格。

2021 年，福建工业品价格上涨 2.1%，涨幅比上年扩大 2.7 个百分点，拉动全省 CPI 上涨约 0.65 个百分点。从同比看，整体呈“前低后高”走势，除 1、2 月分别下降 1.6%和 0.8%外，其余月份均上涨，涨幅总体逐月扩大，其中 11 月上涨 4.2%，为全年最大涨幅。从环比看，涨多跌少，总体运行平稳，除 8 月份和 12 月份分别下降 0.2%和 0.7%外，其余月份均上涨，其中，10 月份上涨 1.0%为全年最高点。

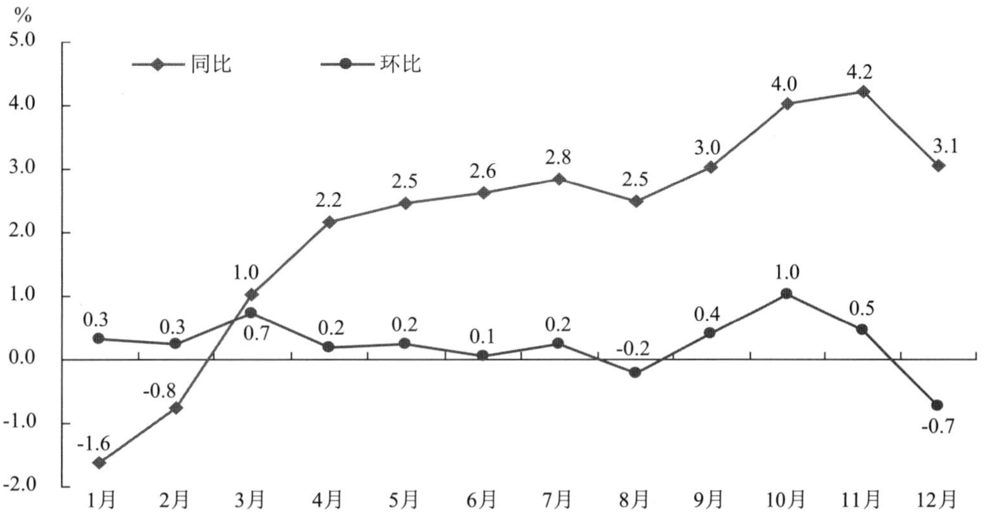


图 5　2021 年各月福建工业消费品价格同比、环比涨跌幅

1.国际原油价格上涨传导效应明显。汽、柴油价格分别上涨 17.5%和 19.4%，共拉动 CPI 上涨约 0.47 个百分点，是拉高工业消费品价格的最主要因素；液化石油气价格上涨 10.6%，拉动 CPI 上涨约 0.06 个百分点。

2.原材料价格上涨、人工成本增加等因素影响。住房装潢材料、小家电、文娱耐用消费品和大型家用器具等均有不同程度上涨，其中住房装潢材料的水泥、其他住房装潢材料和管材价格分别上涨 6.9%、6.6%和 3.7%；小家电中的厨房小家电和生活小家电分别上涨 2.9%和 1.0%；文娱耐用消费品中的笔记本电脑、可穿戴智能设备和其他文娱耐用消费品分别上涨 2.9%、2.8%和 2.7%；大型家用器具中的热水器、抽油烟机和洗衣机分别上涨 1.9%、1.5%和 1.2%。

## 三、2022 年需重点关注部分商品价格

（一）鲜菜价格易受气候因素产生较大波动

鲜菜价格易受气候因素产生较大波动，其波动幅度显著大于其他食品价格。2021 年全国强降雨和低温等天气频发，对鲜菜价格造成较大影响。如 2021 年 11 月，北方多地遭受低温降雨，使得全省鲜菜价格同比上涨 36.5%，同时福建作为沿海省份，受到台风灾害影响可能性较大，存在短期内鲜菜价格出现较大波动可能性。

（二）猪肉价格处于低位运行区间

2021 年，随着全国生猪产能不断恢复，猪肉价格环比连续 9 个月价格出现下跌，猪肉价格持续走低，同时饲养成本有所上涨，养猪利润下降明显甚至亏损，给生猪生产的良性发展带来了隐忧。据福建省发展和改革委员会价格监测中心数据显示，12 月 29 日猪粮比为 5.87，低于猪粮比盈亏平衡点。目前猪肉价格已

处于低位运行区间，预计明年猪肉价格进一步大跌可能性较低。

**（三）输入性通胀压力存在，国际大宗商品价格走势需高度关注**

2020年以来，为应付新冠疫情冲击，多国推出了财政和货币刺激计划，增加了通货膨胀风险。2021年，随着全球经济复苏，通货膨胀压力显现。2021年11月美国CPI同比上涨6.8%，创1982年6月以来最高水平；欧元区11月CPI同比上涨4.9%，创近30年以来新高；英国11月CPI同比上涨4.2%，创近10年新高。国外通胀加剧，大宗商品供给收缩、供应链不畅，价格高位运行，带动国内工业品原材料价格上涨。整体来看，2021年大宗商品钢、铜等价格上涨趋势已经放缓并有所回落，但个别商品供需仍有矛盾。虽然目前PPI向CPI传导效应有限，但CPI中燃料、建材等部分商品价格已呈温和上涨态势。后期在下游企业成本承压的情况下，应关注相关消费领域商品价格是否进一步上涨。此外，国际油价持续上涨，布伦特原油时隔3年再次触及85美元/桶，WTI原油触及7年高位，价格传导至国内消费端，推高了国内汽油、柴油和液化石油气等燃料价格，是导致福建工业消费品价格上涨的最主要因素，给保供稳价带来一定压力。

**（四）新冠肺炎疫情对部分商品价格的影响**

目前新冠肺炎疫情仍在全球肆虐，“德尔塔”“奥密克戎”等变异毒株传染性大大增强，西方各国日感染人数连破新高。从国内来看，疫情仍有局地散发风险，受疫情影响地区鲜菜、薯类、方便食品等必需品供应紧张。同时，居民在疫情初发阶段出现囤货心理，对生活必需品尤其是食品的需求急剧增加。如2021年9月，厦门、莆田等地为阻断疫情跨地区传播，采取限制通行等交通管制措施，受交通受阻、居民恐慌情绪影响，鲜菜、畜肉、鲜果等民生物资价格出现不同程度上涨，对食品价格产生一定影响。此外，疫情还会对旅游市场和服务行业产生一定冲击，对CPI中飞机票、旅行社收费和宾馆住宿等价格产生影响。

## 四、相关对策建议

**（一）加大扶持力度，推进农业现代化发展**

继续强化耕地地力保护补贴、高标准农田建设、粮食产能区建设、订单粮食补贴、稻谷最低收购价等方面政策，提升种粮积极性，保障粮食安全；实行农机购置补贴，开展农机装备升级行动，推广使用先进适用、节能环保、精准高效的农机装备，加快农业现代化发展；开展病虫害专业化统防统治，减少病虫害造成损失，推进现代化种业创新与产业化工程，加强联合育种攻关，推动农业生产提质增效，提高农产品生产能力。

**（二）加强部门沟通协调，保障农产品稳定供应**

继续落实“米袋子”“菜篮子”行政首长负责制，加强部门沟通协作，通过信息交流共享，增强对食品价格走势研判，做好重要食品物资储备，确保物资及时投放市场；加强生猪生产扶持力度，引导生猪养殖户合理补栏、适时出栏，避免猪肉价格大起大落；完善农产品流通体系，加强鲜活农产品市场流通基础设施建设，建立产销一体化通道，进一步减少流通环节，降低农产品物流成本，保障鲜活农产品稳定供应。

**（三）建立健全应急预案，完善价格监管机制**

继续建立健全价格监测预警体系、防范价格异常波动调控机制、突发价格变动应急调控机制、应对物价上涨的民生保障机制等制度体系，防止价格大起大落影响基本民生。充分发挥有关部门市场监管职能，进一步完善价格监管体系，加大重大节日与突发事件期间的检查力度，严厉打击哄抬物价、严重囤积等扰乱市场秩序的违法行为；完善重要农产品生产和销售监测体系，完善农产品供求和价格信息发布制度，增强调控的科学性和预见性；密切关注鲜菜、猪肉等鲜活农产品价格走势，适时推进平价商店建设、积极落实生猪调控措施，鼓励产销对接，发挥其对市场价格的引导作用。

执笔：黄景楠

核稿：林　勇

会审：罗　萍

# 价格止跌转涨　涨幅创多年新高

## ——2021 年福建工业生产者价格走势分析

2021 年以来，受国际大宗商品价格上涨和国内供需不平衡等因素影响，有色金属、钢铁、原油等大宗商品价格大幅上涨，福建工业生产者价格持续上涨。据调查，2021 年福建工业生产者出厂价格由上年下降 1.6%转为上涨 4.9%，创 1996 年以来新高；福建工业生产者购进价格由上年下降 1.4%转为上涨 9.2%，创 2011 年以来新高。

### 一、工业生产者价格总体变动情况

#### （一）月同比价格涨幅呈现冲高回落走势

2021 年 1 月份，福建工业生产者出厂价格同比下降 0.8%，2 月份结束连续 12 个月下降态势，转为上涨 0.3%，3-11 月份，除 6 月份涨幅有所回落外，其他月份涨幅均呈逐月扩大态势，其中 11 月份涨幅（8.2%）创 2000 年 1 月份以来新高，12 月份涨幅小幅收窄，上涨 6.7%。工业生产者购进价格与工业生产者出厂价格走势基本一致，但涨跌幅波动幅度较大，5-12 月份福建工业生产者购进价格同比涨幅均为两位数，11 月份达到 2021 年最高点，上涨 15.0%（详见图 1）。

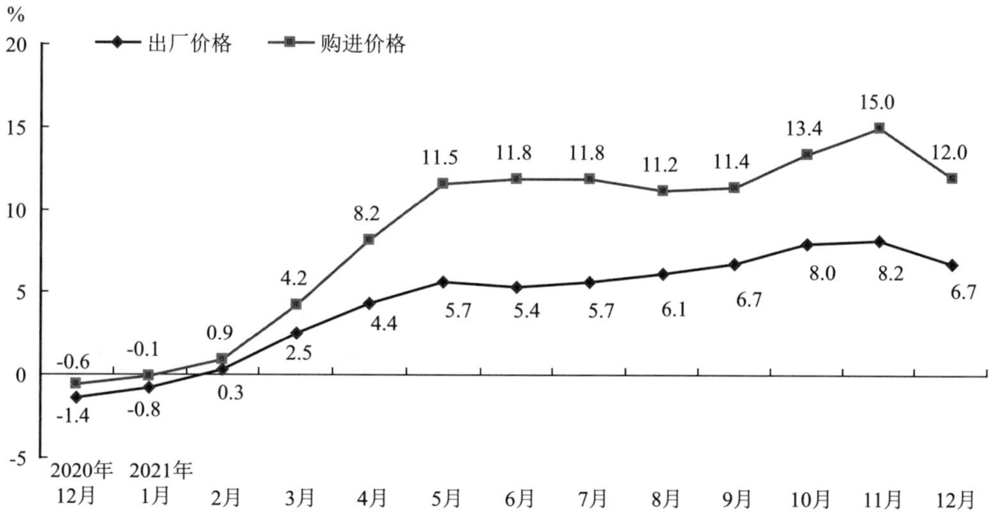


图 1　2020 年 12 月-2021 年 12 月福建工业生产者价格同比涨跌幅

#### （二）月环比价格呈“M 型”走势

1 月份福建工业生产者出厂价格环比上涨 0.8%，2 月份涨幅收窄至 0.5%，3 月份达到 2021 年最高点 1.4%，4-6 月份涨幅回落，6 月份收窄至 0.1%，7-10 月份涨幅总体呈扩大态势，10 月份上涨 1.2%，11-12 月份涨幅持续回落，其中 12 月份环比由正转负，为 2021 年最低点-0.7%。工业生产者购进价格与工业生产者出厂价格走势基本一致，但涨幅波动幅度更大（详见图 2）。

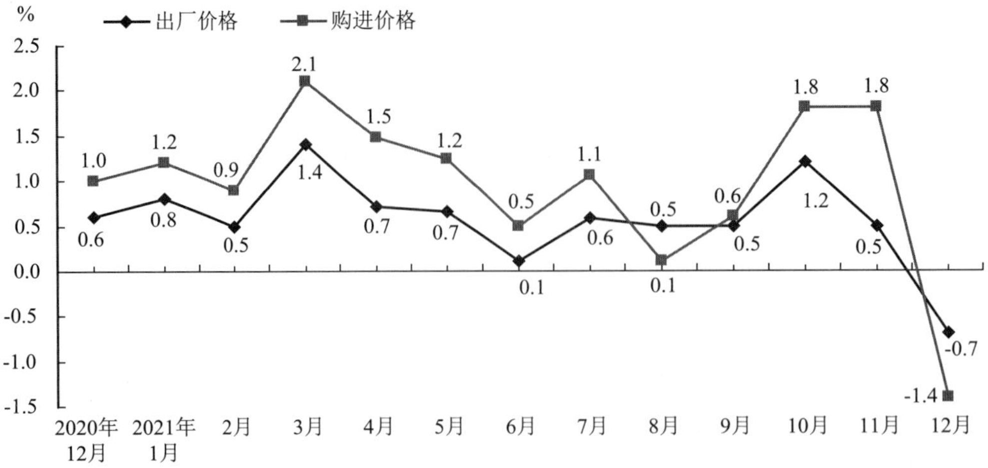


图 2　2020 年 12 月-2021 年 12 月福建工业生产者价格环比涨跌幅

## 二、工业生产者价格运行特点

### （一）生产资料价格上涨是福建工业生产者出厂价格上涨的主要动力

与上年比，福建生产资料价格平均上涨 7.7%，拉动福建工业生产者出厂价格上涨 4.92 个百分点，其中采掘、原材料、加工业价格分别上涨 13.2%、14.6%和 4.7%。福建生活资料价格平均下降 0.1%，影响福建工业生产者出厂价格下降 0.04 个百分点，其中食品、衣着、一般日用品价格分别下降 0.2%、0.4%和 0.2%。

### （二）超七成大类行业工业生产者出厂价格上涨

所调查的 38 个大类行业产品价格呈“28 涨 10 降”的运行态势，价格上涨面为 73.7%，比上年同期扩大 29.0 个百分点。其中，价格涨幅位居前三的分别是煤炭开采和洗选业，黑色金属冶炼和压延加工业，石油、煤炭及其他燃料加工业，涨幅分别为 29.2%、27.4%和 27.0%，共拉动福建工业生产者出厂价格上涨 1.78 个百分点。

### （三）九大类工业生产者购进价格均上涨

与上年比，福建工业生产者购进价格平均上涨 9.2%。其中，涨幅较大有：黑色金属材料类上涨 24.5%，燃料、动力类上涨 20.0%，化工原料类上涨 14.3%，有色金属材料及电线类上涨 13.1%，这四大类共拉动福建工业生产者购进价格上涨 7.06 个百分点（详见表 1）。

表 1　2021 年福建九大类工业生产者购进价格平均涨跌幅

| 项目名称 | 涨幅（%） | 项目名称 | 涨幅（%） |
|---|---|---|---|
| 总指数 | 9.2 | 木材及纸浆类 | 6.2 |
| 燃料、动力类 | 20.0 | 建筑材料及非金属类 | 2.3 |
| 黑色金属材料类 | 24.5 | 其他工业原材料及半成品类 | 3.3 |
| 有色金属材料及电线类 | 13.1 | 农副产品类 | 3.8 |
| 化工原料类 | 14.3 | 纺织原料类 | 3.0 |

### （四）指数位居全国中下游

从同比看，福建工业生产者出厂价格各月走势与全国基本一致（详见图 3）。2021 年，福建工业生产者出厂价格平均上涨 4.9%，比全国平均涨幅 8.1%低 3.2 个百分点，按指数从高到低排序，居全国 31 个省（区、市）第 25 位，居华东六省一市第 6 位；福建工业生产者购进价格平均上涨 9.2%，比全国平均涨幅 11.0%低 1.8 个百分点，按指数从高到低排序，居全国 30 个省（区、市）（不含西藏）第 21 位，居华东六省一市第 6 位。

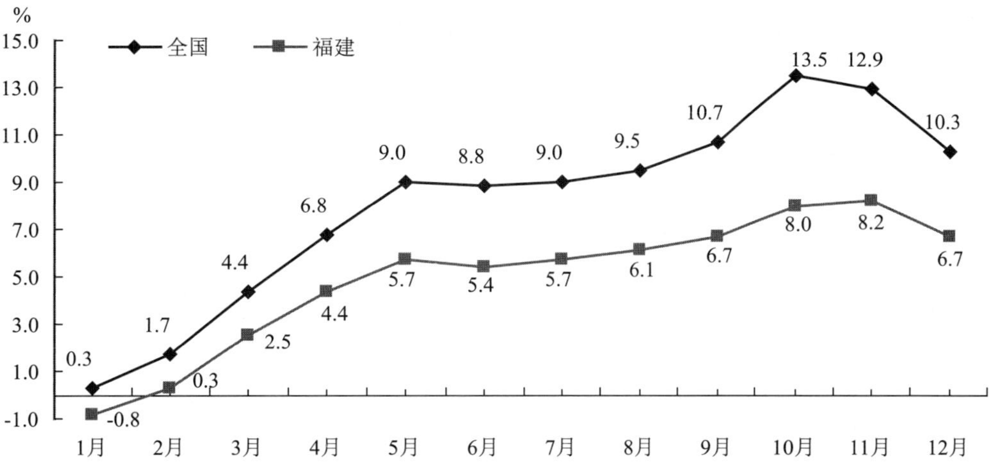


图 3 2021 年福建工业生产者出厂价格与全国平均水平对比情况

（五）工价“高进低出”持续显现

1.工业品购销价格呈“高进低出”格局。2021 年，福建工业生产者出厂价格平均上涨 4.9%，工业生产者购进价格平均上涨 9.2%，工业生产者购进价格比工业生产者出厂价格高 4.3 个百分点，形成正剪刀差，呈“高进低出”格局。分月看，1-6 月份，受原油、煤炭、有色金属等大宗商品价格大幅上涨，叠加上年同期对比基数较低影响，购销剪刀差呈逐月扩大态势；7-10 月份，受国内大宗商品保供稳价政策效果持续显现影响，市场供求关系有所改善，剪刀差呈逐月收窄态势；11 月份，在国际原油、天然气价格大幅上涨传导影响下，剪刀差小幅扩大；12 月份钢铁、化工产品价格回落，剪刀差小幅收窄（详见表 2）。

表 2 2021 年福建工业生产者价格购销剪刀差情况表

| 指　标 | 1 月 | 2 月 | 3 月 | 4 月 | 5 月 | 6 月 | 7 月 | 8 月 | 9 月 | 10 月 | 11 月 | 12 月 |
|---|---|---|---|---|---|---|---|---|---|---|---|---|
| 工业生产者出厂价格同比涨跌幅（%） | -0.8 | 0.3 | 2.5 | 4.4 | 5.7 | 5.4 | 5.7 | 6.1 | 6.7 | 8.0 | 8.2 | 6.7 |
| 工业生产者购进价格同比涨跌幅（%） | -0.1 | 0.9 | 4.2 | 8.2 | 11.5 | 11.8 | 11.8 | 11.2 | 11.4 | 13.4 | 15.0 | 12.0 |
| 剪刀差（百分点） | 0.7 | 0.6 | 1.7 | 3.8 | 5.8 | 6.4 | 6.1 | 5.1 | 4.7 | 5.4 | 6.8 | 5.3 |

2.各月价格剪刀差走势与全国基本一致。1-2 月份，福建剪刀差与全国基本相同，3-12 月份福建剪刀差总体呈扩大态势并高于全国，主要受 2021 年以来有色金属、钢铁、石油、煤炭等大宗商品价格大幅上涨，企业生产成本大幅增加，叠加市场竞争激烈，企业向下游传导成本能力受限等因素影响，2021 年福建石油、煤炭及其他燃料加工业，黑色金属冶炼和压延加工业，有色金属冶炼和压延加工业，煤炭开采和洗选业等行业工业生产者出厂价格涨幅均低于全国（详见图 4）。

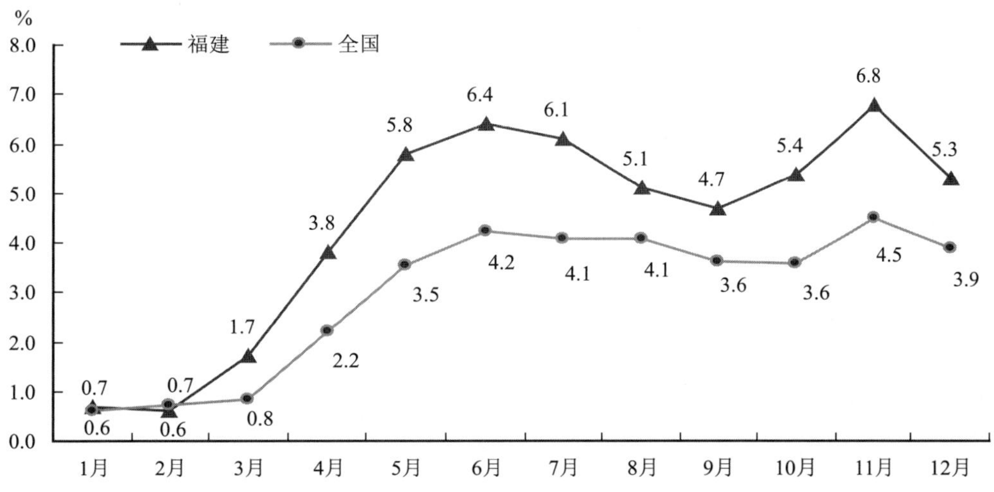


图 4 2021 年福建工业生产者价格剪刀差与全国平均水平对比情况

## 三、影响工业生产者出厂价格上涨的主要行业及原因

2021 年，福建黑色金属冶炼和压延加工业、有色金属冶炼和压延加工业、化学原料和化学制品制造业等 3 个行业分别上涨 27.4%、21.7%和 21.4%，共拉动福建工业生产者出厂价格上涨 2.91 个百分点，是影响福建工业生产者出厂价格上涨的主要行业。

### （一）钢铁价格高位走高

黑色金属冶炼和压延加工业工业生产者出厂价格由上年同期下降 3.3%转为上涨 27.4%，拉动福建工业生产者出厂价格上涨 1.02 个百分点。

主要原因：一是 2021 年以来我国经济稳定恢复，主要经济指标持续向好，国内市场钢材需求旺盛。二是铁矿石、焦炭、煤等原材料价格大幅走高，推动钢材价格上涨。三是受钢铁限产（国家发展改革委开展 2021 年粗钢产量压减工作）和能耗双控（控制能源消耗总量和强度）政策影响，钢铁生产有所放缓，库存下降，进一步支撑钢铁价格上涨。

### （二）有色金属价格大幅上涨

有色金属冶炼和压延加工业工业生产者出厂价格平均上涨 21.7%，涨幅比上年同期扩大 19.3 百分点，拉动福建工业生产者出厂价格上涨 0.96 个百分点。

主要原因：一是为促进经济恢复，美国等发达国家实施大规模量化宽松政策，美元货币供应量增加，叠加全球经济复苏中需求回暖快于供给恢复等因素，推动包括有色金属在内的国际大宗商品价格大幅上涨。二是受东南亚地区（印尼和马来西亚）疫情影响，镍、锡等金属供给下降，叠加国内实行能耗双控、限电限产等政策，铝、镍产量受限，进一步推动有色金属价格上涨。

### （三）化工产品价格上涨

化学原料和化学制品制造业工业生产者出厂价格由上年同期下降 7.8%转为上涨 21.4%，拉动福建工业生产者出厂价格上涨 0.93 个百分点。

主要原因：一是受国际原油价格上涨影响，12 月末布伦特原油价格为 78 美元/桶，比 1 月初（50 美元/桶）增加 28 美元/桶，上涨 56%，苯、聚丙烯、己内酰胺等石油衍生品价格相应上涨。二是受国内能耗双控、限电限产等政策影响，化工原材料生产库存下降，进一步推动化工原材料价格上涨。

## 四、需关注的情况

### （一）大宗商品价格大幅上涨

2021 年以来，国际大宗商品需求恢复快于供给，加之流动性宽裕等因素影响，国际市场原油、有色金属、天然气等价格走高，推升国内相关行业产品出厂价格，拉动福建工业生产者出厂价格上涨。从国际看，10 月份布伦特原油价格达 85 美元/桶，创 2018 年 10 月份以来新高；5 月份铜价格达 10724.5 美元/吨，创历史新高。从国内看，10 月份动力煤合约价格突破 1500 元/吨，创历史新高；10 月份螺纹钢价格走高至 5900.4 元/吨，比 1 月份上涨 35.8%。作为资源输入省份，处于产业链中下游的企业实现效益能力往往受制于资源价格变动情况，基础原材料价格的大幅上涨，通过价格传导抬升企业原料采购和生产成本，给企业带来较大经营压力。

### （二）产业链上游和中下游价格传导不同步

在大宗商品价格大幅波动的背景下，福建 2021 年工业生产者出厂价格平均涨幅较高的行业主要集中在上游，如黑色金属冶炼和压延加工，石油、煤炭及其他燃料加工，有色金属冶炼和压延加工，化学原料和化学制品制造等行业价格平均涨幅均超过 20%。而处于中下游的医药制造，通用设备制造，运输设备制造，纺织服装、服饰业，食品制造等行业价格平均涨幅普遍较低，或呈下降态势。表明在原材料价格大幅上涨情况下，福建上游行业价格传导较为通畅，而中下游企业由于议价能力有限、市场竞争激烈等因素较为被动，成本上涨压力难以传导，生产经营负担较重。

（三）价格“剪刀差”压缩企业盈利空间

2021 年以来，工业生产者购进价格持续高于工业生产者出厂价格，推动生产结构性分化加剧，而中下游中小企业在原材料采购和产品售价方面议价能力较弱，转嫁成本压力大，利润挤压效应明显，企业经营发展承压加重，工业领域通胀风险加大。福建省统计局数据显示，1-11 月福建规模以上工业企业利润总额同比增长 23.0%，比同期全国（同比增长 38.0%）低 15.0 个百分点。

## 五、对策建议

（一）加强部门间监管协作

建议宏观调控部门、市场监管部门以及期货交易共建期现货市场监管协作工作机制，定期磋商沟通，加强形势研判，协同运用监管工具，保障期货与现货市场稳定运行。设定重要大宗商品的重点关注企业白名单，建立日常合规监督以及价格异动期间突击检查机制，保障大宗商品市场价格稳定。

（二）强化供需双向调节

搭建重点行业产业链供需对接平台，利用市场化方式引导供应链上下游稳定原材料供应，减少原材料供应的中间环节，增强供需市场的对接，确保原材料稳定供应。

（三）加大财税金融扶持力度

落实落细减税降费、融资担保降费奖补等政策，加大对中小企业的普惠金融支持力度，纾解企业尤其是困难的中小企业在原材料大幅上涨时面临的利润下降的经营压力，增强企业发展能力和信心，为企业持续发展提供保障。

执笔：陈嘉玲
核稿：孔令军
会审：罗　萍

# 收入稳定增长　消费稳步回升

2021 年，福建各级党委政府积极统筹疫情防控和经济社会发展，做好“六稳”“六保”工作，基本民生保障有力有效，居民收入保持恢复性稳定增长，居民消费稳步回升。

## 一、收支总体情况

### （一）收支保持恢复性增长

2021 年，全省居民人均可支配收入 40659 元，比全国平均水平（35128 元）高 5531 元；比上年增长 9.3%，扣除价格因素实际增长 8.5%。与 2019 年相比，两年平均增长 6.8%，扣除价格因素实际增长 5.3%。

分城乡看，城镇居民人均可支配收入 51140 元，比全国平均水平（47412 元）高 3728 元；比上年增长 8.4%，扣除价格因素实际增长 7.6%。农村居民人均可支配收入 23229 元，比全国平均水平（18931 元）高 4298 元；比上年增长 11.2%，扣除价格因素实际增长 10.9%。

居民人均生活消费支出 28440 元，比上年增长 13.2%，两年平均增长 6.0%。其中：城镇居民人均生活消费支出 33942 元，比上年增长 11.3%，两年平均增长 4.7%；农村居民人均生活消费支出 19290 元，比上年增长 18.1%，两年平均增长 8.8%。

### （二）收入位次稳中向前

1.收入水平在全国位次保持稳定。全省全体居民、城镇、农村居民收入水平分别居全国 31 个省（区、市）第 7 位、第 7 位和第 6 位，与上年排位一致，保持稳定。

2.从收入增速看，全体居民收入增速居全国 31 个省（区、市）第 12 位，位次比上年前进 9 位；城镇居民居第 10 位，位次比上年前进 9 位；农村居民居第 3 位，位次比上年前进 21 位。

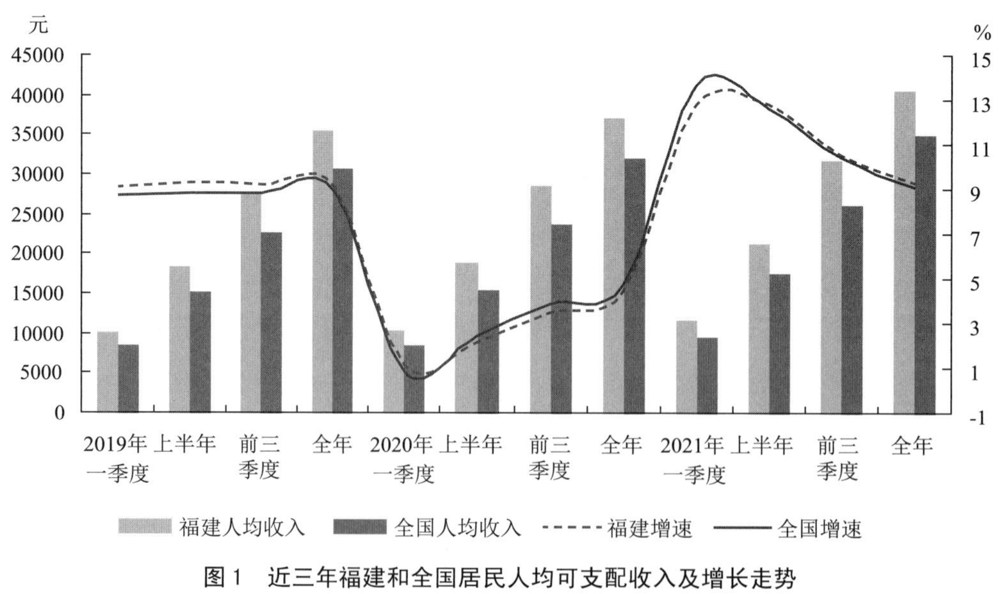


图 1　近三年福建和全国居民人均可支配收入及增长走势

### （三）居民收入增长与经济增长基本同步

居民人均可支配收入实际增长 8.5%，略高于同期全省 GDP 增速（8.0%），居民收入增长与经济增长基本同步，居民分享改革发展成果成效明显。

（四）农村居民收入恢复性增长快于城镇居民

农村居民人均可支配收入两年平均增长 9.0%，扣除价格因素实际增长 7.7%，分别比城镇居民快 3.1 和 3.4 个百分点，农村居民收入恢复性增长快于城镇居民。2021 年城乡居民人均可支配收入之比为 2.20，比上年缩小 0.06，城乡居民收入差距继续缩小。

## 二、收支主要特点

### （一）收入特点

1.工资性收入贡献最大。

居民人均工资性收入 23784 元，比上年增长 9.8%，两年平均增长 7.2%，占人均可支配收入比重 58.5%，比重比上年提高 0.3 个百分点，对可支配收入增长的贡献率达 61.7%，拉动居民收入增长 5.7 个百分点，是居民增收的主引擎。工资性收入增长的主要原因：一是就业形势良好。据省人力资源和社会保障厅数据，1-11 月，全省城镇新增就业人数 48 万人，完成全年目标任务（50 万人）的 96.0%；失业人员实现再就业人数 23.11 万人，完成全年目标任务（10 万人）的 231.1%；就业困难人员实现就业人数 2.58 万人，完成全年目标任务（2.4 万人）的 107.5%；城镇登记失业率 4.07%，控制在全年目标任务 5%以内。二是今年以来各级政府持续实施援企稳岗行动，继续阶段性降低失业保险、工伤保险费率，设立中小微企业纾困专项资金贷款等举措，城乡居民就业环境持续向好。三是市场主体持续增加。1-11 月全省新登记企业 28.90 万户，同比增长 10.5%，11 月末实有企业数 169.42 万户，增长 10.5%。

2.经营净收入显著回升。

居民人均经营净收入 7412 元，比上年增长 12.9%，两年平均增长 6.1%，对可支配收入增长的贡献率达 24.4%，居四项收入第 2 位，拉动居民收入增长 2.3 个百分点。今年以来各级政府从优化就业环境、减轻市场主体负担、扩大投资、完善市场监管等多个方面，出台优化营商环境举措，提升营商环境，破解企业难题，同时，叠加“五一”黄金周假期效应、农业生产经营形势总体较好等利好因素，全省居民生产经营增收形势较好，居民人均一二三产净收入分别增长 15.5%、9.0%和 12.8%。

3.财产净收入增速领跑。

居民人均财产净收入 4540 元，比上年增长 13.2%，两年平均增长 13.4%。从构成看，居民财产净收入增长主要受到出租房屋和居民房屋虚拟租金的拉动。拉动出租房屋和虚拟租金上涨的主要原因有二：一是随着疫情防控常态化，省内生产生活秩序基本恢复，各地房屋租赁市场逐步恢复。二是近年福建多地开展老旧小区改造升级，2020 年 10 月省政府办公厅印发《福建省老旧小区改造实施方案》通知，提出力争在 3 年时间完成 2000 年前建成、失养失修失管、配套设施不完善不健全的住宅小区改造工作，加快推进城市更新或改造提升工程，房价稳中有升，带动城镇居民自有住房虚拟租金较快增长。

4.转移净收入比上年小幅下降。

居民人均转移净收入 4923 元，比上年减少 1.0%，两年平均增长 1.0%。今年以来，福建各级政府持续不断增加民生领域投入，确保民生稳定。其中，居民人均养老金或离退休金收入 3917 元，增长 7.0%。居民人均转移净收入比上年小幅下降的主要原因是：居民社保缴纳支出增加及外出从业人员寄带回收入结构的改变。据了解，福建省于 2021 年 6 月开始执行对机关企事业单位养老缴费基数进行调整并对差额部分进行补缴，受此政策影响，2021 年居民人均缴纳社会保障支出增加 247 元。此外，受近两年疫情常态化影响，部分居民放弃外出务工转为本地就业，外出从业人员寄带回收入减少，部分以转移净收入为主家庭的收入结构发生改变。

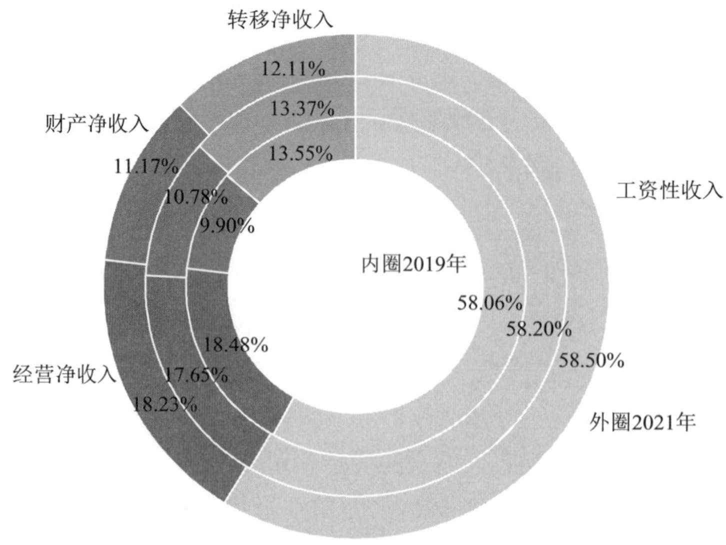


图 2　近三年福建居民人均可支配收入构成

### （二）消费支出特点

1.城乡居民消费稳定回升，农村居民消费恢复好于城镇居民。

全省居民人均生活消费支出 28440 元，比上年增长 13.2%，两年平均增长 6.0%。分城乡看，城镇居民人均生活消费支出 33942 元，比上年增长 11.3%，两年平均增长 4.7%；农村居民人均生活消费支出 19290 元，比上年增长 18.1%，两年平均增长 8.8%。主要原因是：随着疫情防控进入常态化，政府持续出台落地一系列促消费正向激励政策，全省消费市场趋于回暖，居民消费逐步恢复，农村恢复好于城镇。据统计，1-11 月份，全省实现社会消费品零售总额 18577.05 亿元，同比增长 10.0%。分地域看，1-11 月城镇零售额增长 9.8%，农村零售额增长 10.9%；分消费类型看，商品零售额增长 9.8%，餐饮收入增长 11.6%。

2.八大类消费全面增长。

从消费结构看，八大类消费支出与上年相比全部实现正增长，居民人均衣着、交通通信、教育文化娱乐、其他用品和服务支出增幅与上年相比实现由负转正。从两年平均增速看，除其他用品和服务类消费仍未回到 2019 年同期水平外，其余七类消费全部实现正增长，其中，食品烟酒、居住、生活用品及服务和医疗保健支出两年平均增速均保持在 6%以上。

3.基本生活消费稳定增长，恩格尔系数比上年下降。

居民吃穿住用基本生活类消费稳定增长，人均食品烟酒、衣着、居住、生活用品及服务支出分别比上年增长 9.3%、21.1%、13.6%和 15.5%，两年平均增长分别为 6.4%、4.2%、9.1%和 7.7%。随着疫情得到有效控制，居民消费活力得到释放，非食品性支出与上年相比比重上升，居民恩格尔系数从上年的 33.4%下降至 32.2%，回落 1.2 个百分点。

4.服务型消费恢复性增长。

居民人均服务性消费支出 13384 元，比上年增长 21.3%，增速快于全省居民人均消费支出增速 8.1 个百分点。居民人均服务性消费支出占居民消费支出比重为 47.1%，比上年提高 3.2 个百分点。分城乡看，城镇和农村居民人均服务性消费支出占居民消费支出比重分别为 50.5%和 37.0%，分别比上年提高 3.9 和 1.1 个百分点。

## 三、值得关注的问题及建议

### （一）居民持续增收承压

受国内疫情散发及部分地区有序用电等政策影响，部分中小微企业生产运营仍面临困难，小微企业发挥吸纳居民就业的“蓄水池”作用面临挑战，一定程度影响我省居民收入持续增长。从收入构成看，工资性收入占居民收入的比重为58.5%，是决定居民收入持续稳定增长的关键因素。建议应继续强化就业优先导向，提高就业带动力。一是在持续抓好疫情防控的前提下，继续实施援企稳岗行动，稳住就业基本盘。二是推进高校毕业生、农民工、退役军人、困难人员等群体就业保障工作，保证重点群体就业稳定。三是应继续优化营商环境，着力缓解小微企业经营压力，进一步减轻创业者纳税负担，留住高学历、青壮年新型职业农民等农村高素质劳动力，助力农村居民增产增收。

**（二）居民消费潜力仍需进一步释放**

从消费构成看，居民吃穿住用基本生活类消费仍占居民消费支出的71.6%，除此之外的其他消费支出占比仍较小。建议：一是推动消费短期刺激政策与长期有效政策有机结合，稳重点消费的同时，促进新型消费。二是积极为健康、教育、文化、养老、体育及旅游等服务类行业发展创造良好的营商环境，推进文旅休闲、乡村旅游主题消费提质升级，拓宽“银发群体”、夜间经济等新型消费市场，推动新型消费模式健康发展。

执笔：张凤园

核稿：陈光政

会审：罗　萍

# 2021 年福建省粮食生产稳定发展

2021 年以来，福建省委、省政府认真贯彻落实党中央、国务院关于促进粮食生产稳定发展的决策部署，坚决落实粮食安全党政同责，全力抓好粮食生产各项工作，全年粮食生产实现“面积、单产、总产”三增长。

## 一、全年粮食生产情况

据抽样调查，经国家统计局核定，2021 年，全省全年粮食播种面积 835.13 千公顷，同比增长 0.1%；单产 6063.95 公斤/公顷，同比增长 0.7%；总产量 506.42 万吨，同比增长 0.8%。

### （一）粮食种植面积保持平稳

全年粮食播种面积 835.13 千公顷，较上年增加 0.70 千公顷，增长 0.1%。

分季节看，春收粮食面积为 55.20 千公顷，下降 0.3%；夏收粮食面积为 138.62 千公顷，下降 0.2%；秋收粮食面积为 641.31 千公顷，增长 0.2%。

分品种看，谷物面积为 637.75 千公顷，下降 0.2%；豆类面积为 42.60 千公顷，增长 0.5%；薯类面积为 154.78 千公顷，增长 1.3%。

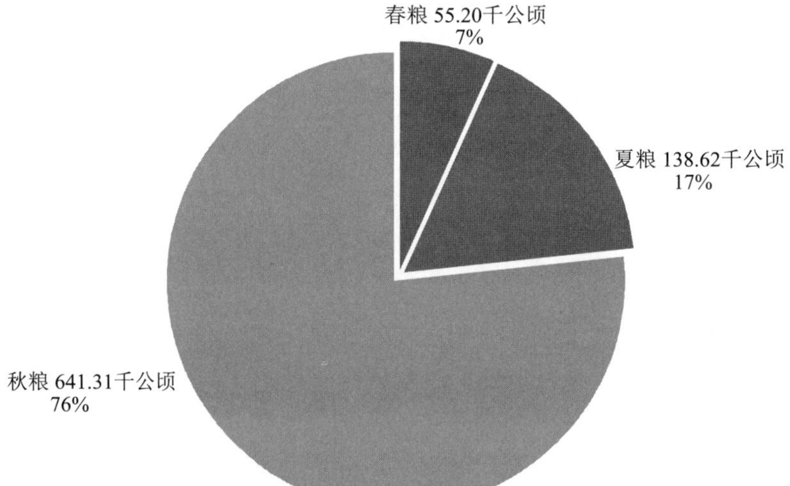


图 1　2021 年福建省分季节粮食作物播种面积

### （二）粮食单产水平略有提高

全省平均单产 6063.95 公斤/公顷，较上年增产 44.09 公斤/公顷，增长 0.7%。其中，谷物单产 6431.94 公斤/公顷，增长 0.7%；豆类单产 2854.25 公斤/公顷，增长 0.9%；薯类单产 5431.04 公斤/公顷（折粮），增长 1.1%。

### （三）粮食总产稳中略增

总产量为 506.42 万吨，增加 4.10 万吨，增长 0.8%。

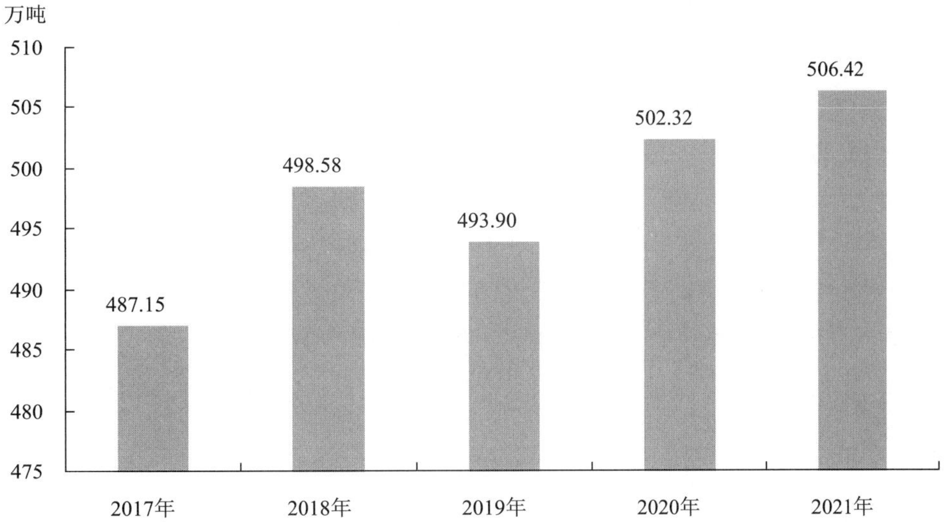


图 2　近五年福建省粮食作物产量变动情况

从分季粮食生产看：春收粮食产量 24.39 万吨，增长 0.6%；夏收粮食产量为 77.33 万吨，增长 0.1%；秋收粮食产量为 404.71 万吨，增长 1.0%。

从分品种粮食生产看：谷物类产量为 410.20 万吨，增长 0.5%；豆类产量为 12.16 万吨，增长 1.4%；薯类产量为 84.06 万吨，增长 2.3%。

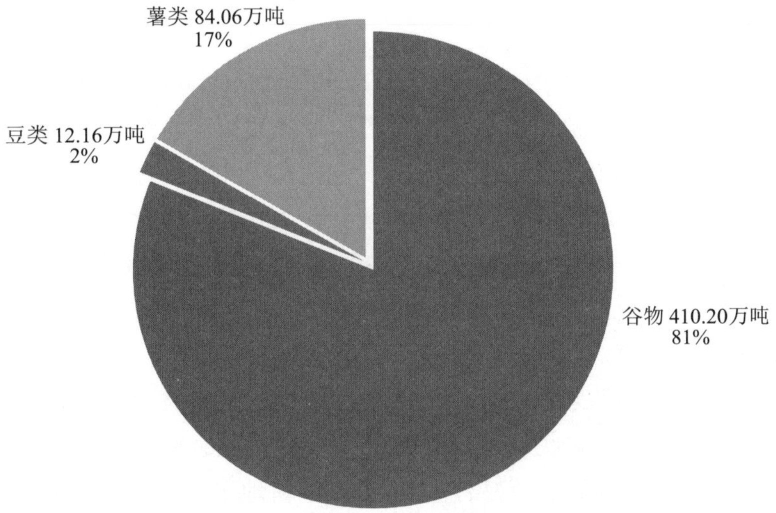


图 3　2021 年福建省分品种粮食作物产量

## 二、主要影响因素分析

### （一）稳粮政策落实有力

2021 年，福建省委、省政府高度重视粮食生产，出台了《关于稳定发展粮食生产的九条措施》，各级党委政府也相继出台配套稳粮政策，安排专项财政资金开展粮食绿色高质高效创建工作，鼓励水稻种植、粮食增产模式攻关等增产增效技术推广。加大对规模种粮扶持力度，加强水稻生产功能区建设，大力推广普及粮食增产关键技术，稳步提高粮食单产水平。

### （二）农业气象条件总体有利

气象条件总体适宜，未出现影响粮食生产的极端天气。一是虽然早稻播种期间降水较少，部分早稻种植时间比往年略晚，但 5 月以来降雨明显增加，5 月到 6 月早稻的关键生长期阶段，降雨、气温都适合早稻生长，且没有大面积出现影响早稻生长的自然灾害、病虫害。二是秋收粮食作物生长期间气象条件利大于弊。秋粮生长期间天气以晴热为主，总体气温较高，光温条件良好，日照充足，各地区也未暴发大面积病虫害，总体生长环境较好。从总体上看，全省光温条件良好，稻谷生长发育气象条件与去年相比略好；全省农田大部土壤湿度适宜，温度接近常年，光照充足，气象条件总体有利于粮食作物生长。

### （三）技术推广促进粮食生产

不断加大粮食生产技术指导力度，狠抓田间管理，深入一线指导。一是加强“五新”技术推广。在粮食生产区高质量推进新品种、新技术、新肥料、新农药、新机具等“五新”技术示范片建设，以示范片为中心向周边辐射推广水稻全程机械化生产、病虫害统防统治、病虫害绿色防控等“五新”技术，努力提高粮食单产。二是强化示范引领。推进省粮食产能区、优质稻示范、绿色高质高效行动等项目建设，打造一批“标兵户”“样板田”，组织广大农民、种粮大户、“五新”技术示范户等进行现场观摩学习，扩大影响力和辐射带动效果。

## 三、当前粮食生产面临的主要问题

### （一）农民种粮成本上涨

一是农村劳动力短缺，雇工难雇工贵问题日益凸显。仙游县种植大户陈某反映，其春耕期间至少需要雇用 8 人，仅雇用到 5 人，且都是 60 岁以上的老人；顺昌县种植大户叶某反映，今年男工雇工价格为每天 160 元，涨幅 6.7%，女工为每天 150 元，涨幅 15.4%。二是农资价格上涨。今年农资总体销售价格高于去年，化肥价格上涨明显。受石油、煤等化工原材料上涨的影响，建阳区某农业生产资料有限公司销售的斑竹牌尿素，去年售价 2.0 元/公斤，今年上涨到 2.3 元/公斤，涨幅 15%，亩均上涨 25 元。

### （二）农户种粮意愿不高

经济收益预期对种植作物结构影响大。近年来，农户耕地流转给承包户逐年增多，承包户为了提高土地利用率，往往选择利益最大化的种植作物品种，以增加经济效益。与经济作物相比种粮收益较低。清流县种植大户田某反映，种植稻谷每亩耕地需租金 200 元（按稻谷种植一季折算）、种子 50 元、农药化肥 330 元、机耕机播机收 470 元、灌溉 50 元、烘干 120 元，合计 1220 元，按亩产 600 公斤折算（早稻最低收购价每 50 公斤 122 元），加上每亩 30 元的耕地补贴，水稻每亩种植估算收益仅为 274 元；而种植特早蜜桔，平均亩产 4200 斤，每斤可卖 1.3 元～2 元，每斤成本约 0.3 元～0.5 元，每亩净利润至少 3360 元。

### （三）农业基础设施薄弱

福建省素有“八山一水一分田”之称，且耕地中平原地少，梯田坡地多，农业基础设施较为薄弱，农业水利发展程度不够，粮食生产抗灾能力不强。一旦降水较少，就会造成部分农田供水不足。莆田市某村村民反映，由于村民长年外出打工经商，全村有 13 多公顷的耕地多年抛荒，莆田市农业农村局多次带农业专业合作社等经营主体到现场察看，想引导进行耕地流转发展中稻生产，因缺少机耕路和灌溉水渠年久失修，难以进行机耕、机收，没有经营主体愿意承包。

### （四）农业社会化服务发展不足

目前，福建省农业社会化服务产品较少且发展不均衡。多数农业服务组织功能比较单一，往往只注重生产服务，能提供的农产品销售以及农业金融、保险、信息等服务仍然比较缺乏。多数农业社会化服务组织仅从事产前和产中的农资供应、耕翻整地和农机作业等服务，从事产后的农产品初加工、农产品营销等服务的较少。大部分农业社会化服务组织对营销服务、农业信息服务、农业保险服务等高附加值环节关注较少。

### （五）农业规模经营存在困难

部分合作社受限于缺乏优质、连片耕地，难以扩大种植规模。目前福建各地土地流转多为农户自发行为，流转过程中缺乏相应人员组织宣传、规范管理，造成耕地流转行为不规范。长乐区某耕地流入户反映，其流入耕地碎片化严重，与农户沟通协调不易，虽与耕地流出户签订了流转合同，但合同不够严谨规范。部分农户缺乏契约精神，违约现象时有发生。出现利益纠纷时缺乏有效的维权渠道。签订流转合同的多为 5

年以内，无法实现农地长久开发利用，规模效益难以发挥。许多农民认为耕地是其赖以生存与发展的根本保障，即使在外打工，其耕地宁可粗放经营也不愿将承包地转让出去，限制了土地的相对集中，加大了农业规模经营的难度。

## 四、几点建议

### （一）严格落实耕地保护制度

耕地关系国家粮食安全和中华民族永续发展，要落实好最严格的耕地保护制度，切实加强耕地用途管制。一方面要加强规划控制，依据法律法规审批用地；另一方面严守底线强化耕地资源保护，实施农村复垦工程，增加优质耕地，落实占补平衡。

### （二）吸引专业人才投身农业

一是制定更加优惠的政策措施吸引一批有知识、有志于农村发展的人才投身农业生产领域，不断改善农业生产环境和农村生活环境，留住一批有文化、懂技术、会经营的新型职业农民。通过多种形式组织开展农户培训，及时发布气象预警和农业生产技术信息。二是创新人才培养服务。将人才培养作为新型农民培训的重中之重，定期开展培训、组织外出考察，全方位提升新型经营主体人员素质。

### （三）加大高标准农田建设力度

一是建议按照“因地制宜、节约用地、方便运输、合理布局”原则推进高标准农田建设；农田防护与生态环境保护工程的实施应有利于改善农田周围的生态环境，防止或减少自然灾害，提高耕地生产能力，促进耕地资源的可持续利用。二是对于建成的高标准农田，明确管护主体及责任，同时配套建后管护资金，建立高标准农田管护长效机制。

### （四）多渠道开展农业社会化服务

大力发展主体多元、形式多样、竞争充分的农业社会化服务，推行合作式、订单式、托管式等服务模式。采取政府订购、定向委托、奖励补助等方式，引导经营性服务组织积极参与农业公益性服务，大力开展土地流转、生资购销、农业生产、技术推广、金融保险、经济信息、产品销售和质量检测等服务，满足不同经营主体对社会化服务的需求。

### （五）健全耕地流转市场服务体系

一是加强对耕地流转的引导服务。加大对相关法律法规的宣传力度，因地制宜引导探索符合当地实际的流转模式，跟踪政策实施情况，做好流转后的剩余劳动力就业引导工作。二是加强交易平台与服务体系建设。搭建统一的农村耕地流转交易服务中心，进一步完善耕地流转服务平台和信息化服务平台，保护流转双方合法权益，推进土地经营权的快速稳定流转。

执笔：郑骁喆

核稿：游源然

会审：罗　萍

# 政策引领畜牧业发展　稳产保供成效明显

## ——2021 年福建主要畜禽生产形势分析

2021 年以来，全省各地各部门各市场主体按照福建省人民政府办公厅《关于印发促进畜牧业高质量发展实施方案的通知》精神，全力抓好畜牧业生产，落实支持畜牧业发展各项措施，有力有序推进畜牧业高质量发展。生猪稳产保供成效明显，牛羊禽等主要畜禽生产保持健康发展，畜禽产量总体平稳增长，对保障市场供应、满足消费需求、促进农村经济发展等方面发挥重要作用。

## 一、主要畜禽生产情况

### （一）生猪生产持续恢复

1.生猪存栏稳步增长。2021 年末生猪存栏 937.62 万头，同比增长 2.9%，比 2017 年末增长 1.7%。其中，能繁母猪存栏 94.98 万头，同比增长 2.4%，比 2017 年末增长 1.7%。生猪产能已恢复至正常年份水平。

2.生猪供应明显增加。2021 年，生猪出栏 1547.59 万头，同比增长 19.1%；猪肉产量 124.34 万吨，同比增长 19.8%。

表 1　近五年福建生猪存出栏情况

单位：万头

| 存出栏情况 | 2017 年 | 2018 年 | 2019 年 | 2020 年 | 2021 年 |
|---|---|---|---|---|---|
| 生猪存栏 | 921.80 | 799.90 | 641.52 | 910.90 | 937.62 |
| 同比（%） | -18.9 | -13.2 | -19.8 | 42.0 | 2.9 |
| 能繁母猪存栏 | 89.45 | 74.50 | 60.34 | 92.77 | 94.98 |
| 同比（%） | -24.5 | -16.7 | -19.0 | 53.7 | 2.4 |
| 生猪出栏 | 1606.10 | 1421.34 | 1297.26 | 1299.86 | 1547.59 |
| 同比（%） | -19.2 | -11.5 | -8.7 | 0.2 | 19.1 |

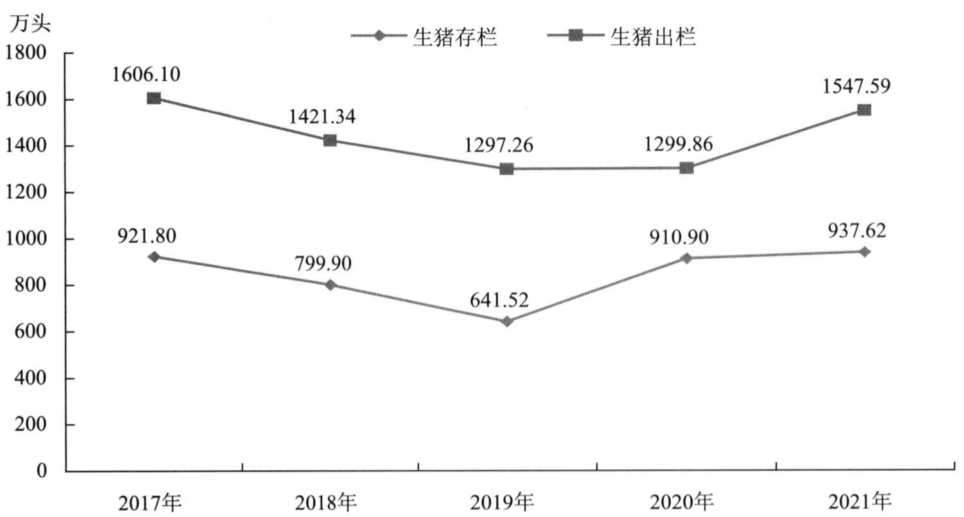


图 1　近五年福建生猪存出栏情况

主要生产特点：

一是政府扶持政策成效显著。福建各级政府加大政策扶持和资金投入，积极推进生猪生产与转型升级，出台一系列关于支持生猪生产的政策文件，养殖用地、环评和信贷等政策取得重大突破。如福建省农业农村厅出台了《关于加快推进稳定生猪生产促进转型升级工作的通知》《福州市生猪稳产保供工作实施方案》。

二是生产恢复速度快。生猪存栏自 2019 年四季度触底回升后，连续 7 个季度实现环比增长，到 2021 年上半年已恢复至正常年份水平，从严重滑坡到恢复正常大约用了一年半的时间，以往“猪周期”恢复时间平均 2 年。

三是生猪产能保持稳定。2021 年以来，生猪存栏总体保持在 910 万头～940 万头的区间，同比增长幅度逐季缩窄。养殖场（户）根据市场行情变化调整生产计划，加大母猪淘汰力度，优化猪群结构，进而控制养殖规模。能繁母猪存栏自 2021 下半年以来呈现逐季略微下降的趋势，2021 年末能繁母猪存栏比二季度末下降 1.8%。

四是产业持续转型升级，大型企业带动效应明显。高水平的规模猪场陆续投产，一批中小养殖户改造提升步入规模养殖行列。如漳州市积极引进正邦、傲农、海新、温氏等一批大型生猪养殖集团，发挥养殖集团在资金、技术、管理等方面优势，创新推广“集团专业化种猪场+家庭农场专业化育肥猪场”“两点式”养殖模式，较好解决中小养殖场因非洲猪瘟不敢养、不会养、不想养等难题，通过分散养殖，降低养殖风险。目前海新、傲农、温氏、正邦、光华等养殖集团及加盟养殖场（户）在漳州共有生猪存栏 53.56 万头、占全市生猪存栏量的 32.25%，联结农户 285 户（场、家）。

五是生猪生产仍将保持惯性增长。当前生猪产能较为充裕，市场仔猪供应充足，第四季度仔猪出售价格为 34.70 元/公斤，比 2020 年第四季度下降约 60%。同时，前期新改扩建猪场已陆续完工投产。预计 2022 年生产将保持惯性增长，产能持续释放，可供出售肥猪数量不断增加，春节期间生猪供应量增价稳。

3.生猪价格大幅回落。调查显示，四个季度生猪出栏均价分别为 32.93 元/公斤、20.22 元/公斤、15.76 元/公斤、16.31 元/公斤，同比分别下降 15.1%、40.0%、57.6%、49.5%，生猪价格大幅回落。自 2021 年春节以来，猪价开启连跌模式，在养殖成本上升的双重影响下，养殖效益持续缩水，9 月份每出售一头生猪，将亏损 500 元左右，养殖模式为外购育肥的猪场每出售一头猪亏损已达上千元。10 月份探底态势愈加激烈，并一度刷新 9 月份的阶段性低点，11-12 月份略有反弹。当前生猪养殖成本约 17 元/公斤，12 月底生猪出售价格约 17.5 元/公斤，基本处于盈亏平衡点，部分养殖场（户）仍处于亏损状态。

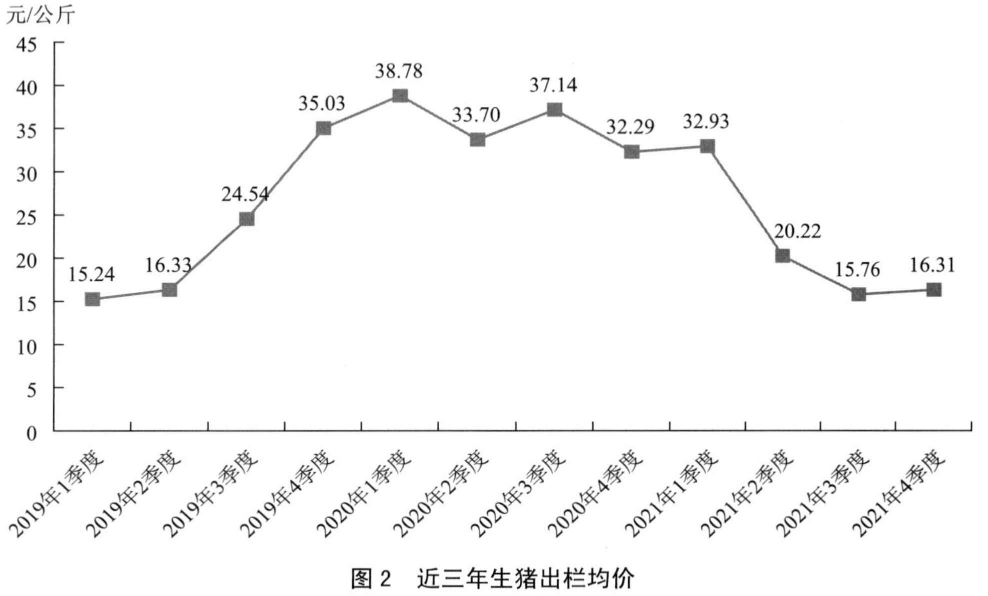


**图 2　近三年生猪出栏均价**

养殖成本上升的主要原因：一是饲料价格上涨明显。监测数据显示，12 月底玉米、豆粕价格分别为 2.96

元/公斤、3.66元/公斤，比2020年初分别上涨37.0%、19.6%。二是人工成本增加。受非洲猪瘟疫情防控要求，养殖场实行全范围封闭制度，鼓励工人减少外出时间，进一步加大了雇工的难度。龙海区某生猪养殖场今年的工人人均工资在4600元/月左右，比2020年每月增加800元。三是防疫费用增加。目前还未研发出有效的非洲猪瘟疫苗，养殖户仍心存顾虑，纷纷加大防疫力度。龙海区某生猪养殖场（存栏规模约1万头）反映，每月消毒药费用高达20万元左右。

**（二）牛羊生产保持平稳发展**

2021年末，牛、羊存栏分别为31.50万头、105.17万只，同比下降0.4%、0.7%。

2021年，全省牛出栏22.90万头，同比增长3.7%；牛肉产量2.56万吨，同比增长4.1%；生牛奶产量19.43万吨，同比增长14.7%。羊出栏159.69万只，同比增长0.4%；羊肉产量2.30万吨，同比增长0.5%。

福建牛羊生产规模较小，主要以散养为主，总体生产较为稳定。

**（三）家禽生产持续健康发展**

近年来，各级政府不断优化畜牧业养殖结构，积极引导和扶持节粮型、污染较小的家禽养殖，取得较好成效。

2021年末，家禽存栏21268.62万只，同比增长2.7%。2021年，家禽出栏107742.37万只，同比增长4.5%。禽肉产量152.85万吨，同比增长4.3%。主要禽蛋产量55.91万吨，同比增长4.2%。

**表2　近五年福建家禽存出栏情况**

单位：万只

| 存出栏情况 | 2017年 | 2018年 | 2019年 | 2020年 | 2021年 |
| --- | --- | --- | --- | --- | --- |
| 家禽存栏 | 18559.28 | 16908.84 | 19451.55 | 20700.94 | 21268.62 |
| 同比（%） | 17.3 | -8.9 | 15.0 | 6.4 | 2.7 |
| 家禽出栏 | 91460.58 | 95537.65 | 99437.77 | 103102.07 | 107742.37 |
| 同比（%） | 9.8 | 4.5 | 4.1 | 3.7 | 4.5 |

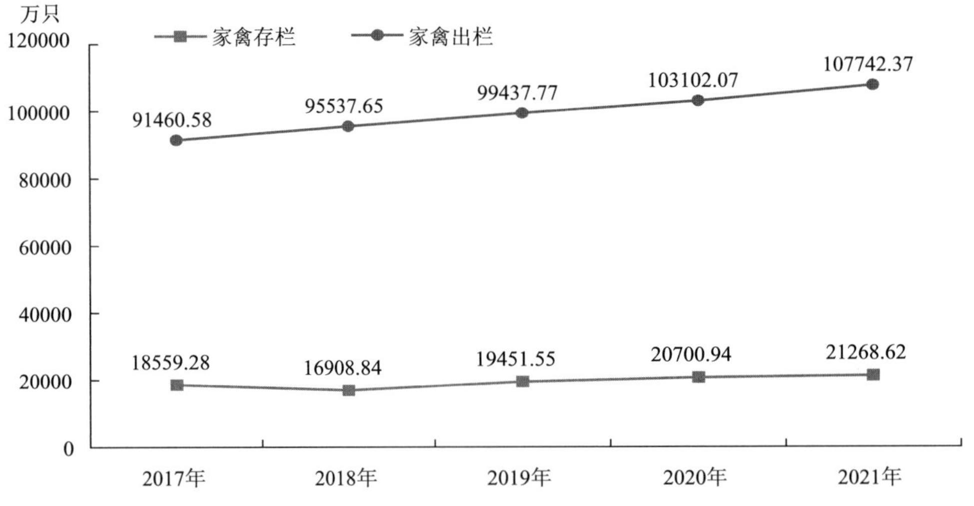


**图3　近五年福建家禽存出栏情况**

一方面猪肉市场供应充足，猪肉价格持续下跌，对禽类产品消费市场产生一定的替代效应；另一方面，饲料等养殖成本持续上升，对家禽生产造成一定的影响。但福建家禽总体产能较为充裕，规模化程度较高，前期去产能效果并不明显，总体保持良好发展态势。福建某集团活鸡饲养规模占到全省60%以上，对全省家禽生产影响较大。2021年四季度，该集团通过管理技术创新，转变饲养方式等，肉鸡存活率、养殖周转率、养殖密度等均有所提高，带动全省家禽生产实现良好发展。一是饲养方式改变。部分集团肉鸡场将饲养模式改为笼养，饲养效率提升；二是空栏期变短。空栏期由原来的12~14天，缩短到8~10天，出栏批次得到增加；三是存活率得到提升。浦城某企业肉鸡存活率由之前的 91%提高至 96%；四是饲养密度得到提升。进入冬季，鸡舍内饲养密度增加（每栋增加 10%~15%的饲养密度）。

从该集团了解到，2021 年 12 月集团自主培育的白羽快大型肉鸡品种“圣泽 901”白羽肉鸡已取得国家畜禽遗传资源委员会颁发的畜禽新品种（配套系）证书，成为我国首批自主培育的快大型白羽肉鸡新品种，打破了我国白羽肉鸡种源完全依靠进口的局面，白羽肉鸡生产将进入一个新时代。预计 2022 年福建家禽生产仍将保持较好发展。

## 二、需关注的问题

### （一）养殖成本上升

受饲料、人工、防疫等养殖成本的增加和市场价格波动影响，养殖场（户）面临亏损风险，尤其是中小型养殖户面临的养殖风险增加，养殖积极性受到影响。

### （二）动物疫病风险依然存在

秋冬季节是动物疫病的高发季节，以非洲猪瘟为代表的疫病仍然困扰着养猪业，当前尚无有效的非洲猪瘟疫苗，不少猪场经历了拔牙与复产之痛，仍心有余悸。同时基层防疫力量存在不足。如漳浦、长泰部分调查员反映因机构改革的原因，部分乡镇动检站人员已调离动物防疫岗位，继续负责动物防疫的人员也同时负责其他工作，基层动物防疫工作存在困难。

### （三）环保整治力度加大

如武平 2020 年被评为第四批国家生态文明建设示范县，2021 年在全县开展了生猪污染环境整治集中行动，划定禁养区。宁德蕉城区开展霍童溪七都溪流域水源地环境治理行动，多处违建被整治清理。厦门市开展人居环境改造、乡村振兴综合环境治理等，对家禽养殖造成一定影响。

### （四）部分企业反映养殖用地审批难

如广东某集团计划在漳州诏安总投资 10.33 亿元，规划建设肉鸡存栏 1200 万只、年出栏 5000 万只只肉鸡养殖、屠宰精深加工、饲料生产等全产业链项目，目前仅完成存栏 88 万只肉鸡项目养殖，因受林地指标制约，项目涉及肉鸡种苗场、屠宰加工场及饲料加工厂等都无法按既定时间推进。某集团在漳浦县计划总投资 1.1 亿元，建设存栏 3 万头猪场，目前已流转商品林地 170 亩，其中已办理林地征用（非林化）面积 70 亩，目前因为养殖设施用地备案手续办不了，导致项目无法开工建设。

## 三、相关建议

### （一）严格落实工作责任

制定和完善具体工作措施，加大督促指导力度，稳定财政、金融、用地、环保等长效性支持政策，压减用地审核备案时间，提高审批效率，及时跟进企业遇到的困难和难题，促进企业早日落地投产达效。

### （二）加强监测预警

强化畜禽生产和市场监测预警体系建设，及时准确掌握生产和供应情况。建立信息发布制度，及时会商和解读产销形势，引导生产主体合理调节产能，更好适应市场形势变化。

### （三）提升疫病防控水平

继续完善生猪防疫制度，健全重大动物疫病防控体系，做好疫病预警工作。加大畜牧兽医站专业技术指导和服务，提升畜禽养殖户的疫病防治技术，化解疫病风险。严格落实核实养殖场、饲料厂、屠宰场、物流运输、批发市场等单位消毒灭源工作及预防措施，减少人畜共患病的传播风险。

执笔：郭宏杨

核稿：陈　桦

会审：罗　萍

# 2021 年福建城镇就业稳定恢复

2021 年，福建各级各部门统筹抓好“五促一保一防一控”重点工作，科学统筹疫情防控和经济社会发展，民生保障有力有效，发展韧劲持续显现。据月度劳动力调查显示，2021 年福建城镇调查失业率低于全国平均水平，重点群体就业总体改善，城镇就业保持稳定恢复。但也存在部分行业稳岗承压，失业人员就业能力不足，灵活就业人员就业质量有待提高等问题。

## 一、城镇就业稳定恢复

### （一）主要就业指标呈恢复性增长

2021 年全省城镇就业人口比为 62.4%，较 2020 年上升 3.1 个百分点。分季度看，城镇就业人口比逐季回升。受春节期间灵活就业人员短暂歇业影响，一季度城镇就业人口比降为 60.6%，二至四季度该比重分别回升至 62.6%、62.6%和 62.8%（详见图 1）。省人社厅数据显示，全省城镇新增就业 52.01 万人，失业人员实现再就业 24.69 万人，均完成全省就业指标年度目标任务。

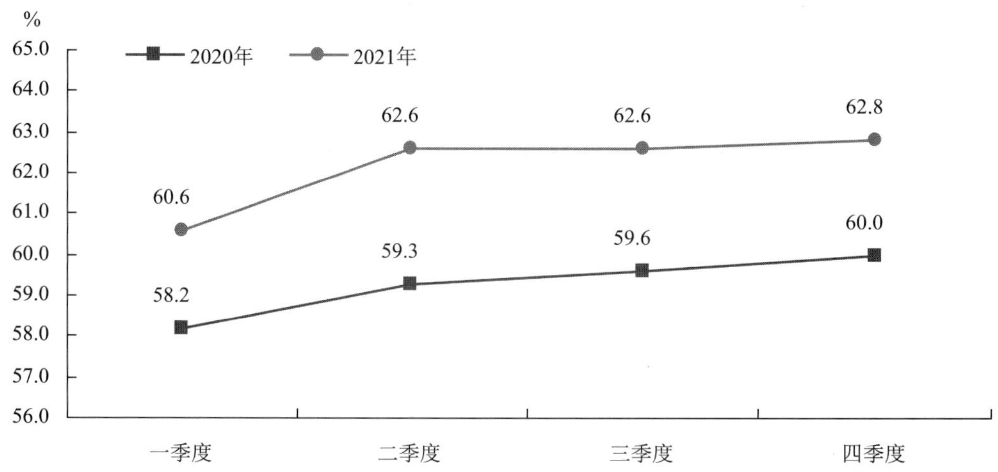


图 1　2020-2021 年分季度城镇就业人口比

### （二）就业人口进一步向城镇集中

2021 年疫情防控形势逐渐向好，人员流动日趋频密，加之城镇地区就业渠道广机会多，就业服务完善，乡村劳动力向城镇地区转移趋势显著。调查数据显示，2021 年城镇就业人员中，外来人口所占比重为 39.4%，比 2020 年上升 9.5 个百分点。其中，外来农业人口占 24.8%，同比上升 8.6 个百分点；外来非农人口占 14.6%，同比上升 0.8 个百分点。

### （三）就业人员工作时长高于疫情前水平

企业就业人员周平均工作 48.8 小时，比 2020 年增加 3.7 小时，比 2019 年增加 2.0 小时。其中，私营企业和集体企业就业人员周平均工作时间比 2020 年增长较多，分别上升 4.0 和 3.5 小时。不充分就业（周平均工作时间少于 20 小时）的情况也有好转，2021 年城镇就业人员中不充分就业人口的比重为 2.5%，比 2020 年下降 0.7 个百分点。

（四）新业态新模式彰显新活力

新就业形态提供了大量灵活就业岗位，以网络约车、网络送餐、快递物流为代表的新业态经济快速崛起。2021 年灵活就业人员占城镇就业人员比重为 13.4%，同比增加 3.9 个百分点。通过互联网承接业务的就业人员占城镇就业人员比重为6.2%，同比增加1.3 个百分点。互联网从业者中，线上承接物流服务的占11.4%，同比上升 1.0 个百分点；线上承接并提供生活服务的占 11.0%，同比上升 1.4 个百分点。作为经济发展新动能，平台经济在优化资源配置、拓宽就业渠道、增加就业岗位上发挥着重要作用。

（五）农民工就业情况有所改善

福建各级政府高度重视农民工就业创业工作，加大就业帮扶力度，加强职业技能培训，鼓励就地就近就业，农民工就业情况较疫情期间好转。调查数据显示，2021 年外来农业人员就业人口比 74.6%，比 2020 年上升 4.4 个百分点，也比 2021 年同期城镇平均就业水平高 12.2 个百分点。

（六）八成求职者为短期失业

调查数据显示，找工作群体以短期失业为主，失业时间在半年内的占 80.1%。其中失业时间在 3 个月以内的占 62.7%，比 2020 年上升 7.4 个百分点；失业时间在 4～6 个月的占 17.4%，比 2020 年下降 8.3 个百分点。从辞职原因看，因照顾家庭、参加学习培训或对上份工作不满意等原因主动辞职的占 40.8%，比 2020 年增加 4.3 个百分点；因单位或个体经营户停产倒闭而被动离职的占 10.1%，比 2020 年下降 8.0 个百分点。

## 二、存在的主要问题

（一）青年人口就业面临压力

16～24 岁失业人口占城镇失业人口比重为 27.9%，比 2020 年上升 6.5 个百分点。分季度看，受高校毕业生集中进入劳动力市场的影响，今年三季度该比重攀升至 31.5%，分别比一季度、二季度提高 5.6、5.2 个百分点。随着应届毕业生就业形势逐步改善，四季度该比重回落到 27.0%。

（二）灵活就业人员就业质量有待提高

调查数据显示，城镇就业人员劳动合同签订率为 58.8%，周工作时间在 48 小时以上占 45.2%；但灵活就业人员中仅 4.6%有签订劳动合同，51.8%周工作时间在 48 小时以上。灵活就业在拓宽就业范围、吸纳更多劳动力方面发挥了积极作用。但也存在劳动关系不固定、社会保障缺失、工作强度大、就业稳定性差等问题。家住宁德的黄某夫妻受雇在渔排绑鲍鱼，雇佣只是口头约定，未签订劳动合同，也未缴纳社保，工资有时要等雇主卖出鲍鱼后才兑现，类似情况在黄某所在村子较为普遍。

（三）失业人员就业能力不足

接受调查的城镇失业人口中，从受教育程度看，初中及以下学历占 46.6%。从求职方式看，失业人员找工作主要以委托亲戚朋友介绍为主，占 43.4%。从失业时间看，失业时间在一年及以上的失业人口占比 8.3%。部分失业人员文化水平不高，市场竞争力较弱，达不到招聘岗位的基本要求。加之知识技能储备不足，职业转型难度大，找工作主要依靠“朋友圈”，求职渠道单一，失业后难以找到合适的工作。

（四）部分行业稳岗承压

一是疫情零星散发，部分行业受疫情影响持续时间长。2021 年，建筑业失业人口占城镇失业人口比重为 12.3%，较 2020 年和 2019 年分别上升 1.7 和 3.5 个百分点；住宿餐饮业失业人口占比 9.7%，较前两年分别上升 0.3 和 1.2 个百分点；租赁和商务服务业（含旅游业）失业人口占比 3.4%，较前两年分别上升 0.6 和 1.0 个百分点（详见图 2）。厦门曹某夫妻原在景区经营小旅馆，净收入约为每月 9000 元。受疫情影响小旅馆从 2021 年 8 月起停业至今，疫情结束后由于旅游景区客流量大幅减少，重新开业时间一再推迟。泉州某旅行社反映，因疫情影响出行，目前业务以省内游和周边游为主，且以散客居多，团队游基本没有订单，旅行社 2020 年起连续两年处于亏损状态。二是 2021 年 7 月中共中央办公厅、国务院办公厅印发《关于进一步减轻义务教育阶段学生作业负担和校外培训负担的意见》，全面规范校外培训行为，部分教培行业从业人员谋划转型。2021 年下半年，教育行业失业人口占城镇失业人口比重为 4.2%，较 2021 年上半年上升

0.8 个百分点，较 2020 年同期上升 1.3 个百分点。

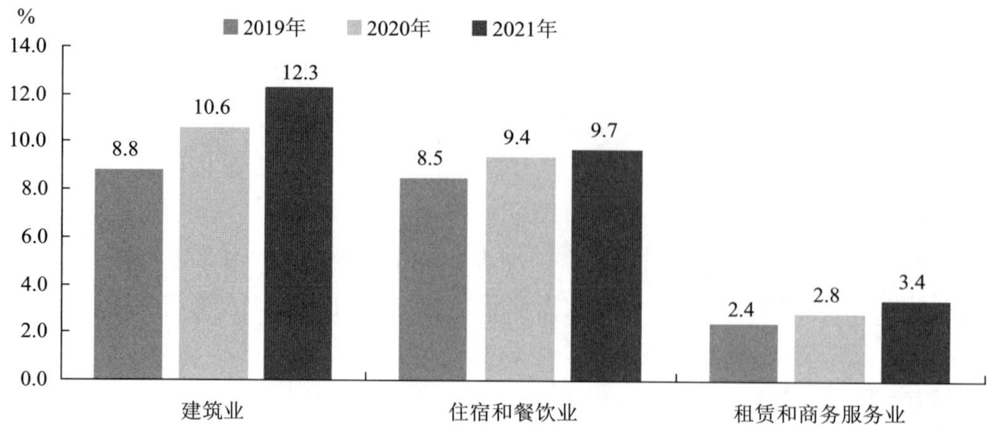


图 2　2019-2021 年分行业失业人口占比

## 三、相关建议

### （一）加强宣传解读，推动政策落地

一是统筹谋划系列政策推介活动。将政策宣传与专题、专项活动相结合，有效拓展宣传在各类群体中的深度。二是拓宽宣传渠道。巩固广播电视纸质媒体等传统媒介宣传，拓展线上宣传平台，通过网站、微信、头条号、掌上客户端等多种方式，构建覆盖广力度强的网络宣传。三是提高政策推介的针对性。紧贴不同劳动者和用人单位需求，打包就业政策服务，采取发放宣传资料、政策宣讲、互动解答等方式，提升就业政策知晓率。

### （二）突出重点群体，开展就业援助

一是开展公共就业专项服务活动，积极搭建对接平台，针对性引导和推荐重点群体实现就业。二是不断完善就业服务体系，利用大数据对企业的招聘、用工趋势、缺工情况等进行管理，实现岗位定向推送，助力就业供需精准匹配。三是继续依托政府开发公益性岗位，拓展社会管理和公共服务等新型服务领域，重点开发养老、医护、物业等社区服务岗位，优先安排符合岗位要求的就业困难人员，解决弱势群体就业难题。

### （三）开展精准培训，促进技能提升

一是做好摸底调查工作。以企业需求、产业需求、劳动者需求为导向，准确动态掌握企业和劳动者技能培训需求，有针对性开展技能培训。二是共享培训资源。鼓励企业、培训机构采取外聘、共享师资等方式，扩大和强化各类职业工种师资力量。三是丰富培训形式。采取线上直播、视频录播、实操跟练、案例分析等多种形式，提升培训效果。

### （四）持续激发市场主体活力

市场主体是稳就业、扩就业的“顶梁柱”，保市场主体是稳就业保民生的关键。保护和激发市场主体活力，一是强化对市场主体的金融支持，有效缓解企业特别是中小微企业融资难融资贵问题。二是落实好纾困惠企政策和援企稳岗措施，通过减税降费、减租降息，切实减轻企业负担。三是延续实施阶段性减免企业社会保险费、降低社保费率等政策，扩大稳岗返还政策覆盖面，为稳就业提供坚实支撑。

执笔：陈　晶
核稿：王振洪
会审：罗　萍

# 2021 年福建籍农民工总量稳步增长

据农民工监测调查显示，2021 年福建籍农民工（以下简称农民工）总量较 2020 年有所增长，规模稳步恢复，从事行业的结构基本稳定，月均收入水平明显提高，省外就业农民工呈回流态势。同时，农民工抗风险能力差和权益保障待提升等问题也值得关注。

## 一、福建农民工基本情况

### （一）农民工总量稳步恢复

2021 年农民工总量比 2020 年增长 3.1%，涨幅比全国的 2.4%高 0.7 个百分点。据推算，2021 年农民工总量达 978.4 万人，比 2020 年增加 29.0 万人，比 2019 年的 987.2 万人略低 0.9%，规模稳步恢复。其中，本地（指本乡镇范围内就业）农民工 489.1 万人，比 2020 年增加 53.6 万人，增长 12.3%；外出农民工（指到本乡镇以外从业）489.3 万人，减少 24.6 万人，下降 4.8%（详见表 1）。

表 1　2021 年福建省籍农民工规模及构成

| 指标名称 | 2021 年 | | 2020 年 | | 数量增长（%） |
|---|---|---|---|---|---|
| | 数量（万人） | 占比（%） | 数量（万人） | 占比（%） | |
| 农民工总量 | 978.4 | 100.0 | 949.4 | 100.0 | 3.1 |
| （一）本地农民工 | 489.1 | 50.0 | 435.5 | 45.9 | 12.3 |
| （二）外出农民工 | 489.3 | 50.0 | 513.9 | 54.1 | -4.8 |
| 其中：住户中外出农民工 | 298.8 | 61.1 | 325.2 | 63.3 | -8.1 |
| 举家外出农民工 | 190.5 | 38.9 | 188.7 | 36.7 | 1.0 |

### （二）学历以初中为主，高中学历占比提高

2021 年福建籍农民工的文化水平以初中为主，占比为 48.0%；初中及以下文化程度的农民工占到 68.3%，比 2020 年下降 0.2 个百分点；高中学历农民工占比为 16.9%，比 2020 年提高 0.2 个百分点（详见表 2）。

表 2　福建籍农民工受教育程度

| 受教育程度 | 2021 年占比（%） | 2020 年占比（%） | 占比增减（百分点） |
|---|---|---|---|
| 未上过学 | 1.8 | 1.6 | 0.2 |
| 小　　学 | 18.5 | 19.1 | -0.6 |
| 初　　中 | 48.0 | 47.8 | 0.2 |
| 高　　中 | 16.9 | 16.7 | 0.2 |
| 大学专科 | 9.0 | 9.0 | 0.0 |
| 大学本科 | 5.6 | 5.8 | -0.2 |
| 研 究 生 | 0.2 | 0.1 | 0.1 |

### （三）就业类型以雇员为主，自营人员占比提高

2021年福建籍农民工的就业类型以雇员为主，占比为77.1%，比2020年下降2.4个百分点；农业自营和非农自营占比为22.3%，比2020年提高2.7个百分点；雇主占比为0.6%，比2020年下降0.3个百分点（详见表3）。

表3 福建籍农民工就业类型

| 类　型 | 2021年占比（%） | 2020年占比（%） | 占比增减（百分点） |
|---|---|---|---|
| 雇　主 | 0.6 | 0.9 | -0.3 |
| 雇　员 | 77.1 | 79.5 | -2.4 |
| 农业自营 | 0.3 | 0.1 | 0.2 |
| 非农自营 | 22.0 | 19.5 | 2.5 |

## 二、福建农民工就业特点

### （一）农民工呈回流态势

2021年省外就业农民工与2020年相比呈现回流态势，东部地区就业明显减少，中部略增。分从业主要地区看，在省内就业的占79.5%，比2020年提高3.4个百分点；在省外就业的占20.5%，下降3.4个百分点。分区域看，东部地区就业占省外就业的比重为57.8%，下降6.0个百分点；中部地区就业占比为12.5%，提高4.5个百分点；西部地区就业占比为17.3%，下降0.8个百分点。分省看，在广东、浙江、上海就业的人数占比较高，分别为31.3%、8.9%、6.7%（详见图1）。

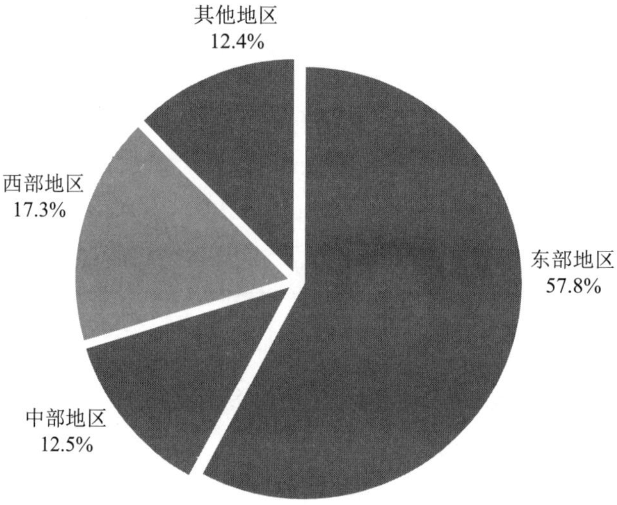


图1 省外从业区域分布图

### （二）月均收入水平明显提高

2021年农民工月均工资收入为4741元，比2020年增加529元，增长12.6%。其中本地农民工月均工资收入为4075元，比2020年增加457元，增长12.6%；外出务工月均工资收入为5570元，比2020年增加793元，增长16.6%。

从收入分布看：2021年本地农民工平均月收入3000元及以上的占72.3%，比2020年提高9.0个百分点；月均工资在2000-3000元的占20.5%，下降5.9个百分点；月均工资在2000元以下的占7.2%，下降3.1个百分点。外出农民工平均月收入在5000元及以上的占55.2%，提高15.2个百分点；月均工资在3000-5000元的占37.9%，下降10.9个百分点；月均工资在3000元以下的占6.9%，下降4.3个百分点（详见表4）。

表 4　2021 年福建籍农民工月均收入分布情况

| 外出农民工 | 比重（%） | 本地农民工 | 比重（%） |
|---|---|---|---|
| 其中：800 元以下 | - | 其中：500 元以下 | 0.1 |
| 800-1000 元 | - | 500-1000 元 | 0.4 |
| 1000-1500 元 | 0.2 | 1000-1500 元 | 2.4 |
| 1500-2000 元 | 0.5 | 1500-2000 元 | 4.4 |
| 2000-3000 元 | 6.2 | 2000-3000 元 | 20.5 |
| 3000-5000 元 | 37.9 | 3000 元及以上 | 72.3 |
| 5000 元及以上 | 55.2 | | |

### （三）行业结构基本稳定

2021 年农民工从事行业结构与 2020 年相比基本稳定，从事行业集中度较高。其中：从事一产的占 0.6%，与 2020 年持平；从事二产的占 43.1%，下降 0.3 个百分点；从事三产的占 56.2%，提高 0.3 个百分点。分行业看，制造业、批发和零售业、建筑业占比居前，分别为 27.4%、18.7%和 13.8%。全年有 7.9%的农民工从事三新行业（新产业、新业态、新商业模式行业）中从业比重居前的分别是：从事经营网店、直播带货等互联网零售的占 2.5%；从事计算机、网络设备、新能源设备等先进制造业的占 1.6%；从事新型外卖送餐、代购跑腿、居民代办的占 1.0%（详见表 5、表 6）。

表 5　2021 年农民工从事主要行业比重情况

| 行业分类 | 2021 年比重（%） | 2020 年比重（%） | 比重增减（%） |
|---|---|---|---|
| 1.第一产业 | 0.6 | 0.6 | 0.0 |
| 2.第二产业 | 43.1 | 43.4 | -0.3 |
| (1)制造业 | 27.4 | 26.8 | 0.6 |
| (2)建筑业 | 13.8 | 14.3 | -0.5 |
| 3.第三产业 | 56.2 | 55.9 | 0.3 |
| (1)批发和零售业 | 18.7 | 19.8 | -1.1 |
| (2)交通运输、仓储和邮政业 | 5.1 | 4.8 | 0.3 |
| (3)住宿和餐饮业 | 5.3 | 6.1 | -0.8 |
| (4)居民服务、修理和其他服务业 | 10.4 | 10.3 | 0.1 |
| (5)公共管理、社会保障和社会组织 | 4.8 | 3.0 | 1.8 |

表 6　2021 年农民工从事“三新”行业情况

| 行业分类 | 比重（%） | 行业分类 | 比重（%） |
|---|---|---|---|
| 1.现代农林牧渔业 | 0.3 | 8.新型外卖送餐、代购跑腿、居民代办 | 1.0 |
| 2.计算机、网络设备、新能源设备等先进制造业 | 1.6 | 9.互联网零售，如经营网店、直播带货 | 2.5 |
| 3.生鲜、冷链运输等现代物流服务 | 0.1 | 10.网络直播、短视频、网络游戏 | 0.2 |
| 4.互联网出行（如网约车司机等） | 0.4 | 11.农家乐、采摘等休闲农业、休闲观光旅游 | 0.1 |
| 5.网约货运 | 0.2 | 12.互联网教育 | 0.1 |
| 6.养老、母婴服务、家庭病人陪护等现代家庭服务 | 0.4 | 13.互联网医疗 | 0.2 |
| 7.快递服务 | 0.2 | 14.其他新产业、新业态、新商业模式 | 0.3 |

### （四）外出就业农民工“五险一金”缴纳覆盖面扩大

外出就业农民工中各种社会保险的参保率较 2020 年均有所提高。单位或雇主为农民工缴纳养老保险、工伤保险、医疗保险、失业保险、生育保险和住房公积金的比例分别为 29.6%、31.6%、29.3%、26.0%、21.6%和 18.4%，分别比 2020 年提高 6.0、3.1、6.1、6.5、4.8 和 4.5 个百分点，外出农民工“五险一金”的参保水平均有所提高（详见表 7）。

表 7　外出就业农民工“五险一金”缴纳情况

| “五险一金”缴纳情况 | 2021 年占比（%） | 2020 年占比（%） | 占比增减（百分点） |
|---|---|---|---|
| 缴纳养老保险 | 29.6 | 23.6 | 6.0 |
| 缴纳工伤保险 | 31.6 | 28.5 | 3.1 |
| 缴纳医疗保险 | 29.3 | 23.2 | 6.1 |
| 缴纳失业保险 | 26.0 | 19.5 | 6.5 |
| 缴纳生育保险 | 21.6 | 16.8 | 4.8 |
| 缴纳住房公积金 | 18.4 | 13.9 | 4.5 |

## 三、值得关注的问题

### （一）受教育程度偏低，职业技能培训覆盖面小，抗失业能力较差

全省农民工中，初中及以下学历的占 68.3%，高中学历的占 16.9%，整体受教育水平偏低。在职业技能培训方面，接受过农业职业技能培训的有 3.0%，接受过非农职业技能培训的有 12.8%，职业技能培训覆盖率低。文化与职业技能双向缺失的农民工只能选择制造业、建筑业、住宿和餐饮业等体力劳动工作，职业发展受限、抗失业能力较差。

### （二）未签订合同比例高，劳动时间长，就业规范程度有待提升

全省外出务工农民工中，有 46.7%未签订劳动合同；39.4%每月工作 26 天以上；15.4%每天平均工作时间超过 10 个小时。本地非农务工农民工中，有 68.5%未签订劳动合同；32.6%每月工作 26 天以上；10.8%每天平均工作时间超过 10 个小时。休息日少，日均工作时间长，劳动合同签订比例偏低，农民工劳动权益无法得到有效保障。

## 四、相关建议

### （一）完善培训服务体系，提高农民工就业能力

加强农民工职业技能培训工作，建立和完善培训体系，开展有针对性的精准职业技能培训和岗位培训，使农民工掌握必要的技术技能，提高就业能力，降低失业风险，有效适应新时代新形势的就业技能需求，促进农民工就业由“体力型”向“技能型”转变。加大县区、镇街、村居三级就业服务平台建设力度，强化平台职能，全力做好信息发布、公共职业介绍、职业指导等工作，定期举办各类劳动力招聘会。

### （二）加强监督检查力度，提升农民工权益保障水平

加强落实《劳动合同法》，规范企业用工行为，加强劳动保障监督检查力度，推动各类用工单位依法与农民工签订劳动合同，强化企业依法为员工缴纳工伤、医疗、养老等社会保险的责任。针对新型零散用工就业方式，如共享用工、平台用工等，应加强对用工企业、用工平台的监管，督促企业规范用工管理，保障农民工劳动权益。

**附注：**

农民工是指户籍仍在农村，进城务工和在当地或异地从事非农产业劳动 6 个月及以上的劳动者。本地农民工是指在户籍所在乡镇地域内从业的农民工。外出农民工是指在户籍所在乡镇地域外从业的农民工。

执笔：李　君
核稿：曾红梅
会审：罗　萍

# 1-1 全省行政区划(2021年底)

| 设区市名称 | 县级行政单位数(个) | | | | 县级行政单位名称 |
|---|---|---|---|---|---|
| | 合计 | 县 | 县级市 | 市辖区 | |
| **总 计** | **84** | **42** | **11** | **31** | |
| 福州市 | 13 | 6 | 1 | 6 | 鼓楼区 仓山区 台江区 马尾区 晋安区 |
| | | | | | 长乐区 福清市 闽侯县 连江县 |
| | | | | | 罗源县 闽清县 永泰县 平潭县 |
| 厦门市 | 6 | | | 6 | 思明区 海沧区 湖里区 集美区 同安区 翔安区 |
| 莆田市 | 5 | 1 | | 4 | 城厢区 涵江区 荔城区 秀屿区 仙游县 |
| 三明市 | 11 | 8 | 1 | 2 | 三元区 沙县区 永安市 明溪县 清流县 宁化县 |
| | | | | | 大田县 尤溪县 将乐县 泰宁县 建宁县 |
| 泉州市 | 12 | 5 | 3 | 4 | 鲤城区 丰泽区 洛江区 泉港区 石狮市 晋江市 |
| | | | | | 南安市 惠安县 安溪县 永春县 德化县 金门县 |
| 漳州市 | 11 | 7 | | 4 | 芗城区 龙文区 龙海区 长泰区 云霄县 诏安县 |
| | | | | | 漳浦县 东山县 南靖县 平和县 华安县 |
| 南平市 | 10 | 5 | 3 | 2 | 延平区 建阳区 邵武市 武夷山市 建瓯市 |
| | | | | | 顺昌县 浦城县 光泽县 松溪县 政和县 |
| 龙岩市 | 7 | 4 | 1 | 2 | 新罗区 永定区 漳平市 长汀县 上杭县 武平县 |
| | | | | | 连城县 |
| 宁德市 | 9 | 6 | 2 | 1 | 蕉城区 福安市 福鼎市 霞浦县 古田县 屏南县 |
| | | | | | 寿宁县 周宁县 柘荣县 |

注：县级行政单位包括金门县。

## 1-2 国民经济和社会发展

| 项目 | 总量指标 | | | |
|---|---|---|---|---|
| | 1978年 | 1990年 | 2000年 | 2010年 |
| **人口与就业** | | | | |
| 年末总人口(万人) | 2446 | 3037 | 3410 | 3693 |
| #城镇人口 | | 642 | 1432 | 2109 |
| 年末从业人员(万人) | 924 | 1496 | 1794 | 2114 |
| 城镇登记失业人员(万人) | 20.82 | 9.00 | 9.10 | 14.49 |
| 城镇单位在岗职工平均工资(元) | 567 | 2162 | 10584 | 32647 |
| **国民经济核算** | | | | |
| 地区生产总值(亿元) | 66.37 | 522.28 | 3764.54 | 15002.51 |
| 第一产业 | 23.93 | 147.01 | 616.37 | 1269.87 |
| 第二产业 | 28.19 | 174.47 | 1622.33 | 7705.25 |
| 第三产业 | 14.25 | 200.80 | 1525.83 | 6027.39 |
| 主要行业 | | | | |
| 工业 | 23.85 | 150.55 | 1422.34 | 6532.27 |
| 建筑业 | 4.34 | 23.92 | 206.11 | 1201.07 |
| 人均地区生产总值(元) | 273 | 1735 | 11194 | 40773 |
| **固定资产投资** | | | | |
| 固定资产投资(亿元) | 8.48 | 81.20 | 892.97 | 5612.35 |
| 项目投资 | | 67.73 | 685.60 | 3793.49 |
| 房地产投资 | | 13.47 | 207.37 | 1818.86 |
| **能源生产与消费** | | | | |
| 一次能源生产总量(万吨标准煤) | 461.00 | 966.52 | 1654.17 | 3260.42 |
| 能源消费总量(万吨标准煤) | 688.00 | 1458.30 | 2942.60 | 9189.42 |
| **财政** | | | | |
| 一般公共预算总收入(亿元) | 15.13 | 57.06 | 369.67 | 2056.01 |
| 地方一般公共预算收入(亿元) | | | 234.11 | 1151.49 |
| 一般公共预算支出(亿元) | 15.14 | 68.45 | 324.18 | 1695.09 |
| **金融** | | | | |
| 金融机构人民币各项存款余额(亿元) | 25.95 | 359.45 | 3114.32 | 18309.45 |
| #财政存款 | | | 39.59 | 678.08 |
| 金融机构人民币各项贷款余额(亿元) | 31.43 | 381.93 | 2438.82 | 15231.36 |
| #短期贷款 | | | 1728.01 | 6594.50 |
| 中长期贷款 | | | 510.32 | 8372.64 |
| 保险公司赔款及给付金额(亿元) | | | 17.76 | 102.90 |
| **价格指数(上年=100)** | | | | |
| 居民消费价格指数 | 100.2 | 99.3 | 102.1 | 103.2 |
| 工业生产者出厂价格指数 | | | 100.5 | 103.2 |
| 工业生产者购进价格指数 | | | 112.4 | 107.7 |
| **农业** | | | | |
| 农林牧渔业总产值(亿元) | 36.33 | 227.12 | 1037.27 | 2226.41 |
| 主要农产品产量(万吨) | | | | |
| 粮食 | 744.90 | 879.64 | 854.68 | 584.65 |
| 油料 | 13.80 | 17.66 | 25.79 | 22.08 |
| 甘蔗 | 288.03 | 344.28 | 82.71 | 55.69 |
| 烤烟 | 1.23 | 4.26 | 9.14 | 11.52 |
| 茶叶 | 2.03 | 5.82 | 12.60 | 25.83 |
| 园林水果 | 10.10 | 75.78 | 356.44 | 495.03 |
| 肉类 | 24.27 | 71.83 | 145.92 | 192.61 |
| 禽蛋 | | 12.94 | 40.69 | 30.54 |

## 总量和速度指标

| | | 平均增长速度(%) | | | | 2021年比上年增长(%) |
|---|---|---|---|---|---|---|
| 2020年 | 2021年 | 1979-2021年 | 1991-2021年 | 2001-2021年 | 2011-2021年 | |
| 4161 | 4187 | 1.26 | 1.04 | 0.98 | 1.15 | 0.62 |
| 2861 | 2918 | | 5.01 | 3.45 | 3.00 | 2.02 |
| 2206 | 2197 | 2.03 | 1.25 | 0.97 | 0.35 | -0.41 |
| 35.74 | 37.97 | 1.41 | 4.75 | 7.04 | 9.15 | 6.24 |
| 91072 | 101516 | 12.8 | 13.2 | 11.4 | 10.9 | 11.5 |
| 43608.55 | 48810.36 | 11.7 | 11.8 | 10.4 | 8.8 | 8.0 |
| 2730.81 | 2897.74 | 5.2 | 4.6 | 3.3 | 3.5 | 4.9 |
| 20168.43 | 22866.32 | 14.0 | 14.4 | 11.9 | 9.3 | 7.5 |
| 20709.31 | 23046.30 | 12.3 | 11.4 | 10.2 | 9.0 | 8.8 |
| 15615.48 | 17787.60 | 14.5 | 14.7 | 12.1 | 9.4 | 9.0 |
| 4618.99 | 5140.55 | 8.4 | 12.2 | 11.4 | 8.9 | 2.5 |
| 105106 | 116939 | 10.4 | 10.6 | 9.3 | 7.6 | 7.3 |
| 17996.36 | 19083.28 | 19.7 | 19.3 | 15.7 | 11.8 | 6.0 |
| 11969.56 | 12887.66 | | 18.4 | 15.0 | 11.8 | 7.7 |
| 6026.80 | 6195.61 | | 21.9 | 17.6 | 11.8 | 2.8 |
| 3997.99 | 4261.23 | 5.3 | 4.9 | 4.6 | 2.5 | 6.6 |
| 13905.19 | 15157.51 | 7.5 | 7.8 | 8.1 | 4.7 | 9.0 |
| 5158.43 | 5743.84 | 14.7 | 16.0 | 13.8 | 9.6 | 11.3 |
| 3079.04 | 3383.38 | | | 13.7 | 10.6 | 9.9 |
| 5216.10 | 5210.93 | 14.7 | 15.3 | 14.5 | 11.5 | 7.5 |
| 55160.49 | 60557.26 | 19.8 | 18.0 | 15.2 | 11.5 | 9.8 |
| 1053.15 | 1132.22 | | | 17.3 | 4.8 | 7.5 |
| 58589.49 | 65920.32 | 19.5 | 18.1 | 17.0 | 14.2 | 12.5 |
| 17843.60 | 19356.43 | | | 12.2 | 10.3 | 8.5 |
| 37789.18 | 42475.16 | | | 23.4 | 15.9 | 12.4 |
| 393.23 | 429.77 | | | 16.4 | 13.9 | 9.3 |
| 102.2 | 100.7 | 4.6 | 3.6 | 1.9 | 2.2 | 0.7 |
| 98.4 | 104.9 | | | 0.3 | 0.6 | 4.9 |
| 98.6 | 109.2 | | | 2.4 | 0.9 | 9.2 |
| 4901.07 | 5200.97 | 5.7 | 5.3 | 3.4 | 3.6 | 5.1 |
| 502.32 | 506.42 | -0.9 | -1.8 | -2.5 | -1.3 | 0.8 |
| 22.73 | 23.31 | 1.2 | 0.9 | -0.5 | 0.5 | 2.5 |
| 26.98 | 28.79 | -5.2 | -7.7 | -4.9 | -5.8 | 6.7 |
| 10.03 | 10.52 | 5.1 | 3.0 | 0.7 | -0.8 | 4.9 |
| 46.14 | 48.79 | 7.7 | 7.1 | 6.7 | 6.0 | 5.8 |
| 717.05 | 763.02 | 10.6 | 7.7 | 3.7 | 4.0 | 6.4 |
| 259.39 | 286.54 | 5.9 | 4.6 | 3.3 | 3.7 | 10.5 |
| 53.66 | 55.91 | | 4.8 | 1.5 | 5.7 | 4.2 |

1-2 续表 1

| 项 目 | 总量指标 | | | |
|---|---|---|---|---|
| | 1978年 | 1990年 | 2000年 | 2010年 |
| 奶类 | 0.93 | 4.87 | 9.91 | 13.24 |
| 水产品 | 54.44 | 145.59 | 527.89 | 587.42 |
| 食用菌 | | 18.24 | 46.25 | 76.27 |
| 造林面积(万亩) | 292.07 | 455.87 | 36.75 | 44.81 |
| **工业** | | | | |
| 工业总产值(亿元) | 63.14 | 531.49 | 3994.86 | 23805.32 |
| 规模以上工业主要产品产量 | | | | |
| 原煤(万吨) | 423.05 | 925.37 | 375.03 | 2442.73 |
| 原盐(万吨) | 94.67 | 67.21 | 28.37 | 33.39 |
| 罐头(万吨) | 4.10 | 14.41 | 26.78 | 203.21 |
| 布(亿米) | 1.12 | 2.26 | 5.59 | 31.20 |
| 纱(万吨) | 1.84 | 5.48 | 14.36 | 184.74 |
| 机制纸及纸板(万吨) | 20.08 | 52.09 | 85.07 | 432.06 |
| 农用化肥(万吨) | 16.40 | 43.64 | 61.38 | 57.87 |
| 烧碱(万吨) | 4.32 | 8.70 | 15.64 | 20.11 |
| 水泥(万吨) | 120.45 | 540.04 | 1513.64 | 5921.20 |
| 平板玻璃(万重量箱) | 43.59 | 66.06 | 479.87 | 2765.35 |
| 生铁(万吨) | 26.57 | 62.60 | 149.37 | 558.81 |
| 钢材(万吨) | 13.82 | 56.28 | 283.79 | 1340.56 |
| 彩色电视机(万台) | | 123.14 | 204.19 | 903.10 |
| 微型电子计算机(万台) | | | 88.77 | 738.27 |
| 汽车(万辆) | 0.09 | 0.07 | 2.96 | 19.50 |
| 发电量(亿千瓦小时) | 40.69 | 136.65 | 403.73 | 1356.32 |
| 规模以上工业企业主要经济指标(亿元) | | | | |
| 资产总计 | | 451.91 | 3368.64 | 16058.70 |
| 主营业务收入 | | 352.56 | 2468.69 | 21479.37 |
| 利润总额 | 6.75 | 16.09 | 110.80 | 1754.18 |
| **建筑业** | | | | |
| 建筑业企业从业人员(万人) | 4.54 | 30.98 | 41.37 | 229.57 |
| 建筑业总产值(亿元) | 3.31 | 32.54 | 271.15 | 3062.17 |
| 房屋施工面积(万平方米) | 416.57 | 969.35 | 4085.40 | 28406.86 |
| 房屋竣工面积(万平方米) | 183.40 | 499.30 | 1729.00 | 9095.78 |
| **交通运输邮电** | | | | |
| 铁路营业里程(公里) | 1009 | 1021 | 1454 | 2110 |
| 公路通车里程(公里) | 29109 | 41011 | 53506 | 91015 |
| #高速公路 | | | 351 | 2350 |
| 内河通航里程(公里) | 3629 | 3888 | 3701 | 3245 |
| 客运量(万人) | 7928 | 39495 | 44203 | 77153 |
| 铁路 | 718 | 1234 | 1428 | 3640 |
| 公路 | 6285 | 36639 | 41696 | 70714 |
| 水运 | 924 | 1567 | 726 | 1444 |
| 民航 | 1 | 55 | 353 | 1356 |
| 货运量(万吨) | 4871 | 20321 | 29483 | 66159 |
| 铁路 | 1261 | 1902 | 2475 | 3765 |
| 公路 | 2671 | 16710 | 22924 | 45575 |
| 水运 | 939 | 1708 | 4078 | 16803 |
| 民航 | 0.02 | 0.83 | 5.84 | 15.81 |
| 沿海主要港口货物吞吐量(万吨) | 408.13 | 1496.50 | 6944.17 | 32687.01 |

| | | 平均增长速度(%) | | | | 2021年比上年增长(%) |
|---|---|---|---|---|---|---|
| 2020年 | 2021年 | 1979-2021年 | 1991-2021年 | 2001-2021年 | 2011-2021年 | |
| 17.48 | 19.97 | 7.4 | 4.7 | 3.4 | 3.8 | 14.3 |
| 832.98 | 853.07 | 6.6 | 5.9 | 2.3 | 3.5 | 2.4 |
| 137.88 | 146.04 | | 6.9 | 5.6 | 6.1 | 5.9 |
| 7.34 | 4.91 | -9.1 | -13.6 | -9.1 | -18.2 | -33.2 |
| 63476.68 | 72674.18 | 17.0 | 17.2 | 13.9 | 10.2 | 8.8 |
| 645.85 | 540.68 | 0.6 | -1.7 | 1.8 | -12.8 | -16.3 |
| 26.54 | 25.20 | -3.0 | -3.1 | -0.6 | -2.5 | -5.1 |
| 281.80 | 299.17 | 10.5 | 10.3 | 12.2 | 3.6 | 6.2 |
| 74.49 | 79.42 | 10.4 | 12.2 | 13.5 | 8.9 | 6.6 |
| 543.45 | 556.94 | 14.2 | 16.1 | 19.0 | 10.6 | 2.5 |
| 798.49 | 994.84 | 9.5 | 10.0 | 12.4 | 7.9 | 24.6 |
| 86.25 | 66.69 | 3.3 | 1.4 | 0.4 | 1.3 | -22.7 |
| 35.90 | 37.91 | 5.2 | 4.9 | 4.3 | 5.9 | 5.6 |
| 9686.90 | 10096.37 | 10.8 | 9.9 | 9.5 | 5.0 | 4.2 |
| 5361.63 | 5512.69 | 11.9 | 15.3 | 12.3 | 6.5 | 2.8 |
| 1106.21 | 1145.19 | 9.1 | 9.8 | 10.2 | 6.7 | 3.5 |
| 3861.65 | 3980.53 | 14.1 | 14.7 | 13.4 | 10.4 | 3.1 |
| 1330.02 | 1383.29 | | 8.1 | 9.5 | 4.0 | 4.0 |
| 1493.63 | 1369.67 | | | 13.9 | 5.8 | -8.3 |
| 18.04 | 34.26 | 14.8 | 22.3 | 12.4 | 5.3 | 89.9 |
| 2537.12 | 2808.18 | 10.3 | 10.2 | 9.7 | 6.8 | 10.7 |
| 41995.99 | 47211.29 | | 16.2 | 13.4 | 10.3 | 12.4 |
| 53220.66 | 63039.21 | | 18.2 | 16.7 | 10.3 | 18.4 |
| 3949.87 | 4980.00 | 16.6 | 20.3 | 19.9 | 10.0 | 26.1 |
| 483.79 | 479.10 | 11.4 | 9.2 | 12.4 | 6.9 | -1.0 |
| 14117.80 | 15810.43 | 21.8 | 22.1 | 21.4 | 16.1 | 12.0 |
| 82671.20 | 87230.72 | 13.2 | 15.6 | 15.7 | 10.7 | 5.5 |
| 18231.74 | 19206.99 | 11.4 | 12.5 | 12.1 | 7.0 | 5.3 |
| 3774 | 3983 | 3.2 | 4.5 | 4.9 | 5.9 | 5.5 |
| 110118 | 111031 | 3.2 | 3.3 | 3.5 | 1.8 | 0.8 |
| 5635 | 5810 | | | 14.3 | 8.6 | 3.1 |
| 3245 | 3245 | -0.3 | -0.6 | -0.6 | 0.0 | 0.0 |
| 25490 | 21893 | 2.4 | -1.9 | -3.3 | -10.8 | -14.1 |
| 7539 | 8350 | 5.9 | 6.4 | 8.8 | 7.8 | 10.8 |
| 14882 | 10522 | 1.2 | -3.9 | -6.3 | -15.9 | -29.3 |
| 742 | 742 | -0.5 | -2.4 | 0.1 | -5.9 | 0.1 |
| 2327 | 2279 | 19.3 | 12.7 | 9.3 | 4.8 | -2.1 |
| 139927 | 166131 | 8.6 | 7.0 | 8.6 | 8.7 | 18.7 |
| 3750 | 5112 | 3.3 | 3.2 | 3.5 | 2.8 | 36.3 |
| 91137 | 110777 | 9.0 | 6.3 | 7.8 | 8.4 | 21.6 |
| 45018 | 50224 | 9.7 | 11.5 | 12.7 | 10.5 | 11.6 |
| 22.80 | 18.33 | 17.2 | 10.5 | 5.6 | 1.4 | -19.6 |
| 62132.47 | 69190.28 | 12.7 | 13.2 | 11.6 | 7.1 | 11.4 |

1-2 续表 2

| 项　　目 | 总量指标 | | | |
|---|---|---|---|---|
| | 1978年 | 1990年 | 2000年 | 2010年 |
| 邮电业务 | | | | |
| 函件(万件) | 8790 | 16228 | 24163 | 25198 |
| 移动电话年末用户(万户) | | | 441.00 | 3022.00 |
| 固定电话年末用户(万户) | 5.88 | 22.82 | 562.70 | 1046.00 |
| **国内贸易** | | | | |
| 社会消费品零售总额(亿元) | 30.56 | 207.74 | 1393.93 | 6015.22 |
| **进出口** | | | | |
| 海关进出口总额(亿美元) | 2.03 | 43.39 | 212.23 | 1087.80 |
| 出口总额 | 1.90 | 24.49 | 129.08 | 714.93 |
| 进口总额 | 0.13 | 18.90 | 83.15 | 372.87 |
| **旅游** | | | | |
| 接待入境游客人数(万人次) | | 70.79 | 161.33 | 368.14 |
| 外国人 | | 10.54 | 49.75 | 115.27 |
| 台湾同胞 | | 36.28 | 47.79 | 156.92 |
| 港澳同胞 | | 23.97 | 63.80 | 95.94 |
| 国际旅游外汇收入(亿美元) | | | 8.94 | 29.78 |
| **教育** | | | | |
| 在校学生数(万人) | | | | |
| 普通高等学校 | 2.05 | 5.56 | 13.14 | 64.78 |
| 普通中等学校 | 119.98 | 120.69 | 269.46 | 260.22 |
| 普通小学 | 370.23 | 337.08 | 369.10 | 238.89 |
| **科技** | | | | |
| 研究与试验发展经费内部支出(亿元) | | | 21.19 | 170.90 |
| 技术市场成交额(亿元) | | 0.44 | 17.26 | 38.12 |
| 专利情况(项) | | | | |
| 授权量 | | 276 | 3003 | 18063 |
| 发明专利拥有量 | | | | 3295 |
| **文化** | | | | |
| 图书出版总印数(万份) | 6818 | 16312 | 20298 | 7749 |
| 期刊出版总印数(万份) | 388 | 3157 | 4463 | 2940 |
| 报纸出版总印数(万份) | 14784 | 41455 | 68897 | 99982 |
| 电视节目制作时间(小时) | | | 16519 | 55424 |
| 公共图书馆(座) | 23 | 74 | 81 | 86 |
| 博物馆(个) | 13 | 58 | 81 | 94 |
| **居民生活** | | | | |
| 城镇居民人均可支配收入(元) | 371 | 1749 | 7432 | 21781 |
| 城镇居民人均消费支出(元) | 285 | 1431 | 5639 | 14750 |
| 城镇居民人均住房建筑面积(平方米) | | 18.1 | 28.0 | 38.5 |
| 农村居民人均可支配(纯)收入(元) | 138 | 764 | 3230 | 7427 |
| 农村居民人均生活消费支出(元) | 113 | 708 | 2410 | 5498 |
| **卫生** | | | | |
| 卫生机构数(个) | 3809 | 4885 | 9807 | 6999 |
| #医院、卫生院 | 1111 | 1198 | 1323 | 1325 |
| 卫生技人员数(人) | 54855 | 86772 | 97569 | 140133 |
| 医生 | 22097 | 35696 | 41461 | 55402 |
| 卫生机构床位数(张) | 51505 | 68073 | 90091 | 112334 |
| #医院、卫生院 | 45331 | 60664 | 82389 | 103933 |

| 2020年 | 2021年 | 平均增长速度(%) 1979-2021年 | 1991-2021年 | 2001-2021年 | 2011-2021年 | 2021年比上年增长(%) |
|---|---|---|---|---|---|---|
| 3268 | 2529 | -2.9 | -5.8 | -10.2 | -18.9 | -22.6 |
| 4739.28 | 4824.25 | | | 12.1 | 4.3 | 1.8 |
| 733.07 | 707.16 | 11.8 | 11.7 | 1.1 | -3.5 | -3.5 |
| 18626.45 | 20373.11 | 16.3 | 15.9 | 13.6 | 11.7 | 9.4 |
| 2033.17 | 2852.50 | 18.4 | 14.5 | 13.2 | 9.2 | 40.3 |
| 1223.87 | 1673.41 | 17.1 | 14.6 | 13.0 | 8.0 | 36.7 |
| 809.30 | 1179.09 | 23.6 | 14.3 | 13.5 | 11.0 | 45.7 |
| 229.67 | 65.11 | | -0.3 | -4.2 | -14.6 | -71.7 |
| 93.92 | 30.97 | | 3.5 | -2.2 | -11.3 | -67.0 |
| 83.02 | 17.75 | | -2.3 | -4.6 | -18.0 | -78.6 |
| 52.73 | 16.39 | | -1.2 | -6.3 | -14.8 | -68.9 |
| 20.69 | 4.92 | | | -2.8 | -15.1 | -76.2 |
| 94.72 | 102.34 | 9.5 | 9.9 | 10.3 | 4.2 | 8.0 |
| 257.68 | 272.01 | 1.9 | 2.7 | 0.0 | 0.4 | 5.6 |
| 343.61 | 352.90 | -0.1 | 0.1 | -0.2 | 3.6 | 2.7 |
| 842.41 | | | | 20.2 | 17.3 | |
| 183.86 | 214.40 | | 22.1 | 12.7 | 17.0 | 16.6 |
| 145929 | 153814 | | 22.6 | 20.6 | 21.5 | 5.4 |
| 50756 | 62156 | | | | 30.6 | 22.5 |
| 13620 | 15467 | 1.9 | -0.2 | -1.3 | 6.5 | 13.6 |
| 2017 | 2003 | 3.9 | -1.5 | -3.7 | -3.4 | -0.7 |
| 69515 | 65213 | 3.5 | 1.5 | -0.3 | -3.8 | -6.2 |
| 55417 | 55382 | | | 5.9 | 0.0 | -0.1 |
| 97 | 96 | 3.4 | 0.8 | 0.8 | 1.0 | -1.0 |
| 132 | 140 | 5.7 | 2.9 | 2.6 | 3.7 | 6.1 |
| 47160 | 51140 | 12.1 | 11.5 | 9.6 | 8.1 | 8.4 |
| 30487 | 33942 | 11.8 | 10.8 | 8.9 | 7.9 | 11.3 |
| 43.8 | 43.9 | | 2.9 | 2.2 | 1.2 | 0.3 |
| 20880 | 23229 | 12.7 | 11.6 | 9.8 | 10.9 | 11.2 |
| 16339 | 19290 | 12.7 | 11.3 | 10.4 | 12.1 | 18.1 |
| 28152 | 28693 | 4.8 | 5.9 | 5.2 | 13.7 | 1.9 |
| 1585 | 1600 | 0.9 | 0.9 | 0.9 | 1.7 | 0.9 |
| 278397 | 294376 | 4.0 | 4.0 | 5.4 | 7.0 | 5.7 |
| 105546 | 111058 | 3.8 | 3.7 | 4.8 | 6.5 | 5.2 |
| 216753 | 223813 | 3.5 | 3.9 | 4.4 | 6.5 | 3.3 |
| 202189 | 209421 | 3.6 | 4.1 | 4.5 | 6.6 | 3.6 |

# 1-3 国民经济和社会发展结构指标

单位：%

| 项　　目 | 1978年 | 1990年 | 2000年 | 2010年 | 2020年 | 2021年 |
|---|---|---|---|---|---|---|
| **一、人口** | | | | | | |
| (一)性别结构 | | | | | | |
| 男 | | 51.4 | 51.5 | 51.4 | 51.7 | 51.8 |
| 女 | | 48.6 | 48.5 | 48.6 | 48.3 | 48.2 |
| (二)城乡结构 | | | | | | |
| 城镇 | | 21.4 | 42.0 | 57.1 | 68.8 | 69.7 |
| 乡村 | | 78.6 | 58.0 | 42.9 | 31.2 | 30.3 |
| **二、就业产业结构** | | | | | | |
| 第一产业 | 75.1 | 58.4 | 46.8 | 28.4 | 14.6 | 13.7 |
| 第二产业 | 13.4 | 20.5 | 24.5 | 36.6 | 32.6 | 33.2 |
| 第三产业 | 11.4 | 21.1 | 28.7 | 35.0 | 52.8 | 53.1 |
| **三、国民经济核算** | | | | | | |
| 地区生产总值产业结构 | | | | | | |
| 第一产业 | 36.0 | 28.2 | 16.4 | 8.5 | 6.3 | 5.9 |
| 第二产业 | 42.5 | 33.4 | 43.1 | 51.3 | 46.2 | 46.8 |
| 第三产业 | 21.5 | 38.4 | 40.5 | 40.2 | 47.5 | 47.3 |
| **四、固定资产投资** | | | | | | |
| (一)产业结构 | | | | | | |
| 第一产业 | | | | 0.8 | 1.7 | 1.9 |
| 第二产业 | | | | 34.4 | 30.8 | 32.4 |
| 第三产业 | | | | 64.8 | 67.5 | 65.7 |
| (二)登记注册类型结构 | | | | | | |
| #国有企业 | | | | | 7.2 | 7.8 |
| 集体企业 | | | | | 0.6 | 0.6 |
| 私营企业 | | | | | 41.8 | 43.0 |
| 外商及港澳台投资企业 | | | | | 6.8 | 6.4 |
| **五、能源** | | | | | | |
| 能源消费结构 | | | | | | |
| #煤炭 | 63.7 | 67.0 | 54.4 | 55.4 | 48.3 | 47.7 |
| 石油 | 12.9 | 12.1 | 23.3 | 24.8 | 23.6 | 22.8 |
| 天然气 | | | | 4.2 | 4.7 | 5.0 |
| 水电 | 23.4 | 20.9 | 22.3 | 15.2 | 6.2 | 5.3 |
| 核电 | | | | | 13.9 | 14.9 |
| **六、农业** | | | | | | |
| (一)农林牧渔业产值结构 | | | | | | |
| 农业 | 77.7 | 52.1 | 40.6 | 40.4 | 37.1 | 36.6 |
| 林业 | 6.4 | 9.5 | 7.9 | 8.5 | 8.0 | 8.2 |
| 牧业 | 10.5 | 22.9 | 20.1 | 18.6 | 23.3 | 20.4 |

1-3 续表 1

单位：%

| 项 目 | 1978年 | 1990年 | 2000年 | 2010年 | 2020年 | 2021年 |
|---|---|---|---|---|---|---|
| 渔业 | 5.5 | 15.6 | 31.4 | 28.8 | 28.0 | 31.2 |
| 农林牧渔服务业 | | | | 3.7 | 3.6 | 3.6 |
| (二)农作物播种面积 | | | | | | |
| 粮食作物 | 81.9 | 75.8 | 65.5 | 55.3 | 49.6 | 49.0 |
| 非粮作物 | 18.1 | 24.2 | 34.5 | 44.7 | 50.4 | 51.0 |
| **七、工业** | | | | | | |
| 规模以上工业企业资产结构 | | | | | | |
| 大型企业 | | | 22.0 | 23.7 | 38.5 | 41.7 |
| 中型企业 | | | 13.5 | 40.9 | 27.0 | 25.4 |
| 小微企业 | | | 64.5 | 35.4 | 34.6 | 32.9 |
| **八、建筑业** | | | | | | |
| 建筑业总产值结构 | | | | | | |
| 国有企业 | 56.8 | 41.1 | 48.6 | 14.6 | 5.7 | 5.6 |
| 集体企业 | 39.9 | 34.7 | 33.0 | 2.0 | 1.3 | 1.1 |
| 港澳台商投资企业 | | | | 1.1 | 0.8 | 0.8 |
| 外商投资企业 | | | | 0.08 | 0.20 | 0.26 |
| 其他 | | | | 82.2 | 92.0 | 92.2 |
| **九、交通运输业** | | | | | | |
| (一)货运量结构 | | | | | | |
| 铁路 | 25.9 | 9.4 | 8.4 | 5.7 | 2.7 | 3.1 |
| 公路 | 54.8 | 82.2 | 77.8 | 68.9 | 65.1 | 66.7 |
| 水运 | 19.3 | 8.4 | 13.8 | 25.4 | 32.2 | 30.2 |
| 民航 | | | 0.02 | 0.02 | 0.02 | 0.01 |
| (二)客运量结构 | | | | | | |
| 铁路 | 9.1 | 3.1 | 3.2 | 4.7 | 29.6 | 38.1 |
| 公路 | 79.3 | 92.8 | 94.3 | 91.7 | 58.4 | 48.1 |
| 水运 | 11.7 | 4.0 | 1.6 | 1.9 | 2.9 | 3.4 |
| 民航 | 0.01 | 0.14 | 0.8 | 1.8 | 9.1 | 10.4 |
| **十、国内贸易** | | | | | | |
| 社会消费品零售总额结构 | | | | | | |
| 按销售单位所在地分组 | | | | | | |
| 城镇 | | | | 86.8 | 86.9 | 86.2 |
| 乡村 | | | | 13.2 | 13.1 | 13.8 |
| 按商品形态分 | | | | | | |
| 餐饮收入额 | | | | | 9.3 | 8.9 |
| 商品零售额 | | | | | 90.7 | 91.1 |
| **十一、海关货物进出口(按美元计价)** | | | | | | |
| (一)进口货物总额 | | | | | | |
| 初级产品 | | | 12.3 | 27.5 | 58.0 | 59.5 |
| 工业制成品 | | | 87.7 | 72.5 | 42.0 | 40.5 |

1-3 续表 2

单位：%

| 项　　目 | 1978年 | 1990年 | 2000年 | 2010年 | 2020年 | 2021年 |
|---|---|---|---|---|---|---|
| (二)出口货物总额 | | | | | | |
| 初级产品 | | | 10.6 | 7.4 | 8.2 | 7.7 |
| 工业制成品 | | | 89.4 | 92.6 | 91.8 | 92.3 |
| **十二、国际旅游** | | | | | | |
| 来华旅游人数结构 | | | | | | |
| 外国人 | | 14.9 | 30.8 | 31.3 | 40.9 | 47.6 |
| 台湾同胞 | | 51.3 | 29.6 | 42.6 | 36.1 | 27.3 |
| 港澳同胞 | | 33.9 | 39.5 | 26.1 | 23.0 | 25.2 |
| **十三、科技** | | | | | | |
| (一)研究与试验发展经费来源 | | | | | | |
| #政府资金 | | | 14.6 | 10.3 | 9.7 | |
| 企业资金 | | | 74.5 | 86.9 | 89.1 | |
| 国外资金 | | | 1.7 | 0.8 | 0.1 | |
| (二)研究与试验发展经费支出 | | | | | | |
| 基础研究 | | | 3.1 | 2.5 | 2.8 | |
| 应用研究 | | | 6.7 | 5.6 | 7.0 | |
| 试验发展 | | | 86.4 | 92.0 | 90.2 | |
| **十四、居民消费** | | | | | | |
| (一)城镇居民消费结构 | | | | | | |
| 食品烟酒 | | | 44.7 | 39.3 | 31.7 | 31.3 |
| 衣着 | | | 8.7 | 8.7 | 4.7 | 5.1 |
| 居住 | | | 9.4 | 10.9 | 30.7 | 30.5 |
| 生活用品及服务 | | | 8.6 | 6.6 | 5.0 | 5.3 |
| 交通通信 | | | 8.6 | 14.9 | 12.3 | 10.8 |
| 教育文化娱乐服务 | | | 10.4 | 12.1 | 7.5 | 9.2 |
| 医疗保健 | | | 4.7 | 4.2 | 5.8 | 5.7 |
| 其他用品及服务 | | | 4.9 | 3.4 | 2.2 | 2.2 |
| (二)农村居民消费结构 | | | | | | |
| 食品烟酒 | | | 48.7 | 46.1 | 38.4 | 35.1 |
| 衣着 | | | 4.9 | 5.6 | 4.6 | 4.8 |
| 居住 | | | 14.6 | 15.7 | 24.1 | 25.4 |
| 生活用品及服务 | | | 4.6 | 5.3 | 5.3 | 4.9 |
| 交通通信 | | | 8.6 | 11.6 | 10.3 | 11.6 |
| 教育文化娱乐服务 | | | 10.6 | 8.4 | 7.5 | 8.6 |
| 医疗保健 | | | 3.6 | 4.6 | 7.8 | 7.7 |
| 其他用品及服务 | | | 4.6 | 2.6 | 1.8 | 2.1 |

# 1-4 国民经济和社会发展比例和效益指标

| 项 目 | 1978年 | 1990年 | 2000年 | 2010年 | 2020年 | 2021年 |
|---|---|---|---|---|---|---|
| **一、人口与就业** | | | | | | |
| 出生率(‰) | 25.35 | 24.44 | 11.60 | 11.27 | 9.21 | 8.26 |
| 死亡率(‰) | 6.31 | 6.71 | 5.85 | 5.16 | 6.24 | 6.28 |
| 自然增长率(‰) | 19.04 | 17.73 | 5.75 | 6.11 | 2.97 | 1.98 |
| 城镇登记失业率(%) | 9.10 | 2.60 | 2.60 | 3.77 | 3.82 | 3.33 |
| **二、国民经济核算** | | | | | | |
| 工业增加值占地区生产总值比重(%) | 35.9 | 28.8 | 37.8 | 43.5 | 35.8 | 36.4 |
| 人均地区生产总值(元) | 273 | 1735 | 11194 | 40773 | 105106 | 116939 |
| 社会劳动生产率(元/人) | | 3733 | 21149 | 71731 | 197502 | 221714 |
| **三、财政金融** | | | | | | |
| 一般公共预算总收入相当于地区生产总值比例(%) | 22.8 | 10.9 | 9.8 | 13.7 | 11.8 | 11.8 |
| 一般公共预算支出相当于地区生产总值比例(%) | 22.8 | 13.1 | 8.6 | 11.3 | 12.0 | 10.7 |
| 金融机构年末人民币存款余额相当于地区生产总值比例(%) | 39.1 | 68.8 | 82.7 | 122.0 | 126.5 | 124.1 |
| 金融机构年末人民币贷款余额相当于地区生产总值比例(%) | 47.4 | 73.1 | 64.8 | 101.5 | 134.4 | 135.1 |
| **四、能源** | | | | | | |
| 能源消费弹性系数 | | 0.52 | 0.66 | 0.72 | 0.42 | 1.13 |
| 电力消费弹性系数 | | 0.73 | 1.45 | 1.14 | 1.03 | 1.78 |
| 单位地区生产总值能耗上升或下降(±%) | | | | -3.42 | -1.83 | 0.90 |
| **五、农业** | | | | | | |
| 每亩农产品产量(千克) | | | | | | |
| 粮食 | 219 | 282 | 312 | 363 | 401 | 404 |
| 油料 | 85 | 105 | 138 | 159 | 191 | 193 |
| **六、工业** | | | | | | |
| 规模以上工业 | | | | | | |
| 总资产贡献率(%) | | | 9.26 | 18.80 | 12.93 | 14.09 |
| 资产负债率(%) | | | 57.52 | 52.74 | 50.68 | 52.05 |
| 流动资产周转次数(次) | | | 1.89 | 2.87 | 2.62 | 2.72 |
| 成本费用利润率(%) | | | 4.76 | 8.83 | 7.74 | 8.23 |
| 产品销售率(%) | | | 96.95 | 97.76 | 96.53 | 96.47 |
| **七、建筑业** | | | | | | |
| 建筑业劳动生产率(按产值计算)(元/人) | | | 64884 | 134520 | 285578 | 321185 |
| 产值利税率(%) | | 1.5 | 5.2 | 6.4 | 5.7 | 5.5 |
| **八、交通运输业** | | | | | | |
| 铁路网密度(公里/万平方公里) | 81.37 | 82.34 | 117.26 | 170.16 | 304.38 | 321.23 |
| 公路网密度(公里/万平方公里) | 2347.5 | 3307.34 | 4315.00 | 7339.92 | 8880.48 | 8954.09 |
| **九、对外贸易** | | | | | | |
| 进出口总额相当于地区生产总值比例(%) | | 43.4 | 46.7 | 49.1 | 32.3 | 37.8 |
| #出口总额相当于地区生产总值比例(%) | | 24.5 | 28.4 | 32.3 | 19.4 | 22.2 |
| 机电产品出口占出口总额的比重(%) | | | | 41.1 | 37.8 | 36.8 |
| 高新技术产品出口占出口总额的比重(%) | | | | 18.4 | 12.0 | 12.8 |
| **十、自然资源** | | | | | | |
| 森林覆盖率(%) | 39.50 | 43.20 | 60.50 | 63.10 | 66.80 | 66.80 |
| **十一、居民生活** | | | | | | |
| 全体居民人均可支配收入(元) | | | | | 37202 | 40659 |
| 城镇居民人均可支配收入与农村居民人均可支配(纯)收入之比(以农民人均纯收入为1) | 2.70 | 2.32 | 2.30 | 2.93 | 2.26 | 2.20 |
| **十二、科技教育卫生** | | | | | | |
| 每万人口发明专利拥有量(件) | | | | 0.89 | 12.2 | 14.84 |
| 学龄前儿童毛入学率(%) | | 99.10 | 99.86 | 100.00 | 99.98 | 99.95 |
| 小学毕业生升学率(%) | | 64.96 | 97.27 | 96.74 | 99.28 | 99.54 |
| 初中毕业生升学率(%) | | 49.71 | 49.97 | 92.90 | 83.86 | 85.96 |
| 每千人口拥有卫生技术人员数(人) | 2.24 | 2.85 | 2.86 | 3.79 | 6.69 | 7.03 |
| #医生 | 0.9 | 1.2 | 1.2 | 1.5 | 2.5 | 2.7 |
| 每千人口拥有卫生机构床位数(张) | 2.1 | 2.2 | 2.6 | 3.0 | 5.2 | 5.3 |

# 1-5 平均每天主要社会经济活动

| 项　　目 | 1978年 | 1990年 | 2000年 | 2010年 | 2020年 | 2021年 |
|---|---|---|---|---|---|---|
| **一、全省每天创造的财富** | | | | | | |
| 地区生产总值(亿元) | 0.18 | 1.43 | 10.29 | 41.10 | 119.15 | 133.73 |
| 农林牧渔总产值(亿元) | 0.10 | 0.62 | 2.83 | 6.10 | 13.39 | 14.25 |
| 工业总产值(亿元) | 0.17 | 1.46 | 10.91 | 65.22 | 173.43 | 199.11 |
| 一般公共预算总收入(亿元) | 0.04 | 0.16 | 1.01 | 5.63 | 14.09 | 15.74 |
| #地方一般公共预算收入 | | | 0.64 | 3.15 | 8.41 | 9.27 |
| 一般公共预算支出(亿元) | 0.04 | 0.19 | 0.89 | 4.64 | 14.25 | 14.28 |
| 原煤(吨) | 11590 | 25353 | 10247 | 66924 | 17646 | 14813 |
| 原盐(吨) | 2594 | 1841 | 775 | 915 | 725 | 690 |
| 发电量(万千瓦时) | 1114.79 | 3743.84 | 11030.87 | 37159.45 | 69320.25 | 76936.35 |
| 粗钢(吨) | 443 | 1415 | 3414 | 29778 | 67391 | 69466 |
| 钢材(吨) | 379 | 1542 | 7754 | 36728 | 105509 | 109056 |
| 生铁(吨) | 728 | 1715 | 4081 | 15310 | 30224 | 31375 |
| 水泥(吨) | 3300 | 14796 | 41356 | 162225 | 264669 | 276613 |
| 平板玻璃(重量箱) | 1194 | 1810 | 13111 | 75763 | 146493 | 151033 |
| 布(万米) | 30.68 | 61.92 | 152.64 | 854.80 | 2035.22 | 2175.78 |
| 纱(吨) | 50 | 150 | 392 | 5061 | 14848 | 15259 |
| 服装(万件) | | 30.46 | 108.95 | 800.75 | 1505.74 | 1793.41 |
| 机制纸及纸板(吨) | 550 | 1427 | 2324 | 11837 | 21817 | 27256 |
| 农用化肥(吨) | 449 | 1196 | 1677 | 1586 | 2356 | 1827 |
| 烧碱(吨) | 118 | 238 | 427 | 551 | 981 | 1039 |
| 彩色电视机(台) | | 3374 | 5579 | 24742 | 36339 | 37898 |
| 卷烟(箱) | 558 | 2093 | 2695 | 4623 | 4844 | 4907 |
| 罐头(吨) | 112 | 395 | 732 | 5567 | 7700 | 8196 |
| 粮食(吨) | 20408 | 24100 | 23352 | 16018 | 13725 | 13875 |
| 油料(吨) | 378 | 484 | 705 | 605 | 621 | 639 |
| 甘蔗(吨) | 7891 | 9432 | 2260 | 1526 | 737 | 789 |
| 茶叶(吨) | 56 | 159 | 344 | 708 | 1261 | 1337 |
| 园林水果(吨) | 277 | 2076 | 9739 | 13562 | 19592 | 20905 |
| 肉类(吨) | 665 | 1968 | 3987 | 5277 | 7087 | 7850 |
| 水产品(吨) | 1492 | 3989 | 14423 | 16094 | 22759 | 23372 |
| 食用菌(吨) | | 500 | 1264 | 2089 | 3767 | 4001 |
| **二、全省每天消费量** | | | | | | |
| 能源消费量(万吨标准煤) | 1.88 | 4.00 | 8.04 | 25.18 | 37.99 | 41.53 |
| 社会消费品零售总额(亿元) | 0.08 | 0.57 | 3.81 | 16.48 | 50.89 | 55.82 |
| **三、每天其他经济活动** | | | | | | |
| 国际旅游外汇收入(万美元) | | | 244.21 | 815.96 | 565.20 | 134.71 |
| 一次能源生产总量(万吨标准煤) | 1.26 | 2.65 | 4.52 | 8.93 | 10.92 | 11.67 |
| 货运周转量(亿吨公里) | 0.20 | 0.75 | 1.88 | 8.17 | 24.65 | 27.85 |
| 客运周转量(万人公里) | 978.90 | 4805.48 | 9124.86 | 17774.25 | 18086.52 | 17832.62 |
| 货物进出口总额(万美元) | 55.62 | 1188.79 | 5798.72 | 29802.81 | 55551.19 | 78150.77 |
| 出口总额(万美元) | 52.05 | 670.98 | 3526.85 | 19587.16 | 33439.08 | 45846.90 |
| 进口总额(万美元) | 3.56 | 517.81 | 2271.87 | 10215.66 | 22112.11 | 32303.87 |
| 主要港口货物吞吐量(万吨) | 1.12 | 4.10 | 18.97 | 89.55 | 169.76 | 189.56 |
| 邮电业务总量(万元) | 27.67 | 200.55 | 6730.60 | 32717.81 | 130189.62 | 27542.64 |
| 邮寄函件(万件) | 24.08 | 44.46 | 66.02 | 69.04 | 8.93 | 6.93 |
| 图书出版总印数(万份) | 18.68 | 44.69 | 55.46 | 21.23 | 37.21 | 42.38 |
| 杂志出版总印数(万份) | 1.06 | 8.65 | 12.19 | 8.06 | 5.51 | 5.49 |
| 报纸出版总印数(万份) | 40.50 | 113.58 | 188.24 | 273.92 | 189.93 | 178.67 |
| **四、全省每天婚姻变动** | | | | | | |
| 结婚对数(对) | | | 714 | 1038 | 562 | 506 |
| 离婚对数(对) | | | 33 | 120 | 255 | 150 |

# 二 住户调查

资料整理：李　映　李　君

# 简 要 说 明

## 一、本篇资料的主要内容

本篇资料反映全省城乡居民收入、消费及其他生活状况，以及农民工监测调查情况。住户调查内容主要包括居民现金和实物收支情况、住户成员及劳动力从业情况、居民家庭食品和能源消费情况、住房和耐用消费品拥有情况、家庭经营和生产投资情况、社区基本情况以及其他民生状况等。农民工监测调查的主要内容包括农村劳动力就业基本情况；外出从业人员及本地非农务工人员工作条件、收支情况、生活情况和社会保障情况；农村劳动力本地非农自营和创业情况；农民工子女教育情况；调查小区人口、劳动力及举家外出情况等。

## 二、本篇资料来源

住户调查的数据来源于国家统计局福建调查总队居民收支调查处统一组织开展的住户收支与生活状况调查，是对全省居民家庭抽样调查汇总的结果。农民工调查的数据来源于国家统计局福建调查总队住户监测处组织开展的农民工监测调查。

## 三、住户调查方法

住户调查是依据国家统计局统一制定的住户调查方案收集资料，逐级审核，汇总整理调查数据。全省住户调查的抽样方法是使用国家统计局统一的抽样框，以省为总体，在对县级调查网点代表性进行评估的基础上，采用分层、多阶段随机抽样方法抽选调查住宅，确定调查户。参加全省汇总的调查样本户为5000户。

## 四、农民工监测调查方法

农民工监测调查方法是以人口普查为抽样框资料，以省为总体，采用分层、多阶段、PPS抽样方法随机抽选调查小区。在抽中调查小区内，按照系统抽样方法随机抽选调查住宅和住户。

# 2－1 全省居民家庭基本情况(2017-2021年)

| 指标 | 单位 | 2017年 | 2018年 | 2019年 | 2020年 | 2021年 |
|---|---|---|---|---|---|---|
| 一、基本情况 | | | | | | |
| 户均常住成员 | 人/户 | 3.15 | 3.00 | 3.14 | 3.04 | 3.16 |
| 户均常住从业人数 | 人/户 | 1.70 | 1.57 | 1.58 | 1.53 | 1.64 |
| 平均每户家庭从业人口比重 | % | 53.97 | 52.33 | 50.32 | 50.33 | 51.90 |
| 平均每一从业人口负担人数(包括从业者本人) | 人 | 1.85 | 1.91 | 1.99 | 1.99 | 1.93 |
| 二、户主文化程度 | | | | | | |
| (一)未上过学 | % | 2.17 | 2.93 | 2.73 | 2.55 | 2.18 |
| (二)小学 | % | 23.97 | 26.49 | 26.51 | 26.32 | 23.12 |
| (三)初中 | % | 39.07 | 38.75 | 37.27 | 37.32 | 35.61 |
| (四)高中 | % | 19.83 | 16.19 | 17.23 | 16.68 | 19.51 |
| (五)大学专科 | % | 8.30 | 7.90 | 8.29 | 8.53 | 10.41 |
| (六)大学本科 | % | 6.50 | 7.41 | 7.64 | 8.31 | 8.50 |
| (七)研究生 | % | 0.16 | 0.33 | 0.32 | 0.30 | 0.67 |
| 三、常住从业人员就业类型 | | | | | | |
| (一)雇主 | % | 0.49 | 0.66 | 0.69 | 0.75 | 0.83 |
| (二)公职人员 | % | 2.61 | 2.47 | 2.37 | 2.19 | 1.65 |
| (三)事业单位人员 | % | 6.76 | 4.96 | 5.08 | 4.91 | 5.68 |
| (四)国有企业雇员 | % | 3.98 | 3.17 | 3.06 | 3.03 | 3.52 |
| (五)其他雇员 | % | 50.69 | 57.79 | 59.59 | 60.34 | 60.01 |
| (六)农业自营 | % | 19.56 | 17.13 | 14.38 | 13.74 | 13.68 |
| (七)非农自营 | % | 15.91 | 13.81 | 14.83 | 15.04 | 14.64 |
| 四、常住从业人员从事主要行业 | | | | | | |
| (一)第一产业 | % | 21.43 | 19.19 | 16.43 | 16.26 | 16.10 |
| (二)第二产业 | % | 26.27 | 31.36 | 30.88 | 30.21 | 29.39 |
| (三)第三产业 | % | 52.30 | 49.44 | 52.69 | 53.53 | 54.51 |
| 五、常住户家庭收入与支出 | | | | | | |
| 居民可支配收入 | 元/人 | 30047.75 | 32643.93 | 35616.09 | 37202.43 | 40659 |
| 居民消费支出 | 元/人 | 21249.35 | 22996.04 | 25314.30 | 25125.79 | 28440 |

# 2-2 全省居民人均可支配收入(2017-2021年)

单位：元

| 指　　标 | 2017年 | 2018年 | 2019年 | 2020年 | 2021年 |
|---|---|---|---|---|---|
| **可支配收入** | **30047.75** | **32643.93** | **35616.09** | **37202.43** | **40659** |
| 工资性收入 | 17380.09 | 18996.93 | 20679.46 | 21651.40 | 23784 |
| 经营净收入 | 5600.14 | 6015.29 | 6582.51 | 6567.37 | 7412 |
| 财产净收入 | 2885.08 | 3165.47 | 3527.63 | 4011.39 | 4540 |
| 转移净收入 | 4182.43 | 4466.25 | 4826.48 | 4972.27 | 4923 |

# 2-3 全省居民人均可支配收入构成(2017-2021年)

单位：%

| 指　　标 | 2017年 | 2018年 | 2019年 | 2020年 | 2021年 |
|---|---|---|---|---|---|
| **可支配收入构成** | **100.00** | **100.00** | **100.00** | **100.00** | **100.0** |
| 工资性收入 | 57.84 | 58.19 | 58.06 | 58.20 | 58.5 |
| 经营净收入 | 18.64 | 18.43 | 18.48 | 17.65 | 18.2 |
| 财产净收入 | 9.60 | 9.70 | 9.90 | 10.78 | 11.2 |
| 转移净收入 | 13.92 | 13.68 | 13.55 | 13.37 | 12.1 |

# 2-4 全省居民人均生活消费支出(2017-2021年)

单位：元

| 指　　标 | 2017年 | 2018年 | 2019年 | 2020年 | 2021年 |
|---|---|---|---|---|---|
| 生活消费支出 | 21249.35 | 22996.04 | 25314.30 | 25125.79 | 28440 |
| 食品烟酒 | 7212.72 | 7572.91 | 8095.61 | 8385.06 | 9168 |
| 食品 | 5472.38 | 5212.45 | 5683.49 | 6143.68 | 6107 |
| 烟酒 | 619.26 | 706.96 | 726.99 | 737.80 | 797 |
| 饮料 | 177.18 | 177.33 | 171.72 | 178.00 | 232 |
| 饮食服务 | 943.91 | 1476.17 | 1513.40 | 1325.59 | 2031 |
| 衣着 | 1119.14 | 1212.06 | 1319.60 | 1182.43 | 1432 |
| 衣类 | 923.79 | 1015.12 | 1132.20 | 1010.05 | 1217 |
| 鞋类 | 195.35 | 196.94 | 187.40 | 172.39 | 215 |
| 居住 | 5533.00 | 6130.01 | 6974.94 | 7304.81 | 8301 |
| 租赁房房租 | 283.90 | 420.90 | 427.92 | 433.42 | 443 |
| 住房维修及管理 | 585.54 | 628.24 | 805.47 | 674.25 | 639 |
| 水电燃料及其他 | 993.48 | 1027.13 | 1068.81 | 1152.95 | 1414 |
| 自有住房折算租金 | 3670.08 | 4053.75 | 4672.74 | 5044.19 | 5806 |
| 生活用品及服务 | 1179.01 | 1223.13 | 1269.66 | 1274.82 | 1473 |
| 家具及室内装饰品 | 191.41 | 175.43 | 198.40 | 188.75 | 186 |
| 家用器具 | 288.47 | 299.64 | 284.17 | 315.49 | 362 |
| 家用纺织品 | 91.47 | 81.17 | 88.56 | 82.42 | 99 |
| 家庭日用杂品 | 323.83 | 311.58 | 324.70 | 335.58 | 360 |
| 个人用品 | 204.20 | 266.74 | 282.95 | 267.99 | 380 |
| 家庭服务 | 79.63 | 88.57 | 90.88 | 84.59 | 85 |
| 交通通信 | 2642.78 | 2923.34 | 3019.38 | 2972.03 | 3121 |
| 交通 | 1764.10 | 2059.01 | 2172.09 | 2100.66 | 2170 |
| 通信 | 878.68 | 864.34 | 847.30 | 871.37 | 951 |
| 教育文化娱乐 | 1966.44 | 2194.01 | 2508.97 | 1895.90 | 2572 |
| 教育 | 1231.27 | 1426.76 | 1720.37 | 1415.94 | 1943 |
| 文化娱乐 | 735.16 | 767.25 | 788.60 | 479.96 | 629 |
| 医疗保健 | 1105.28 | 1234.79 | 1506.79 | 1583.24 | 1769 |
| 医疗器具及药品 | 359.14 | 370.93 | 365.20 | 389.16 | 417 |
| 医疗服务 | 746.14 | 863.87 | 1141.60 | 1194.08 | 1352 |
| 其他用品及服务 | 490.98 | 505.78 | 619.35 | 527.49 | 606 |
| 其他用品 | 295.37 | 264.09 | 290.86 | 239.57 | 290 |
| 其他服务 | 195.61 | 241.69 | 328.49 | 287.91 | 316 |

# 2-5 全省居民人均生活消费支出构成(2017-2021年)

单位：%

| 指 标 | 2017年 | 2018年 | 2019年 | 2020年 | 2021年 |
|---|---|---|---|---|---|
| 生活消费支出 | 100.00 | 100.00 | 100.00 | 100.00 | 100.00 |
| 食品烟酒 | 33.94 | 32.93 | 31.98 | 33.37 | 32.23 |
| 食品 | 25.75 | 22.67 | 22.45 | 24.45 | 21.47 |
| 烟酒 | 2.91 | 3.07 | 2.87 | 2.94 | 2.80 |
| 饮料 | 0.83 | 0.77 | 0.68 | 0.71 | 0.82 |
| 饮食服务 | 4.44 | 6.42 | 5.98 | 5.28 | 7.14 |
| 衣着 | 5.27 | 5.27 | 5.21 | 4.71 | 5.03 |
| 衣类 | 4.35 | 4.41 | 4.47 | 4.02 | 4.28 |
| 鞋类 | 0.92 | 0.86 | 0.74 | 0.69 | 0.75 |
| 居住 | 26.04 | 26.66 | 27.55 | 29.07 | 29.19 |
| 租赁房房租 | 1.34 | 1.83 | 1.69 | 1.72 | 1.56 |
| 住房维修及管理 | 2.76 | 2.73 | 3.18 | 2.68 | 2.25 |
| 水电燃料及其他 | 4.68 | 4.47 | 4.22 | 4.59 | 4.97 |
| 自有住房折算租金 | 17.27 | 17.63 | 18.46 | 20.08 | 20.41 |
| 生活用品及服务 | 5.55 | 5.32 | 5.02 | 5.07 | 5.18 |
| 家具及室内装饰品 | 0.90 | 0.76 | 0.78 | 0.75 | 0.65 |
| 家用器具 | 1.36 | 1.30 | 1.12 | 1.26 | 1.27 |
| 家用纺织品 | 0.43 | 0.35 | 0.35 | 0.33 | 0.35 |
| 家庭日用杂品 | 1.52 | 1.35 | 1.28 | 1.34 | 1.26 |
| 个人用品 | 0.96 | 1.16 | 1.12 | 1.07 | 1.34 |
| 家庭服务 | 0.37 | 0.39 | 0.36 | 0.34 | 0.30 |
| 交通通信 | 12.44 | 12.71 | 11.93 | 11.83 | 10.97 |
| 交通 | 8.30 | 8.95 | 8.58 | 8.36 | 7.63 |
| 通信 | 4.14 | 3.76 | 3.35 | 3.47 | 3.34 |
| 教育文化娱乐 | 9.25 | 9.54 | 9.91 | 7.55 | 9.04 |
| 教育 | 5.79 | 6.20 | 6.80 | 5.64 | 6.83 |
| 文化娱乐 | 3.46 | 3.34 | 3.12 | 1.91 | 2.21 |
| 医疗保健 | 5.20 | 5.37 | 5.95 | 6.30 | 6.22 |
| 医疗器具及药品 | 1.69 | 1.61 | 1.44 | 1.55 | 1.47 |
| 医疗服务 | 3.51 | 3.76 | 4.51 | 4.75 | 4.75 |
| 其他用品及服务 | 2.31 | 2.20 | 2.45 | 2.10 | 2.13 |
| 其他用品 | 1.39 | 1.15 | 1.15 | 0.95 | 1.02 |
| 其他服务 | 0.92 | 1.05 | 1.30 | 1.15 | 1.11 |

## 2-6 全省居民消费主要食品数量(2017-2021年)

单位：千克

| 项　　目 | 2017年 | 2018年 | 2019年 | 2020年 | 2021年 |
|---|---|---|---|---|---|
| 粮食类 | 122.03 | 125.10 | 120.19 | 124.43 | 129.16 |
| 谷物 | 112.98 | 115.91 | 110.80 | 114.85 | 119.99 |
| 薯类 | 2.13 | 2.14 | 2.14 | 2.04 | 1.85 |
| 豆类 | 6.92 | 7.05 | 7.25 | 7.54 | 7.32 |
| 油脂类 | 9.12 | 9.14 | 8.85 | 9.58 | 10.66 |
| 植物油 | 8.06 | 7.86 | 7.90 | 8.91 | 9.62 |
| 蔬菜及菜制品 | 89.51 | 90.83 | 86.42 | 89.59 | 94.50 |
| 鲜菜 | 85.80 | 87.17 | 82.80 | 85.98 | 91.00 |
| 肉类 | 31.78 | 34.72 | 27.79 | 24.57 | 34.13 |
| 猪肉 | 25.91 | 29.13 | 22.34 | 19.34 | 27.69 |
| 牛肉 | 1.90 | 1.95 | 2.22 | 2.09 | 2.39 |
| 羊肉 | 0.76 | 0.73 | 0.68 | 0.61 | 0.81 |
| 禽类 | 11.84 | 11.53 | 13.03 | 15.66 | 14.98 |
| 水产品类 | 25.83 | 23.95 | 25.32 | 26.39 | 26.78 |
| 蛋类及蛋制品 | 8.73 | 8.65 | 9.08 | 10.67 | 11.35 |
| 奶和奶制品 | 10.78 | 11.75 | 10.67 | 11.74 | 13.42 |
| 干鲜瓜果类 | 41.22 | 47.19 | 44.77 | 44.99 | 48.59 |
| 鲜瓜果 | 37.26 | 42.74 | 40.76 | 41.19 | 44.59 |
| 坚果类 | 0.97 | 1.10 | 1.07 | 2.87 | 2.96 |

## 2-7 全省居民平均每百户年末主要耐用消费品拥有量(2017-2021年)

| 指　　标 | 单位 | 2017年 | 2018年 | 2019年 | 2020年 | 2021年 |
|---|---|---|---|---|---|---|
| (一)家用汽车 | 辆 | 29.04 | 24.87 | 27.47 | 29.42 | 33.04 |
| (二)摩托车 | 辆 | 62.58 | 50.84 | 51.56 | 50.59 | 48.62 |
| (三)电动助力车 | 辆 | 46.56 | 49.17 | 59.35 | 61.56 | 71.52 |
| (四)电冰箱(柜) | 台 | 99.39 | 98.13 | 102.21 | 102.98 | 106.46 |
| (五)洗衣机 | 台 | 86.69 | 85.03 | 90.49 | 91.64 | 97.46 |
| (六)微波炉 | 台 | 53.75 | 43.55 | 48.03 | 49.50 | 51.26 |
| (七)热水器 | 台 | 97.78 | 104.33 | 110.22 | 113.19 | 114.53 |
| 其中：太阳能热水器 | 台 | 7.51 | 6.36 |  |  |  |
| (八)排油烟机 | 台 | 55.22 | 56.07 | 61.47 | 63.15 | 66.12 |
| (九)空调 | 台 | 129.54 | 138.64 | 155.53 | 156.61 | 185.29 |
| (十)彩色电视机 | 台 | 141.53 | 125.70 | 131.34 | 130.87 | 126.64 |
| (十一)摄像机 | 台 |  |  |  |  |  |
| (十二)照相机 | 台 | 15.73 | 11.01 | 11.57 | 11.26 | 8.25 |
| (十三)计算机 | 台 | 67.50 | 59.43 | 61.20 | 63.44 | 59.28 |
| 其中：接入互联网的计算机 | 台 | 57.32 | 49.32 | 52.06 | 54.35 | 54.45 |
| (十四)中高档乐器 | 架 | 4.26 | 5.70 | 7.44 | 7.50 | 7.67 |
| (十五)固定电话 | 部 | 42.31 | 23.73 | 20.79 | 19.00 | 13.52 |
| (十六)移动电话 | 部 | 252.21 | 246.74 | 259.71 | 256.83 | 263.79 |
| 其中：接入互联网的移动电话 | 部 | 154.78 | 189.16 | 209.81 | 229.80 | 232.62 |

# 2-8 农村居民家庭基本情况(1978-2021年)

| 年 份 | 调查户数(户) | 平均每户常住人口(人) | 平均每户整半劳动力(人) | 平均每个劳动力负担人口(人) | 农村居民人均住房使用面积(平方米) | 农村居民人均住房建筑面积(平方米) | 农村居民人均可支配(纯)收入(元) | 农村居民人均生活消费支出(元) |
|---|---|---|---|---|---|---|---|---|
| 1978 | | 6.50 | 2.22 | 2.92 | | | 137.54 | 112.35 |
| 1979 | | 6.38 | 2.16 | 2.88 | | | 142.20 | 132.57 |
| 1980 | | 6.25 | 2.06 | 3.03 | | | 171.74 | 157.67 |
| 1981 | | 6.23 | 2.10 | 2.97 | 8.30 | | 231.65 | 199.25 |
| 1982 | | 6.27 | 2.27 | 2.76 | 7.67 | | 268.16 | 231.14 |
| 1983 | | 6.29 | 2.60 | 2.42 | 10.44 | | 301.84 | 261.86 |
| 1984 | 1820 | 6.19 | 2.66 | 2.32 | 11.73 | | 344.94 | 287.87 |
| 1985 | 1820 | 5.74 | 2.95 | 1.94 | 14.47 | | 396.45 | 350.57 |
| 1986 | 1820 | 5.69 | 2.99 | 1.90 | 15.10 | | 418.51 | 394.10 |
| 1987 | 1820 | 5.51 | 3.08 | 1.82 | 15.86 | | 484.88 | 442.83 |
| 1988 | 1820 | 5.56 | 3.09 | 1.80 | 16.18 | | 613.41 | 570.73 |
| 1989 | 1820 | 5.54 | 3.09 | 1.79 | 16.65 | | 697.34 | 652.58 |
| 1990 | 1820 | 5.50 | 3.03 | 1.81 | 18.47 | | 764.41 | 707.97 |
| 1991 | 1820 | 5.37 | 3.03 | 1.77 | 19.14 | | 850.05 | 764.98 |
| 1992 | 1820 | 5.31 | 3.05 | 1.74 | 19.64 | | 984.11 | 820.75 |
| 1993 | 1820 | 5.24 | 3.10 | 1.69 | 22.38 | | 1210.51 | 1069.79 |
| 1994 | 1820 | 5.17 | 3.13 | 1.65 | 24.62 | | 1577.74 | 1439.53 |
| 1995 | 1820 | 4.91 | 3.02 | 1.62 | 22.88 | | 2048.59 | 1793.68 |
| 1996 | 1820 | 4.87 | 2.98 | 1.63 | 23.37 | | 2492.49 | 1915.57 |
| 1997 | 1820 | 4.77 | 2.96 | 1.61 | 23.74 | | 2785.67 | 1990.52 |
| 1998 | 1820 | 4.70 | 3.00 | 1.57 | 24.87 | | 2946.37 | 2025.09 |
| 1999 | 1820 | 4.62 | 2.95 | 1.56 | 26.40 | | 3091.39 | 2038.57 |
| 2000 | 1820 | 4.24 | 2.70 | 1.57 | 32.14 | | 3230.49 | 2409.69 |
| 2001 | 1820 | 4.17 | 2.68 | 1.56 | 33.82 | | 3380.72 | 2503.07 |
| 2002 | 1820 | 4.07 | 2.57 | 1.58 | 35.68 | | 3538.74 | 2583.16 |
| 2003 | 1820 | 4.08 | 2.83 | 1.44 | 35.96 | | 3733.93 | 2717.92 |
| 2004 | 1820 | 4.02 | 2.71 | 1.48 | 38.18 | | 4089.38 | 3015.58 |
| 2005 | 1820 | 4.05 | 2.77 | 1.47 | 40.15 | | 4450.36 | 3292.63 |
| 2006 | 1820 | 4.03 | 2.77 | 1.45 | 42.35 | | 4834.75 | 3591.40 |
| 2007 | 1820 | 4.00 | 2.77 | 1.44 | 44.50 | | 5467.08 | 4053.47 |
| 2008 | 1820 | 3.98 | 2.78 | 1.43 | 46.13 | | 6196.07 | 4661.94 |
| 2009 | 1820 | 3.98 | 2.78 | 1.43 | 46.76 | | 6680.18 | 5015.72 |
| 2010 | 1820 | 3.94 | 2.76 | 1.43 | 47.54 | | 7426.86 | 5498.33 |
| 2011 | 1820 | 3.84 | 2.73 | 1.40 | 49.82 | | 8778.55 | 6540.85 |
| 2012 | 1820 | 3.84 | 2.71 | 1.41 | 50.80 | | 9967.17 | 7401.92 |
| 2013 | 1859 | 3.29 | 2.22 | 1.48 | | 63.71 | 11404.85 | 9986.15 |
| 2014 | 1848 | 3.25 | 2.21 | 1.47 | | 60.83 | 12650.19 | 11055.93 |
| 2015 | 1883 | 3.20 | 2.20 | 1.45 | | 63.48 | 13792.70 | 11960.79 |
| 2016 | 1917 | 3.21 | 2.24 | 1.43 | | 66.47 | 14999.19 | 12910.84 |
| 2017 | 1906 | 3.17 | 2.21 | 1.43 | | 68.00 | 16334.79 | 14003.40 |
| 2018 | 1689 | 3.03 | 2.09 | 1.45 | | 78.90 | 17821.19 | 14942.80 |
| 2019 | 1690 | 3.24 | 2.17 | 1.49 | | 76.34 | 19568.35 | 16281.35 |
| 2020 | 1690 | 3.04 | 2.14 | 1.42 | | 80.70 | 20880.30 | 16338.87 |
| 2021 | 1690 | 3.35 | 2.31 | 1.45 | | 75.22 | 23229 | 19290 |

## 2-9 农村居民人均可支配收入(2017-2021年)

单位：元

| 指　　标 | 2017年 | 2018年 | 2019年 | 2020年 | 2021年 |
| --- | --- | --- | --- | --- | --- |
| **可支配收入** | **16334.79** | **17821.19** | **19568.35** | **20880.30** | **23229** |
| 工资性收入 | 7415.90 | 8214.72 | 8949.31 | 9410.99 | 10516 |
| 经营净收入 | 6275.84 | 6705.62 | 7178.64 | 7509.82 | 8586 |
| 财产净收入 | 290.02 | 322.45 | 344.57 | 392.89 | 466 |
| 转移净收入 | 2353.03 | 2578.40 | 3095.82 | 3566.59 | 3660 |

## 2-10 农村居民人均可支配收入构成(2017-2021年)

单位：%

| 指　　标 | 2017年 | 2018年 | 2019年 | 2020年 | 2021年 |
| --- | --- | --- | --- | --- | --- |
| **可支配收入构成** | **100.00** | **100.00** | **100.00** | **100.00** | **100.0** |
| 工资性收入 | 45.40 | 46.10 | 45.73 | 45.07 | 45.3 |
| 经营净收入 | 38.42 | 37.63 | 36.68 | 35.97 | 37.0 |
| 财产净收入 | 1.78 | 1.81 | 1.76 | 1.88 | 2.0 |
| 转移净收入 | 14.41 | 14.47 | 15.82 | 17.08 | 15.8 |

# 2-11 农村居民人均生活消费支出(2017-2021年)

单位：元

| 指　　标 | 2017年 | 2018年 | 2019年 | 2020年 | 2021年 |
|---|---|---|---|---|---|
| 生活消费支出 | 14003.40 | 14942.80 | 16281.35 | 16338.87 | 19290 |
| 食品烟酒 | 5162.17 | 5339.76 | 5783.98 | 6273.92 | 6765 |
| 食品 | 4124.39 | 4056.43 | 4353.03 | 4813.32 | 4962 |
| 烟酒 | 631.48 | 703.12 | 712.35 | 788.64 | 792 |
| 饮料 | 137.64 | 129.66 | 139.01 | 142.38 | 175 |
| 饮食服务 | 268.66 | 450.55 | 579.60 | 529.59 | 835 |
| 衣着 | 630.79 | 677.07 | 774.47 | 754.52 | 918 |
| 衣类 | 507.89 | 559.81 | 641.64 | 631.53 | 770 |
| 鞋类 | 122.90 | 117.26 | 132.83 | 122.99 | 148 |
| 居住 | 3547.94 | 3649.08 | 3798.93 | 3942.98 | 4894 |
| 租赁房房租 | 36.93 | 72.22 | 72.52 | 69.98 | 54 |
| 住房维修及管理 | 451.28 | 669.38 | 720.90 | 639.89 | 646 |
| 水电燃料及其他 | 711.71 | 858.33 | 803.29 | 860.78 | 1553 |
| 自有住房折算租金 | 2348.03 | 2049.15 | 2202.22 | 2372.33 | 2641 |
| 生活用品及服务 | 721.00 | 764.75 | 809.06 | 874.04 | 939 |
| 家具及室内装饰品 | 120.88 | 130.40 | 147.22 | 127.58 | 107 |
| 家用器具 | 169.42 | 194.54 | 197.70 | 248.74 | 251 |
| 家用纺织品 | 51.47 | 50.48 | 60.28 | 59.32 | 53 |
| 家庭日用杂品 | 231.64 | 225.81 | 217.45 | 240.22 | 266 |
| 个人用品 | 115.53 | 140.07 | 160.06 | 169.59 | 240 |
| 家庭服务 | 32.06 | 23.45 | 26.35 | 28.60 | 22 |
| 交通通信 | 1554.97 | 1817.09 | 1903.36 | 1688.33 | 2232 |
| 交通 | 942.25 | 1209.79 | 1294.01 | 1058.56 | 1551 |
| 通信 | 612.72 | 607.30 | 609.35 | 629.76 | 681 |
| 教育文化娱乐 | 1174.58 | 1359.44 | 1614.99 | 1232.04 | 1662 |
| 教育 | 910.44 | 1034.76 | 1285.81 | 979.45 | 1355 |
| 文化娱乐 | 264.14 | 324.68 | 329.18 | 252.59 | 307 |
| 医疗保健 | 906.50 | 1015.81 | 1210.44 | 1270.94 | 1484 |
| 医疗器具及药品 | 226.70 | 298.35 | 289.81 | 319.28 | 301 |
| 医疗服务 | 679.80 | 717.46 | 920.63 | 951.66 | 1183 |
| 其他用品及服务 | 305.44 | 319.80 | 386.12 | 302.09 | 397 |
| 其他用品 | 203.66 | 199.18 | 222.86 | 171.73 | 247 |
| 其他服务 | 101.78 | 120.62 | 163.26 | 130.36 | 150 |

# 2-12 农村居民人均生活消费支出构成(2017-2021年)

单位：%

| 指　　标 | 2017年 | 2018年 | 2019年 | 2020年 | 2021年 |
|---|---|---|---|---|---|
| 生活消费支出 | 100.00 | 100.00 | 100.00 | 100.00 | 100.00 |
| 食品烟酒 | 36.86 | 35.73 | 35.53 | 38.40 | 35.07 |
| 食品 | 29.45 | 27.15 | 26.74 | 29.46 | 25.72 |
| 烟酒 | 4.51 | 4.71 | 4.38 | 4.83 | 4.11 |
| 饮料 | 0.98 | 0.87 | 0.85 | 0.87 | 0.91 |
| 饮食服务 | 1.92 | 3.02 | 3.56 | 3.24 | 4.33 |
| 衣着 | 4.50 | 4.53 | 4.76 | 4.62 | 4.76 |
| 衣类 | 3.63 | 3.75 | 3.94 | 3.87 | 3.99 |
| 鞋类 | 0.88 | 0.78 | 0.82 | 0.75 | 0.77 |
| 居住 | 25.34 | 24.42 | 23.33 | 24.13 | 25.37 |
| 租赁房房租 | 0.26 | 0.48 | 0.45 | 0.43 | 0.28 |
| 住房维修及管理 | 3.22 | 4.48 | 4.43 | 3.92 | 3.35 |
| 水电燃料及其他 | 5.08 | 5.74 | 4.93 | 5.27 | 8.05 |
| 自有住房折算租金 | 16.77 | 13.71 | 13.53 | 14.52 | 13.69 |
| 生活用品及服务 | 5.15 | 5.12 | 4.97 | 5.35 | 4.87 |
| 家具及室内装饰品 | 0.86 | 0.87 | 0.90 | 0.78 | 0.55 |
| 家用器具 | 1.21 | 1.30 | 1.21 | 1.52 | 1.30 |
| 家用纺织品 | 0.37 | 0.34 | 0.37 | 0.36 | 0.28 |
| 家庭日用杂品 | 1.65 | 1.51 | 1.34 | 1.47 | 1.38 |
| 个人用品 | 0.82 | 0.94 | 0.98 | 1.04 | 1.24 |
| 家庭服务 | 0.23 | 0.16 | 0.16 | 0.18 | 0.11 |
| 交通通信 | 11.10 | 12.16 | 11.69 | 10.33 | 11.57 |
| 交通 | 6.73 | 8.10 | 7.95 | 6.48 | 8.04 |
| 通信 | 4.38 | 4.06 | 3.74 | 3.85 | 3.53 |
| 教育文化娱乐 | 8.39 | 9.10 | 9.92 | 7.54 | 8.61 |
| 教育 | 6.50 | 6.92 | 7.90 | 5.99 | 7.02 |
| 文化娱乐 | 1.89 | 2.17 | 2.02 | 1.55 | 1.59 |
| 医疗保健 | 6.47 | 6.80 | 7.43 | 7.78 | 7.69 |
| 医疗器具及药品 | 1.62 | 2.00 | 1.78 | 1.95 | 1.56 |
| 医疗服务 | 4.85 | 4.80 | 5.65 | 5.82 | 6.13 |
| 其他用品及服务 | 2.18 | 2.14 | 2.37 | 1.85 | 2.06 |
| 其他用品 | 1.45 | 1.33 | 1.37 | 1.05 | 1.28 |
| 其他服务 | 0.73 | 0.81 | 1.00 | 0.80 | 0.78 |

# 2-13 农村居民消费主要食品数量(2017-2021年)

单位：千克

| 指　　标 | 2017年 | 2018年 | 2019年 | 2020年 | 2021年 |
|---|---|---|---|---|---|
| 粮食类 | 156.24 | 164.10 | 162.11 | 167.12 | 171.43 |
| 谷物 | 147.14 | 154.43 | 151.24 | 156.20 | 161.87 |
| 薯类 | 2.12 | 2.35 | 2.67 | 2.27 | 2.05 |
| 豆类 | 6.98 | 7.32 | 8.20 | 8.64 | 7.51 |
| 油脂类 | 9.53 | 9.87 | 9.87 | 10.55 | 12.02 |
| 植物油 | 7.68 | 7.73 | 8.39 | 9.42 | 10.08 |
| 蔬菜及菜制品 | 90.62 | 98.14 | 92.18 | 96.30 | 104.33 |
| 鲜菜 | 87.74 | 95.19 | 88.96 | 93.21 | 101.27 |
| 肉类 | 30.91 | 34.82 | 27.55 | 22.80 | 34.19 |
| 猪肉 | 26.61 | 30.93 | 23.62 | 19.34 | 29.80 |
| 牛肉 | 1.06 | 1.09 | 1.32 | 0.98 | 1.30 |
| 羊肉 | 0.56 | 0.55 | 0.53 | 0.47 | 0.61 |
| 禽类 | 13.60 | 12.79 | 15.21 | 19.49 | 18.74 |
| 水产品类 | 21.29 | 20.73 | 23.04 | 24.18 | 24.23 |
| 蛋类及蛋制品 | 7.96 | 8.41 | 9.22 | 10.67 | 11.75 |
| 奶和奶制品 | 7.06 | 7.49 | 8.14 | 8.25 | 9.48 |
| 干鲜瓜果类 | 32.58 | 39.49 | 38.75 | 37.62 | 42.45 |
| 鲜瓜果 | 29.09 | 35.03 | 34.62 | 33.76 | 38.34 |
| 坚果类 | 0.74 | 0.91 | 0.89 | 3.09 | 3.19 |

# 2-14 农村居民年末主要耐用消费品拥有量(2017-2021年)

单位：平均每百户

| 指　　标 | 单位 | 2017年 | 2018年 | 2019年 | 2020年 | 2021年 |
|---|---|---|---|---|---|---|
| (一)家用汽车 | 辆 | 17.83 | 15.10 | 16.68 | 18.47 | 20.15 |
| (二)摩托车 | 辆 | 90.35 | 76.22 | 78.71 | 75.24 | 79.00 |
| (三)电动助力车 | 辆 | 36.70 | 42.07 | 51.81 | 53.08 | 65.90 |
| (四)电冰箱(柜) | 台 | 100.64 | 101.48 | 104.04 | 104.58 | 108.67 |
| (五)洗衣机 | 台 | 82.10 | 84.14 | 89.57 | 89.72 | 97.90 |
| (六)微波炉 | 台 | 35.59 | 30.19 | 35.46 | 36.82 | 39.64 |
| (七)热水器 | 台 | 90.40 | 97.24 | 103.78 | 106.57 | 109.79 |
| 其中：太阳能热水器 | 台 | 9.01 | 7.78 | | | |
| (八)排油烟机 | 台 | 34.43 | 43.26 | 47.93 | 49.97 | 52.26 |
| (九)空调 | 台 | 65.31 | 78.36 | 91.55 | 95.21 | 124.20 |
| (十)彩色电视机 | 台 | 140.08 | 133.71 | 136.03 | 134.44 | 137.28 |
| (十一)摄像机 | 台 | | | | | |
| (十二)照相机 | 台 | 4.33 | 3.00 | 3.03 | 3.13 | 1.42 |
| (十三)计算机 | 台 | 33.99 | 31.93 | 33.81 | 35.90 | 28.59 |
| 其中：接入互联网的计算机 | 台 | 26.50 | 25.45 | 27.06 | 29.25 | 25.05 |
| (十四)中高档乐器 | 架 | 1.15 | 1.21 | 1.88 | 2.00 | 1.43 |
| (十五)固定电话 | 部 | 38.46 | 24.86 | 21.17 | 18.50 | 12.47 |
| (十六)移动电话 | 部 | 252.55 | 249.47 | 261.49 | 253.58 | 267.19 |
| 其中：接入互联网的移动电话 | 部 | 130.88 | 155.89 | 187.66 | 213.90 | 218.77 |

# 2-15 城镇居民家庭基本情况(1978-2021年)

| 年　份 | 调查户数(户) | 平均每户家庭人口(人) | 平均每户就业人数(人) | 平均每户就业面(%) | 平均每一就业者负担人数(人) | 城镇居民人均可支配收入(元) | 城镇居民人均生活消费支出(元) |
|---|---|---|---|---|---|---|---|
| 1978 | 120 | 3.87 | 2.40 | 62.02 | 1.61 | 370.58 | 285.36 |
| 1979 | - | - | - | - | - | - | 339.14 |
| 1980 | 259 | 4.53 | 2.32 | 51.21 | 1.95 | 449.64 | 391.92 |
| 1981 | 324 | 4.51 | 2.40 | 53.22 | 1.88 | 451.52 | 404.64 |
| 1982 | 324 | 4.44 | 2.48 | 55.86 | 1.79 | 519.56 | 465.72 |
| 1983 | 324 | 4.36 | 2.41 | 55.28 | 1.80 | 573.36 | 503.63 |
| 1984 | 724 | 4.27 | 2.37 | 55.50 | 1.80 | 582.15 | 494.39 |
| 1985 | 1010 | 4.06 | 2.25 | 55.42 | 1.81 | 733.31 | 674.85 |
| 1986 | 1010 | 4.00 | 2.23 | 55.75 | 1.79 | 928.64 | 790.47 |
| 1987 | 1010 | 3.97 | 2.25 | 56.68 | 1.77 | 1020.78 | 892.85 |
| 1988 | 1250 | 3.77 | 2.10 | 55.70 | 1.79 | 1236.09 | 1077.38 |
| 1989 | 1250 | 3.70 | 2.09 | 56.49 | 1.77 | 1554.67 | 1339.61 |
| 1990 | 1250 | 3.64 | 2.09 | 57.42 | 1.74 | 1749.09 | 1431.06 |
| 1991 | 1250 | 3.43 | 2.00 | 58.31 | 1.72 | 1952.50 | 1659.36 |
| 1992 | 1250 | 3.39 | 2.03 | 59.88 | 1.67 | 2351.45 | 1941.78 |
| 1993 | 1250 | 3.35 | 2.01 | 60.00 | 1.67 | 2922.93 | 2417.93 |
| 1994 | 1250 | 3.29 | 1.92 | 58.36 | 1.71 | 3934.61 | 3351.12 |
| 1995 | 1250 | 3.27 | 1.93 | 59.02 | 1.69 | 4852.93 | 4132.19 |
| 1996 | 1250 | 3.25 | 1.94 | 59.69 | 1.68 | 5574.12 | 4567.80 |
| 1997 | 1250 | 3.28 | 1.96 | 59.76 | 1.67 | 6143.64 | 4935.95 |
| 1998 | 1250 | 3.23 | 1.90 | 58.82 | 1.70 | 6485.63 | 5181.45 |
| 1999 | 1250 | 3.22 | 1.90 | 59.01 | 1.69 | 6859.81 | 5266.69 |
| 2000 | 1500 | 3.23 | 1.80 | 55.73 | 1.79 | 7432.26 | 5638.74 |
| 2001 | 1700 | 3.20 | 1.80 | 56.25 | 1.78 | 8313.08 | 6015.11 |
| 2002 | 1700 | 3.13 | 1.73 | 55.27 | 1.81 | 9189.31 | 6631.72 |
| 2003 | 1700 | 3.08 | 1.72 | 55.84 | 1.79 | 9999.54 | 7356.26 |
| 2004 | 1700 | 3.05 | 1.58 | 51.80 | 1.93 | 11175.37 | 8161.15 |
| 2005 | 1700 | 3.04 | 1.60 | 52.63 | 1.90 | 12321.31 | 8794.41 |
| 2006 | 1700 | 3.04 | 1.64 | 53.95 | 1.86 | 13753.28 | 9807.71 |
| 2007 | 1700 | 3.01 | 1.60 | 53.16 | 1.90 | 15505.42 | 11055.13 |
| 2008 | 1800 | 3.14 | 1.69 | 53.82 | 1.86 | 17961.45 | 12501.12 |
| 2009 | 1800 | 3.12 | 1.72 | 55.13 | 1.81 | 19576.83 | 13450.57 |
| 2010 | 1800 | 3.08 | 1.71 | 55.52 | 1.80 | 21781.31 | 14750.01 |
| 2011 | 2000 | 3.12 | 1.68 | 53.85 | 1.86 | 24907.40 | 16661.05 |
| 2012 | 2000 | 3.10 | 1.68 | 54.19 | 1.85 | 28055.24 | 18593.21 |
| 2013 | 2846 | 2.97 | 1.58 | 53.20 | 1.88 | 28173.90 | 20564.70 |
| 2014 | 2833 | 2.99 | 1.61 | 53.77 | 1.86 | 30722.39 | 22204.06 |
| 2015 | 2894 | 3.08 | 1.59 | 51.70 | 1.93 | 33275.34 | 23520.19 |
| 2016 | 2912 | 3.13 | 1.62 | 51.80 | 1.93 | 36014.26 | 25005.52 |
| 2017 | 2850 | 3.14 | 1.62 | 51.60 | 1.94 | 39001.36 | 25980.45 |
| 2018 | 3305 | 2.93 | 1.53 | 52.20 | 1.92 | 42121.31 | 28145.13 |
| 2019 | 3307 | 3.08 | 1.56 | 50.65 | 1.97 | 45620.46 | 30945.55 |
| 2020 | 3310 | 3.04 | 1.54 | 50.66 | 1.97 | 47160.27 | 30486.54 |
| 2021 | 3310 | 3.06 | 1.59 | 52.17 | 1.92 | 51140 | 33942 |

注：2013-2020年城镇居民人均可支配收入及生活消费支出为新口径数据，1978-2012年为老口径数据。

## 2-16　城镇居民人均可支配收入(2017-2021年)

单位：元

| 指　　标 | 2017年 | 2018年 | 2019年 | 2020年 | 2021年 |
|---|---|---|---|---|---|
| **可支配收入** | **39001.36** | **42121.31** | **45620.46** | **47160.27** | **51140** |
| 工资性收入 | 23886.01 | 25890.87 | 27992.19 | 29119.06 | 31762 |
| 经营净收入 | 5158.96 | 5573.90 | 6210.88 | 5992.39 | 6706 |
| 财产净收入 | 4579.48 | 4983.24 | 5511.99 | 6218.97 | 6990 |
| 转移净收入 | 5376.90 | 5673.30 | 5905.40 | 5829.85 | 5682 |

## 2-17　城镇居民人均可支配收入构成(2017-2021年)

单位：%

| 指　　标 | 2017年 | 2018年 | 2019年 | 2020年 | 2021年 |
|---|---|---|---|---|---|
| **可支配收入构成** | **100.00** | **100.00** | **100.00** | **100.00** | **100.0** |
| 工资性收入 | 61.24 | 61.47 | 61.36 | 61.74 | 62.1 |
| 经营净收入 | 13.23 | 13.23 | 13.61 | 12.71 | 13.1 |
| 财产净收入 | 11.74 | 11.83 | 12.08 | 13.19 | 13.7 |
| 转移净收入 | 13.79 | 13.47 | 12.94 | 12.36 | 11.1 |

# 2-18 城镇居民人均生活消费支出(2017-2021年)

单位：元

| 指 标 | 2017年 | 2018年 | 2019年 | 2020年 | 2021年 |
|---|---|---|---|---|---|
| 生活消费支出 | 25980.45 | 28145.13 | 30945.55 | 30486.54 | 33942 |
| 食品烟酒 | 8551.59 | 9000.74 | 9536.70 | 9673.03 | 10612 |
| 食品 | 6352.53 | 5951.58 | 6512.92 | 6955.31 | 6796 |
| 烟酒 | 611.28 | 709.41 | 736.12 | 706.78 | 800 |
| 饮料 | 202.99 | 207.82 | 192.12 | 199.73 | 267 |
| 饮食服务 | 1384.79 | 2131.93 | 2095.55 | 1811.21 | 2749 |
| 衣着 | 1438.00 | 1554.12 | 1659.44 | 1443.50 | 1741 |
| 衣类 | 1195.34 | 1306.24 | 1438.02 | 1240.97 | 1487 |
| 鞋类 | 242.65 | 247.88 | 221.42 | 202.53 | 254 |
| 居住 | 6829.11 | 7716.27 | 8954.90 | 9355.80 | 10349 |
| 租赁房房租 | 445.15 | 643.84 | 649.49 | 655.15 | 676 |
| 住房维修及管理 | 673.20 | 601.93 | 858.19 | 695.22 | 634 |
| 水电燃料及其他 | 1177.46 | 1135.05 | 1234.33 | 1331.19 | 1330 |
| 自有住房折算租金 | 4533.30 | 5335.45 | 6212.89 | 6674.25 | 7709 |
| 生活用品及服务 | 1478.07 | 1516.21 | 1556.80 | 1519.33 | 1794 |
| 家具及室内装饰品 | 237.47 | 204.22 | 230.30 | 226.07 | 234 |
| 家用器具 | 366.20 | 366.83 | 338.08 | 356.22 | 429 |
| 家用纺织品 | 117.59 | 100.80 | 106.19 | 96.51 | 127 |
| 家庭日用杂品 | 384.01 | 366.42 | 391.56 | 393.76 | 416 |
| 个人用品 | 262.10 | 347.74 | 359.57 | 328.02 | 465 |
| 家庭服务 | 110.69 | 130.20 | 131.10 | 118.75 | 123 |
| 交通通信 | 3353.04 | 3630.66 | 3715.12 | 3755.19 | 3656 |
| 交通 | 2300.70 | 2601.98 | 2719.49 | 2736.42 | 2542 |
| 通信 | 1052.34 | 1028.68 | 995.63 | 1018.77 | 1113 |
| 教育文化娱乐 | 2483.46 | 2727.62 | 3066.29 | 2300.91 | 3120 |
| 教育 | 1440.75 | 1677.40 | 1991.29 | 1682.23 | 2296 |
| 文化娱乐 | 1042.71 | 1050.22 | 1075.00 | 618.68 | 823 |
| 医疗保健 | 1235.07 | 1374.81 | 1691.54 | 1773.77 | 1939 |
| 医疗器具及药品 | 445.61 | 417.33 | 412.19 | 431.79 | 486 |
| 医疗服务 | 789.46 | 957.48 | 1279.35 | 1341.98 | 1453 |
| 其他用品及服务 | 612.13 | 624.70 | 764.75 | 665.00 | 731 |
| 其他用品 | 355.24 | 305.60 | 333.25 | 280.96 | 316 |
| 其他服务 | 256.88 | 319.10 | 431.50 | 384.04 | 415 |

# 2-19 城镇居民人均生活消费支出构成(2017-2021年)

单位：%

| 指标 | 2017年 | 2018年 | 2019年 | 2020年 | 2021年 |
|---|---|---|---|---|---|
| 生活消费支出 | 100.00 | 100.00 | 100.00 | 100.00 | 100.00 |
| 食品烟酒 | 32.92 | 31.98 | 30.82 | 31.73 | 31.27 |
| 食品 | 24.45 | 21.15 | 21.05 | 22.81 | 20.02 |
| 烟酒 | 2.35 | 2.52 | 2.38 | 2.32 | 2.36 |
| 饮料 | 0.78 | 0.74 | 0.62 | 0.66 | 0.79 |
| 饮食服务 | 5.33 | 7.57 | 6.77 | 5.94 | 8.10 |
| 衣着 | 5.53 | 5.52 | 5.36 | 4.73 | 5.13 |
| 衣类 | 4.60 | 4.64 | 4.65 | 4.07 | 4.38 |
| 鞋类 | 0.93 | 0.88 | 0.72 | 0.66 | 0.75 |
| 居住 | 26.29 | 27.42 | 28.94 | 30.69 | 30.49 |
| 租赁房房租 | 1.71 | 2.29 | 2.10 | 2.15 | 1.99 |
| 住房维修及管理 | 2.59 | 2.14 | 2.77 | 2.28 | 1.87 |
| 水电燃料及其他 | 4.53 | 4.03 | 3.99 | 4.37 | 3.92 |
| 自有住房折算租金 | 17.45 | 18.96 | 20.08 | 21.89 | 22.71 |
| 生活用品及服务 | 5.69 | 5.39 | 5.03 | 4.98 | 5.28 |
| 家具及室内装饰品 | 0.91 | 0.73 | 0.74 | 0.74 | 0.69 |
| 家用器具 | 1.41 | 1.30 | 1.09 | 1.17 | 1.26 |
| 家用纺织品 | 0.45 | 0.36 | 0.34 | 0.32 | 0.37 |
| 家庭日用杂品 | 1.48 | 1.30 | 1.27 | 1.29 | 1.22 |
| 个人用品 | 1.01 | 1.24 | 1.16 | 1.08 | 1.37 |
| 家庭服务 | 0.43 | 0.46 | 0.42 | 0.39 | 0.36 |
| 交通通信 | 12.91 | 12.90 | 12.01 | 12.32 | 10.77 |
| 交通 | 8.86 | 9.24 | 8.79 | 8.98 | 7.49 |
| 通信 | 4.05 | 3.65 | 3.22 | 3.34 | 3.28 |
| 教育文化娱乐 | 9.56 | 9.69 | 9.91 | 7.55 | 9.19 |
| 教育 | 5.55 | 5.96 | 6.43 | 5.52 | 6.77 |
| 文化娱乐 | 4.01 | 3.73 | 3.47 | 2.03 | 2.43 |
| 医疗保健 | 4.75 | 4.88 | 5.47 | 5.82 | 5.71 |
| 医疗器具及药品 | 1.72 | 1.48 | 1.33 | 1.42 | 1.43 |
| 医疗服务 | 3.04 | 3.40 | 4.13 | 4.40 | 4.28 |
| 其他用品及服务 | 2.36 | 2.22 | 2.47 | 2.18 | 2.15 |
| 其他用品 | 1.37 | 1.09 | 1.08 | 0.92 | 0.93 |
| 其他服务 | 0.99 | 1.13 | 1.39 | 1.26 | 1.22 |

## 2-20 城镇居民消费主要食品数量(2017-2021年)

单位：千克

| 项目 | 2017年 | 2018年 | 2019年 | 2020年 | 2021年 |
|---|---|---|---|---|---|
| 粮食类 | 99.69 | 100.16 | 94.07 | 98.38 | 103.75 |
| 谷物 | 90.67 | 91.28 | 85.59 | 89.62 | 94.80 |
| 薯类 | 2.14 | 2.00 | 1.81 | 1.89 | 1.73 |
| 豆类 | 6.88 | 6.88 | 6.66 | 6.87 | 7.21 |
| 油脂类 | 8.86 | 8.68 | 8.21 | 8.99 | 9.84 |
| 植物油 | 8.31 | 7.94 | 7.60 | 8.59 | 9.34 |
| 蔬菜及菜制品 | 88.78 | 86.16 | 82.83 | 85.50 | 88.59 |
| 鲜菜 | 84.54 | 82.03 | 78.95 | 81.56 | 84.83 |
| 肉类 | 32.35 | 34.65 | 27.95 | 25.64 | 34.10 |
| 猪肉 | 25.46 | 27.97 | 21.54 | 19.34 | 26.42 |
| 牛肉 | 2.44 | 2.50 | 2.78 | 2.76 | 3.05 |
| 羊肉 | 0.89 | 0.84 | 0.77 | 0.69 | 0.93 |
| 禽类 | 10.70 | 10.71 | 11.67 | 13.32 | 12.73 |
| 水产品类 | 28.80 | 26.01 | 26.74 | 27.73 | 28.32 |
| 蛋类及蛋制品 | 9.22 | 8.80 | 9.00 | 10.67 | 11.12 |
| 奶和奶制品 | 13.21 | 14.47 | 12.26 | 13.87 | 15.79 |
| 干鲜瓜果类 | 46.87 | 52.11 | 48.52 | 49.49 | 52.28 |
| 鲜瓜果 | 42.60 | 47.68 | 44.58 | 45.72 | 48.35 |
| 坚果类 | 1.12 | 1.23 | 1.17 | 2.73 | 2.83 |

## 2-21 城镇居民年末主要耐用消费品拥有量(2017-2021年)

单位：平均每百户

| 指标 | 单位 | 2017年 | 2018年 | 2019年 | 2020年 | 2021年 |
|---|---|---|---|---|---|---|
| (一)家用汽车 | 辆 | 36.29 | 30.91 | 33.86 | 36.11 | 40.14 |
| (二)摩托车 | 辆 | 44.63 | 35.14 | 35.47 | 35.54 | 31.90 |
| (三)电冰箱(柜) | 台 | 98.58 | 96.07 | 101.13 | 102.01 | 105.25 |
| (四)洗衣机 | 台 | 89.66 | 85.58 | 91.04 | 92.82 | 97.21 |
| (五)热水器 | 台 | 102.55 | 108.72 | 114.04 | 117.23 | 117.14 |
| 其中：太阳能热水器 | 台 | 6.54 | 5.49 | | | |
| (六)空调 | 台 | 171.06 | 175.92 | 193.47 | 194.11 | 218.91 |
| (七)彩色电视机 | 台 | 142.46 | 120.74 | 128.55 | 128.69 | 120.79 |
| (八)摄像机 | 台 | | | | | |
| (九)照相机 | 台 | 23.11 | 15.97 | 16.63 | 16.23 | 12.02 |
| (十)计算机 | 台 | 89.17 | 76.44 | 77.45 | 80.26 | 76.18 |
| 其中：接入互联网的计算机 | 台 | 77.25 | 64.08 | 66.88 | 69.68 | 70.62 |
| (十一)中高档乐器 | 架 | 6.27 | 8.48 | 10.74 | 10.86 | 11.11 |
| (十二)固定电话 | 部 | 44.79 | 23.04 | 20.56 | 19.31 | 14.11 |
| (十三)移动电话 | 部 | 251.99 | 245.05 | 258.65 | 258.82 | 261.92 |
| 其中：接入互联网的移动电话 | 部 | 170.23 | 209.74 | 222.95 | 239.51 | 240.24 |

## 2-22 全省居民按收入五等份分组的人均可支配收入(2017-2021年)

单位：元

| 指　　标 | 2017年 | 2018年 | 2019年 | 2020年 | 2021年 |
|---|---|---|---|---|---|
| 低收入户 | 9308.01 | 9445.12 | 11377.90 | 11139.07 | 12356 |
| 中等偏下户 | 17473.66 | 18548.05 | 20448.43 | 21028.28 | 24888 |
| 中等收入户 | 26122.46 | 28196.03 | 29960.36 | 31746.62 | 36577 |
| 中等偏上户 | 38766.95 | 43772.61 | 45514.82 | 48410.10 | 53826 |
| 高收入户 | 69475.86 | 85201.07 | 90117.59 | 94434.26 | 101785 |

## 2-23 农村居民按收入五等份分组的人均可支配收入(2017-2021年)

单位：元

| 指　　标 | 2017年 | 2018年 | 2019年 | 2020年 | 2021年 |
|---|---|---|---|---|---|
| 低收入户 | 6069.11 | 6422.14 | 7831.41 | 7900.02 | 6860 |
| 中等偏下户 | 11228.13 | 11574.66 | 13790.16 | 13216.80 | 15723 |
| 中等收入户 | 15102.75 | 16538.50 | 18119.38 | 18771.84 | 21805 |
| 中等偏上户 | 20038.63 | 22448.44 | 23636.82 | 26199.47 | 28858 |
| 高收入户 | 33443.99 | 37903.18 | 36954.33 | 45754.13 | 51640 |

## 2-24 城镇居民按收入五等份分组的人均可支配收入(2017-2021年)

单位：元

| 指　　标 | 2017年 | 2018年 | 2019年 | 2020年 | 2021年 |
|---|---|---|---|---|---|
| 低收入户 | 16508.31 | 15855.77 | 17838.80 | 17837.55 | 20897 |
| 中等偏下户 | 27089.69 | 27959.43 | 30099.36 | 30922.21 | 35281 |
| 中等收入户 | 36652.81 | 40407.97 | 42288.81 | 44081.52 | 48780 |
| 中等偏上户 | 49165.58 | 55902.07 | 58850.19 | 61978.99 | 65668 |
| 高收入户 | 80839.04 | 99663.73 | 107290.65 | 111439.38 | 117539 |

# 2-25 农民工监测调查基本情况(2010-2015年)

单位：户、人

| 项　目 | 2010年 | 2011年 | 2012年 | 2013年 | 2014年 | 2015年 |
|---|---|---|---|---|---|---|
| **调查户数** | **1820** | **1820** | **1820** | **2747** | **2713** | **2845** |
| **期末家庭人口** | **7695** | **7597** | **7536** | **10699** | **10576** | **10980** |
| #常住人口 | 7175 | 6990 | 6984 | 9221 | 9099 | 9487 |
| **劳动力就业状况** | **5203** | **5050** | **4897** | **7722** | **6449** | **6561** |
| #本地务农 | 2745 | 2260 | 2146 | 2730 | 2132 | 2085 |
| 本地非农自营 | 537 | 735 | 689 | 878 | 864 | 908 |
| 本地非农务工 | 1342 | 1903 | 1790 | 2212 | 2201 | 2363 |
| 外出从业 | 1466 | 1408 | 1338 | 1902 | 1884 | 1798 |
| **劳动力主要从事行业** | **5203** | **5050** | **4897** | **7722** | **6449** | **6561** |
| 第一产业 | 2308 | 1731 | 1677 | 2223 | 1826 | 1822 |
| 第二产业 | 1358 | 1471 | 1451 | 2557 | 2130 | 2174 |
| 第三产业 | 1537 | 1848 | 1769 | 2942 | 2493 | 2565 |
| **农民工外出从业情况** | **1466** | **1408** | **1338** | **1916** | **1884** | **1651** |
| 外出地区 | 1466 | 1408 | 1338 | 1916 | 1884 | 1651 |
| 本省 | 975 | 1026 | 981 | 1345 | 1332 | 1188 |
| 乡外县内 | 384 | 329 | 323 | 490 | 508 | 461 |
| 县外省内 | 591 | 697 | 658 | 855 | 824 | 727 |
| 省外 | 491 | 382 | 357 | 571 | 552 | 463 |
| 输入地区 | 1466 | 1408 | 1338 | 1916 | 1884 | 1651 |
| 东部地区 | 1342 | 1258 | 1179 | 1693 | 1671 | 1469 |
| 中部地区 | 32 | 36 | 40 | 44 | 41 | 33 |
| 西部地区 | 46 | 57 | 63 | 107 | 104 | 83 |
| 其他地区 | 46 | 57 | 56 | 72 | 68 | 66 |
| 外出地区类型 | 1466 | 1408 | 1338 | 1916 | 1884 | 1651 |
| 直辖市 | 105 | 71 | 71 | 182 | 177 | 144 |
| 省会城市 | 205 | 214 | 195 | 279 | 249 | 234 |
| 地级市 | 479 | 492 | 483 | 573 | 540 | 481 |
| 县级市 | 381 | 391 | 375 | 583 | 615 | 495 |
| 建制镇 | 233 | 156 | 155 | 152 | 180 | 142 |
| 其他地区 | 63 | 84 | 59 | 147 | 123 | 86 |
| 外出方式 | 1466 | 1408 | 1338 | 1916 | 1884 | 1651 |
| 政府(单位)组织 | 60 | 27 | 28 | 39 | 40 | 30 |
| 中介组织介绍 | 46 | 37 | 38 | 43 | 30 | 31 |
| 亲朋好友介绍 | 797 | 690 | 676 | 752 | 704 | 551 |
| 自发 | 536 | 601 | 544 | 964 | 955 | 902 |
| 其他 | 27 | 53 | 52 | 118 | 155 | 137 |
| 外出从事行业 | 1466 | 1408 | 1338 | 1916 | 1884 | 1651 |
| 第一产业 | 28 | 11 | 2 | 38 | 38 | 22 |
| 第二产业 | 623 | 639 | 583 | 777 | 770 | 686 |
| 第三产业 | 815 | 758 | 753 | 1101 | 1076 | 943 |
| 本年度从事主要职业 | 1466 | 1408 | 1338 | 1916 | 1884 | 1651 |
| 国家机关、党群组织、企业、事业单位负责人 | 221 | 211 | 190 | 158 | 44 | 15 |
| 专业技术人员 | 154 | 186 | 151 | 244 | 245 | 300 |
| 办事人员和有关人员 | 65 | 76 | 81 | 209 | 215 | 166 |
| 商业、服务业人员 | 439 | 400 | 398 | 577 | 642 | 533 |
| 农、林、牧、渔、水利业生产人员 | 23 | 10 | 2 | 50 | 43 | 18 |
| 生产、运输设备操作人员及有关人员 | 430 | 414 | 419 | 490 | 520 | 432 |
| 军人 | | | | | | |
| 不便分类的其他从业人员 | 134 | 111 | 97 | 188 | 175 | 187 |

## 2-26　农民工监测调查基本情况(2016-2021年)

单位：户、人

| 项　　目 | 2016年 | 2017年 | 2018年 | 2019年 | 2020年 | 2021年 |
|---|---|---|---|---|---|---|
| **调查户数** | **2870** | **2848** | **2800** | **2800** | **2800** | **2800** |
| **期末家庭人口** | **11153** | **11065** | **11097** | **11016** | **10999** | **10753** |
| #常住人口 | 9632 | 9470 | 9415 | 9275 | 9263 | 9397 |
| **农民工就业状况** | **4558** | **4458** | **4094** | **4120** | **3943** | **4021** |
| 本地非农自营 | 945 | 881 | 648 | 630 | 594 | 756 |
| 本地非农务工 | 1957 | 1892 | 1606 | 1626 | 1524 | 1737 |
| 外出从业 | 1656 | 1685 | 1840 | 1864 | 1825 | 1528 |
| **农民工主要从事行业** | **4559** | **4459** | **4110** | **4131** | **3943** | **4021** |
| 第一产业 | 11 | 18 | 25 | 30 | 25 | 25 |
| 第二产业 | 1998 | 1904 | 1811 | 1823 | 1713 | 1735 |
| 第三产业 | 2550 | 2537 | 2274 | 2278 | 2205 | 2261 |
| **农民工外出从业情况** | **1656** | **1685** | **1840** | **1864** | **1825** | **1528** |
| 外出地区 | 1656 | 1685 | 1840 | 1864 | 1825 | 1528 |
| 本省 | 1203 | 1235 | 1362 | 1388 | 1389 | 1215 |
| 乡外县内 | 468 | 459 | 591 | 621 | 640 | 558 |
| 县外省内 | 735 | 776 | 771 | 767 | 749 | 657 |
| 省外 | 453 | 450 | 478 | 476 | 436 | 313 |
| 东部地区 | 289 | 285 | 298 | 295 | 278 | 181 |
| 中部地区 | 30 | 37 | 50 | 50 | 35 | 39 |
| 西部地区 | 74 | 78 | 75 | 78 | 79 | 54 |
| 东北地区 | 5 | 6 | 8 | 8 | 6 | 4 |
| 其他地区 | 55 | 44 | 47 | 45 | 38 | 35 |
| 外出地区类型 | 1656 | 1685 | 1840 | 1864 | 1825 | 1528 |
| 直辖市 | 165 | 152 | 107 | 113 | 100 | 102 |
| 省会城市 | 252 | 269 | 342 | 327 | 289 | 193 |
| 地级市 | 417 | 439 | 443 | 465 | 467 | 363 |
| 县级市 | 535 | 553 | 689 | 654 | 639 | 591 |
| 建制镇 | 144 | 153 | 191 | 218 | 250 | 197 |
| 村委会 | 81 | 79 | 22 | 43 | 42 | 47 |
| 其他地区 | 62 | 40 | 46 | 44 | 38 | 35 |
| 外出从事行业 | 1656 | 1685 | 1840 | 1864 | 1825 | 1528 |
| 第一产业 | 11 | 18 | 25 | 30 | 25 | 24 |
| 第二产业 | 633 | 617 | 708 | 732 | 704 | 607 |
| 第三产业 | 1012 | 1050 | 1107 | 1102 | 1096 | 897 |

注：农民工监测调查部分指标调整。

## 2-27　农民工总量主要指标(2016-2021年)

单位：万人

| 项　　目 | 2016年 | 2017年 | 2018年 | 2019年 | 2020年 | 2021年 |
|---|---|---|---|---|---|---|
| **闽籍农民工** | **965.1** | **992.8** | **984.7** | **987.2** | **949.4** | **978.4** |
| 省内务工 | 837.5 | 863.8 | 840.8 | 848.8 | 824.5 | 878.9 |
| 出省或出国 | 127.6 | 129.0 | 143.9 | 138.4 | 124.9 | 99.5 |
| **外省入闽农民工** | **349.5** | **333.6** | **317.5** | **327.5** | **317.3** | **309.5** |
| **在闽农民工** | **1187.0** | **1197.4** | **1158.3** | **1176.3** | **1141.8** | **1188.4** |

# 主要统计指标解释

**常住人口** 指家庭住户成员中，经常在家居住，或者调查期内居住时间超过一半的人员，以及本住户供养的学生。

季度调查的常住人口包括:

①过去三个月已经居住或未来三个月打算居住时间超过 1.5 个月的住户成员。

②过去三个月内每月至少在调查住宅居住一天以上，且没有在其他自有或独自租借的普通住宅中住过的人。或者说，在外与人合住或住在工棚、集体宿舍、工作地或其他临时性住所、又定期回家居住的人，也是本住户常住人口。

③由本住户供养的在校学生（包括大中专学生和研究生）。

常住人口是住户收支的调查对象。

**可支配收入** 指调查户在调查期内获得的、可用于最终消费支出和储蓄的总和，即调查户可以用来自由支配的收入。可支配收入既包括现金，也包括实物收入。按照收入的来源，可支配收入包含四项，分别为: 工资性收入、经营净收入、财产净收入和转移净收入。

**工资性收入** 指就业人员通过各种途径得到的全部劳动报酬和各种福利，包括受雇于单位或个人、从事各种自由职业、兼职和零星劳动得到的全部劳动报酬和福利。

**经营净收入** 指住户或住户成员从事生产经营活动所获得的净收入，是全部经营收入中扣除经营费用、生产性固定资产折旧和生产税之后得到的净收入。

**第一产业净收入** 指住户或住户成员从事第一产业生产经营活动所获得的净收入，是全部经营收入中扣除经营费用、生产性固定资产折旧和生产税之后得到的净收入。

第一产业是指农业、林业、牧业和渔业（不含农林牧渔服务业）。

**第二产业净收入** 指住户或住户成员从事第二产业的生产经营活动所获得的净收入，是全部经营收入中扣除经营费用、生产性固定资产折旧和生产税之后得到的净收入。

第二产业是指采矿业（不含开采辅助活动），制造业（不含金属制品、机械和设备修理业），电力、热力、燃气及水生产和供应业，建筑业。

**第三产业净收入** 指住户或住户成员从事第三产业生产经营活动所获得的净收入，是全部经营收入中扣除经营费用、生产性固定资产折旧和生产税之后得到的净收入。

第三产业即服务业，是指除第一产业、第二产业以外的其他行业。第三产业包括: 批发和零售业，交通运输、仓储和邮政业，住宿和餐饮业，信息传输、软件和信息技术服务业，金融业，房地产业，租赁和商务服务业，科学研究和技术服务业，水利、环境和公共设施管理业，居民服务、修理和其他服务业，教育，卫生和社会工作，文化、体育和娱乐业，公共管理、社会保障和社会组织，国际组织，以及农、林、牧、渔业中的农、林、牧、渔服务业，采矿业中的开采辅助活动，制造业中的金属制品、机械和设备修理业。

**财产净收入** 指住户或住户成员将其所拥有的金融资产、住房等非金融资产和自然资源交由其他机构单位、住户或个人支配而获得的回报并扣除相关的费用之后得到的净收入。财产净收入包括利息净收入、红利收入、储蓄性保险净收益、转让承包土地经营权租金净收入、出租房屋净收入、出租其他资产净收入和自有住房折算净租金等。

**转移净收入** 计算公式为: 转移净收入=转移性收入-转移性支出

**转移性收入** 指国家、单位、社会团体对住户的各种经常性转移支付和住户之间的经常性收入转移。包括政府、非行政事业单位、社会团体对居民转移的养老金或退休金、社会救济和补助、惠农补贴、政策性生活补贴、救灾款、经常性捐赠和赔偿以及报销医疗费等; 住户之间的赡养收入、经常性捐赠和赔偿以及农村地区（村委会）在外（含国外）

工作的本住户非常住成员寄回带回的收入等。

**转移性支出** 指调查户对国家、单位、住户或个人的经常性或义务性转移支付。包括缴纳的税款、各项社会保障支出、赡养支出、经常性捐赠和赔偿支出以及其他经常转移支出等。

**消费支出** 指住户用于满足家庭日常生活消费需要的全部支出，包括用于消费品的支出和用于服务性消费的支出。根据用途不同，消费支出可划分为食品烟酒、衣着、居住、生活用品及服务、交通通信、教育文化娱乐、医疗保健、其他用品及服务八大类。根据来源不同，消费支出可划分为现金消费支出、实物消费支出（含自产自用、来自单位、来自政府和其他社会组织）。

**生产经营费用** 指住户在调查期内从事生产经营活动所投入的费用成本，包括生产经营活动中购买的商品和服务、雇工支出、消耗的自产自用产品等。

**恩格尔系数** 指食物支出占生活消费总支出的比重。计算公式为：恩格尔系数=食物支出/生活消费总支出×100%。恩格尔系数越大，表示生活越贫困；反之，表示生活越富裕。根据国际经验，恩格尔系数60%以上为贫困，50%-60%为温饱，40%-50%为小康，30%-40%为富裕，30%以下为最富裕。

# 三 价格调查

资料整理：林龚华　陈嘉玲　黄景楠

# 简 要 说 明

## 一、本篇资料的主要内容

本篇价格指数资料，反映生产、流通、消费与投资等环节的价格变动趋势和变动幅度。主要包括居民消费价格指数、商品零售价格指数、农产品生产者价格指数、工业生产者出厂价格指数、工业生产者购进价格指数、固定资产投资价格指数等。

## 二、本篇的资料来源

价格指数编制由国家统计局福建调查总队组织实施，由抽选出的市、县调查队依据国家统计局统一制定的价格统计调查制度从基层采集原始数据汇总后上报。

## 三、居民消费、商品零售价格指数

编制居民消费、商品零售价格指数的资料采用抽样调查和重点调查相结合的方法取得，即在全省选择不同经济区域和分布合理的地区，以及有代表性的商品作为样本，对其市场价格进行定期调查，以样本推断总体。截至 2021 年底，参加国家级数据汇总的调查市、县 19 个。编制过程按下列几个步骤进行:

1.选择调查地区和调查点。调查地区按照经济区域和地区分布合理等原则，选出具有代表性的市县作为国家的调查地区，在此基础上选定经营规模大、商品种类多的商场（包括集市和服务网点）作为调查点。

2.选择代表规格品。代表规格品是选择那些消费量大、价格变动有代表性的商品；代表规格品的确定是根据商品零售资料和城乡居民的消费支出记账资料，按照有关规定筛选的。筛选原则: (1)与社会生产和人民生活关系密切；(2)消费（销售）数量（金额）大；(3)市场供应稳定；(4)价格变动趋势有代表性；(5)所选的代表规格品之间差异大。目前，居民消费价格调查按用途划分为 8 大类，268 个基本分类，各调查市县每月调查 600 种以上的规格品价格；商品零售价格按用途划分为 16 个大类，197 个基本分类，各地每月调查 500 种以上的规格品价格。

3.价格调查方式。采用派员直接到调查点登记调查，同时全省聘请辅助调查员协助登记调查。

4.权数的确定。商品零售价格指数的权数主要根据社会商品零售额资料确定；居民消费价格指数的权数主要根据城乡居民家庭消费支出构成确定。

## 四、工业生产者出厂价格指数

工业生产者价格包括工业企业产品第一次出售时的出厂价格和企业作为中间投入的原材料、燃料、动力购进价格。该项调查采用重点调查与典型调查相结合的调查方法。根据代表性原则，抽选年主营业务收入 2000 万元以上的企业作为调查对象。经国家统计局审定，可酌情补充部分年主营业务收入 2000 万元以下的企业。

1.选择代表企业的原则: (1)按工业行业选择调查企业，调查企业要合理分布，不能遗漏，也不能过于集中；(2)优先选择大型企业作为调查对象，也可以适当选择一些其他企业，使工业生产者价格指数更加全面地反映客观实际；(3)选择生产稳定的企业作为调查对象。

2.选择代表产品的原则: (1)按工业行业选择基本分类和代表产品；(2)选择对国计民生影响大的产品；(3)选择生产较为稳定的产品；(4)选择有发展前景的产品；(5)可以选择具有地方特色的产品。

工业生产者出厂价格统计调查 41 个工业行业

大类，207 个工业行业中类，666 个工业行业小类的工业产品。根据我国工业企业产品的实际销售情况，从《统计用产品分类目录》中选定有代表性的工业产品，并将其划分为 1310 个基本分类。

3.价格调查方式。采用企业报表形式，每月 2000 多家工业企业上报数据资料。

4.权数的确定。工业生产者出厂价格统计中，小类及小类以上的权数资料来源于工业统计中分行业销售产值数据资料，基本分类的权数资料来源于独立的工业生产者出厂价格权数专项调查。权数一般五年调整一次。

## 五、农产品生产者价格指数

农产品生产者价格是农产品生产者直接出售其产品时实际获得的单位产品价格。农产品生产者价格调查采用抽样调查和重点调查相结合的方法。内容包括被调查单位生产并出售的主要农产品。农产品代表产品的选择涵盖农、林、牧、渔四大类、各中类以及 90%以上的小类，一般是生产量和销售量大的对国计民生影响大、稳定性强的产品，具有发展前景的新产品和具有地方特色的产品。代表品一般稳定五年。调查周期为季度。

# 3-1 各种价格总指数(1978-2021年)

| 年 份 | 居民消费价格总指数 | 城市 | 农村 | 服务项目价格指数 | 商品零售价格指数 |
|---|---|---|---|---|---|
| 1978 | 100.2 | 100.4 | 100.1 | 99.1 | 100.3 |
| 1979 | 102.8 | 102.7 | 102.9 | 99.5 | 103.0 |
| 1980 | 105.3 | 106.3 | 104.6 | 102.5 | 105.6 |
| 1981 | 102.7 | 104.0 | 101.9 | 102.1 | 103.6 |
| 1982 | 103.4 | 103.1 | 103.6 | 100.9 | 103.6 |
| 1983 | 101.3 | 102.0 | 100.9 | 106.0 | 101.3 |
| 1984 | 102.1 | 102.8 | 101.1 | 108.2 | 101.6 |
| 1985 | 111.3 | 114.0 | 107.5 | 110.1 | 111.4 |
| 1986 | 106.5 | 106.9 | 105.4 | 108.5 | 106.3 |
| 1987 | 109.4 | 110.6 | 107.9 | 106.1 | 109.7 |
| 1988 | 126.5 | 127.0 | 126.0 | 119.5 | 127.4 |
| 1989 | 118.9 | 118.8 | 118.9 | 122.0 | 118.6 |
| 1990 | 99.3 | 100.1 | 98.6 | 105.7 | 98.6 |
| 1991 | 103.5 | 104.6 | 102.4 | 105.2 | 103.3 |
| 1992 | 105.9 | 108.0 | 104.1 | 105.7 | 105.5 |
| 1993 | 115.4 | 116.8 | 114.2 | 126.7 | 113.8 |
| 1994 | 125.3 | 125.1 | 125.5 | 124.1 | 123.0 |
| 1995 | 115.2 | 116.4 | 114.4 | 118.2 | 114.4 |
| 1996 | 105.9 | 106.9 | 105.4 | 108.5 | 104.5 |
| 1997 | 101.7 | 102.5 | 101.3 | 119.0 | 99.8 |
| 1998 | 99.7 | 100.0 | 99.5 | 105.3 | 98.5 |
| 1999 | 99.1 | 98.7 | 99.2 | 123.4 | 96.5 |
| 2000 | 102.1 | 103.2 | 101.3 | 129.9 | 98.9 |
| 2001 | 98.7 | 98.3 | 99.3 | 102.7 | 98.0 |
| 2002 | 99.5 | 99.2 | 99.8 | 102.7 | 98.3 |
| 2003 | 100.8 | 100.7 | 101.0 | 103.2 | 99.1 |
| 2004 | 104.0 | 103.8 | 104.3 | 102.4 | 102.7 |
| 2005 | 102.2 | 101.9 | 102.8 | 104.0 | 100.6 |
| 2006 | 100.8 | 101.1 | 100.3 | 99.5 | 100.5 |
| 2007 | 105.2 | 105.1 | 105.4 | 101.9 | 104.3 |
| 2008 | 104.6 | 104.5 | 104.6 | 97.0 | 105.7 |
| 2009 | 98.2 | 98.3 | 97.9 | 99.1 | 97.9 |
| 2010 | 103.2 | 103.1 | 103.4 | 101.2 | 103.4 |
| 2011 | 105.3 | 105.2 | 105.3 | 103.2 | 104.8 |
| 2012 | 102.4 | 102.4 | 102.4 | 100.9 | 101.8 |
| 2013 | 102.5 | 102.6 | 102.3 | 102.9 | 101.1 |
| 2014 | 102.0 | 102.1 | 101.9 | 102.3 | 101.1 |
| 2015 | 101.7 | 101.7 | 101.7 | 103.2 | 99.9 |
| 2016 | 101.7 | 101.8 | 101.5 | 101.6 | 100.7 |
| 2017 | 101.2 | 101.3 | 100.8 | 102.6 | 100.6 |
| 2018 | 101.5 | 101.5 | 101.5 | 101.6 | 101.5 |
| 2019 | 102.6 | 102.6 | 102.7 | 100.8 | 101.9 |
| 2020 | 102.2 | 102.2 | 102.1 | 100.3 | 101.3 |
| 2021 | 100.7 | 100.8 | 100.3 | 101.0 | 101.1 |

## 3-2 居民消费价格八大类指数(1978-2015年)

(上年=100)

| 年 份 | 总指数 | 食品类 | 烟 酒及用品 | 衣着 | 家庭设备用品及维修服务 | 医疗保健和个人用品 | 交通和通信 | 娱乐教育文化用品及服务 | 居住 |
|---|---|---|---|---|---|---|---|---|---|
| 1978 | 100.2 | 100.5 | 100.0 | 100.0 | 100.2 | 100.4 | | 100.2 | |
| 1980 | 105.3 | 108.8 | 100.3 | 99.9 | 101.0 | 101.5 | 100.7 | 101.3 | 100.1 |
| 1994 | 125.3 | 133.4 | 111.5 | 120.3 | 111.2 | 119.0 | 109.5 | 114.4 | 120.1 |
| 1995 | 115.2 | 121.6 | 98.9 | 115.8 | 108.8 | 111.4 | 103.0 | 110.7 | 110.7 |
| 1996 | 105.9 | 105.5 | 104.4 | 105.4 | 102.9 | 107.8 | 104.4 | 107.1 | 113.1 |
| 1997 | 101.7 | 98.4 | 102.7 | 101.2 | 101.1 | 105.1 | 113.4 | 106.2 | 109.5 |
| 1998 | 99.7 | 98.0 | 102.5 | 100.3 | 99.7 | 102.2 | 99.8 | 99.7 | 104.5 |
| 1999 | 99.1 | 95.1 | 99.6 | 96.8 | 99.6 | 102.5 | 98.1 | 111.8 | 104.1 |
| 2000 | 102.1 | 98.4 | 100.8 | 98.5 | 98.7 | 107.9 | 96.4 | 120.6 | 106.7 |
| 2001 | 98.7 | 97.6 | 100.5 | 96.5 | 97.6 | 102.5 | 97.2 | 100.6 | 99.9 |
| 2002 | 99.5 | 99.7 | 100.3 | 97.2 | 97.2 | 98.7 | 97.8 | 103.0 | 99.3 |
| 2003 | 100.8 | 102.0 | 100.4 | 96.5 | 97.3 | 98.7 | 97.3 | 104.3 | 102.8 |
| 2004 | 104.0 | 109.9 | 101.1 | 97.6 | 98.6 | 97.7 | 97.6 | 103.5 | 104.2 |
| 2005 | 102.2 | 103.7 | 99.8 | 97.1 | 99.6 | 98.8 | 97.7 | 104.7 | 106.8 |
| 2006 | 100.8 | 102.0 | 100.6 | 97.3 | 100.9 | 99.7 | 99.3 | 97.2 | 105.5 |
| 2007 | 105.2 | 112.2 | 101.0 | 100.6 | 101.6 | 102.7 | 100.0 | 99.1 | 104.2 |
| 2008 | 104.6 | 113.3 | 102.9 | 94.8 | 103.2 | 102.8 | 98.6 | 92.9 | 105.5 |
| 2009 | 98.2 | 99.0 | 102.1 | 96.3 | 100.3 | 101.3 | 96.9 | 98.3 | 94.8 |
| 2010 | 103.2 | 107.8 | 101.4 | 95.7 | 99.2 | 103.1 | 99.5 | 100.2 | 105.4 |
| 2011 | 105.3 | 111.2 | 102.8 | 101.7 | 101.7 | 103.8 | 100.9 | 99.6 | 105.6 |
| 2012 | 102.4 | 104.6 | 102.4 | 105.0 | 101.7 | 102.3 | 100.1 | 98.8 | 101.6 |
| 2013 | 102.5 | 104.0 | 99.7 | 101.9 | 100.4 | 101.4 | 99.8 | 101.9 | 103.3 |
| 2014 | 102.0 | 103.3 | 99.2 | 102.6 | 100.4 | 100.7 | 100.2 | 101.7 | 102.3 |
| 2015 | 101.7 | 102.3 | 102.3 | 102.9 | 100.8 | 104.5 | 98.3 | 101.2 | 101.3 |

注：本表按2001年全国价格调查统计制度分类标准进行分类。

## 3-3 居民消费价格八大类指数(2016-2021年)

(上年=100)

| 年 份 | 总指数 | 食品烟酒 | 衣着 | 居住 | 生活用品及服务 | 交通通信 | 教育文化娱乐 | 医疗保健 | 其他用品及服务 |
|---|---|---|---|---|---|---|---|---|---|
| 2016 | 101.7 | 103.9 | 100.3 | 100.7 | 99.8 | 99.4 | 101.2 | 102.9 | 102.5 |
| 2017 | 101.2 | 99.0 | 100.6 | 102.4 | 101.2 | 100.9 | 102.3 | 103.0 | 107.4 |
| 2018 | 101.5 | 101.7 | 99.6 | 101.9 | 100.9 | 101.2 | 102.1 | 102.1 | 100.5 |
| 2019 | 102.6 | 107.3 | 102.7 | 100.5 | 100.6 | 97.8 | 101.4 | 101.4 | 103.1 |
| 2020 | 102.2 | 107.0 | 99.9 | 100.0 | 100.6 | 97.0 | 101.2 | 100.2 | 103.7 |
| 2021 | 100.7 | 98.9 | 101.5 | 101.3 | 100.7 | 103.7 | 102.0 | 100.0 | 96.3 |

注：本表按国家统计局2020年11月制定的《流通和消费价格统计报表制度》进行分类。

## 3-4 城市居民消费价格八大类指数(1978-2015年)

(上年=100)

| 年份 | 总指数 | 食品类 | 烟酒及用品 | 衣着 | 家庭设备用品及维修服务 | 医疗保健和个人用品 | 交通和通信 | 娱乐教育文化用品及服务 | 居住 |
|---|---|---|---|---|---|---|---|---|---|
| 1978 | 100.4 | 100.8 | 100.0 | 100.0 | 100.1 | 100.3 | | 100.0 | |
| 1980 | 106.3 | 109.0 | 100.5 | 99.8 | 101.1 | 102.1 | 100.7 | 101.2 | 100.1 |
| 1994 | 125.1 | 134.0 | 111.5 | 119.9 | 111.9 | 118.6 | 104.9 | 117.5 | 120.6 |
| 1995 | 116.4 | 122.2 | 100.3 | 118.6 | 108.5 | 112.4 | 102.0 | 113.4 | 108.6 |
| 1996 | 106.9 | 105.7 | 102.1 | 107.5 | 103.3 | 109.5 | 105.1 | 109.7 | 114.7 |
| 1997 | 102.5 | 98.3 | 102.7 | 103.6 | 100.9 | 104.4 | 113.0 | 104.6 | 111.3 |
| 1998 | 100.0 | 98.0 | 100.9 | 101.1 | 98.9 | 102.6 | 101.2 | 99.9 | 107.5 |
| 1999 | 98.7 | 95.3 | 99.5 | 94.3 | 99.4 | 100.6 | 98.0 | 111.2 | 105.5 |
| 2000 | 103.2 | 98.7 | 98.6 | 97.8 | 100.0 | 112.8 | 96.9 | 115.1 | 107.5 |
| 2001 | 98.3 | 96.9 | 101.9 | 93.7 | 97.6 | 101.4 | 97.9 | 100.9 | 100.4 |
| 2002 | 99.2 | 99.2 | 100.9 | 96.8 | 97.6 | 98.3 | 97.9 | 103.7 | 98.9 |
| 2003 | 100.7 | 101.8 | 100.2 | 95.8 | 96.7 | 97.3 | 96.5 | 104.6 | 104.6 |
| 2004 | 103.8 | 109.8 | 101.0 | 97.6 | 98.2 | 96.9 | 96.7 | 103.0 | 103.6 |
| 2005 | 101.9 | 103.7 | 99.6 | 96.3 | 99.2 | 98.6 | 96.9 | 103.8 | 106.2 |
| 2006 | 101.1 | 101.8 | 101.1 | 96.0 | 100.5 | 99.7 | 99.0 | 100.5 | 106.7 |
| 2007 | 105.1 | 111.4 | 101.7 | 102.4 | 100.6 | 103.1 | 99.3 | 98.2 | 104.7 |
| 2008 | 104.5 | 113.9 | 103.4 | 94.6 | 102.9 | 102.8 | 98.0 | 91.4 | 104.8 |
| 2009 | 98.3 | 99.5 | 102.3 | 96.6 | 100.8 | 101.7 | 96.6 | 98.0 | 94.6 |
| 2010 | 103.1 | 107.9 | 101.6 | 95.6 | 99.0 | 103.2 | 99.2 | 100.2 | 104.9 |
| 2011 | 105.2 | 111.3 | 102.5 | 102.1 | 101.9 | 103.5 | 100.7 | 100.0 | 105.3 |
| 2012 | 102.4 | 104.6 | 102.5 | 105.1 | 102.1 | 101.7 | 99.8 | 98.7 | 102.0 |
| 2013 | 102.6 | 104.1 | 99.9 | 101.9 | 100.8 | 101.1 | 99.6 | 101.8 | 103.9 |
| 2014 | 102.1 | 103.2 | 99.0 | 102.9 | 100.5 | 100.7 | 100.3 | 101.7 | 102.5 |
| 2015 | 101.7 | 102.2 | 102.4 | 102.8 | 101.1 | 103.9 | 98.4 | 101.3 | 101.6 |

注：本表按2001年全国价格调查统计制度分类标准进行分类。

## 3-5 城市居民消费价格八大类指数(2016-2021年)

(上年=100)

| 年份 | 总指数 | 食品烟酒 | 衣着 | 居住 | 生活用品及服务 | 交通通信 | 教育文化娱乐 | 医疗保健 | 其他用品及服务 |
|---|---|---|---|---|---|---|---|---|---|
| 2016 | 101.8 | 104.0 | 100.1 | 100.9 | 99.7 | 99.4 | 101.1 | 103.6 | 102.6 |
| 2017 | 101.3 | 99.2 | 100.4 | 102.7 | 101.2 | 100.8 | 102.4 | 103.1 | 107.1 |
| 2018 | 101.5 | 101.9 | 99.1 | 101.9 | 100.9 | 101.0 | 102.1 | 102.1 | 100.4 |
| 2019 | 102.6 | 107.2 | 103.2 | 100.4 | 100.7 | 97.8 | 101.3 | 101.6 | 103.0 |
| 2020 | 102.2 | 107.0 | 99.7 | 100.3 | 100.8 | 96.9 | 101.2 | 100.0 | 103.7 |
| 2021 | 100.8 | 99.0 | 102.1 | 101.4 | 100.8 | 103.6 | 102.1 | 99.9 | 96.1 |

注：本表按国家统计局2020年11月制定的《流通和消费价格统计报表制度》进行分类。

## 3-6 农村居民消费价格八大类指数(1978-2015年)

(上年=100)

| 年份 | 总指数 | 食品类 | 烟酒及用品 | 衣着 | 家庭设备用品及维修服务 | 医疗保健和个人用品 | 交通和通信 | 娱乐教育文化用品及服务 | 居住 |
|---|---|---|---|---|---|---|---|---|---|
| 1978 | 100.1 | 100.1 | 100.0 | 100.0 | 100.2 | 100.5 | | 100.4 | |
| 1980 | 104.6 | 108.5 | 100.2 | 99.9 | 100.9 | 101.4 | 100.7 | 101.5 | 100.1 |
| 1994 | 125.5 | 132.9 | 111.6 | 120.4 | 110.7 | 119.1 | 115.1 | 112.2 | 120.1 |
| 1995 | 114.4 | 121.2 | 98.1 | 113.5 | 109.0 | 110.8 | 103.6 | 108.9 | 112.9 |
| 1996 | 105.4 | 105.4 | 105.3 | 104.5 | 102.8 | 107.1 | 103.9 | 105.4 | 112.1 |
| 1997 | 101.3 | 98.8 | 103.4 | 100.0 | 101.4 | 105.2 | 113.6 | 106.4 | 107.9 |
| 1998 | 99.5 | 98.1 | 103.4 | 99.9 | 100.1 | 102.0 | 99.4 | 99.6 | 102.7 |
| 1999 | 99.2 | 94.3 | 99.6 | 97.9 | 99.7 | 103.4 | 102.0 | 112.3 | 102.9 |
| 2000 | 101.3 | 98.1 | 101.5 | 98.8 | 98.2 | 107.8 | 95.4 | 121.8 | 106.0 |
| 2001 | 99.3 | 98.6 | 99.3 | 100.5 | 97.6 | 103.6 | 96.4 | 100.3 | 99.4 |
| 2002 | 99.8 | 100.4 | 99.8 | 97.8 | 96.5 | 99.1 | 97.5 | 102.3 | 99.8 |
| 2003 | 101.0 | 102.2 | 100.7 | 97.3 | 98.0 | 100.1 | 98.3 | 104.0 | 100.9 |
| 2004 | 104.3 | 110.1 | 101.2 | 97.5 | 99.3 | 98.7 | 98.9 | 104.3 | 104.8 |
| 2005 | 102.8 | 103.7 | 100.1 | 98.2 | 100.3 | 99.0 | 98.7 | 105.9 | 107.5 |
| 2006 | 100.3 | 102.4 | 100.2 | 99.5 | 101.5 | 99.7 | 99.8 | 92.6 | 103.8 |
| 2007 | 105.4 | 113.6 | 100.4 | 97.9 | 103.1 | 102.2 | 101.0 | 100.4 | 103.4 |
| 2008 | 104.6 | 112.0 | 102.1 | 95.0 | 103.4 | 102.7 | 99.5 | 95.8 | 106.9 |
| 2009 | 97.9 | 98.0 | 101.9 | 95.7 | 99.1 | 100.6 | 97.6 | 99.0 | 95.1 |
| 2010 | 103.4 | 107.5 | 101.0 | 95.7 | 99.9 | 103.0 | 100.3 | 100.4 | 106.9 |
| 2011 | 105.3 | 111.0 | 103.5 | 100.4 | 101.0 | 104.5 | 101.6 | 98.7 | 106.3 |
| 2012 | 102.4 | 104.7 | 102.3 | 104.6 | 100.4 | 104.1 | 100.8 | 98.8 | 100.8 |
| 2013 | 102.3 | 104.0 | 99.3 | 102.0 | 99.4 | 102.4 | 100.2 | 102.3 | 101.8 |
| 2014 | 101.9 | 103.5 | 99.6 | 101.7 | 100.0 | 100.7 | 100.2 | 101.7 | 101.7 |
| 2015 | 101.7 | 102.6 | 102.1 | 103.1 | 100.0 | 106.3 | 97.8 | 100.9 | 100.6 |

注：本表按2001年全国价格调查统计制度分类标准进行分类。

## 3-7 农村居民消费价格八大类指数(2016-2021年)

(上年=100)

| 年份 | 总指数 | 食品烟酒 | 衣着 | 居住 | 生活用品及服务 | 交通通信 | 教育文化娱乐 | 医疗保健 | 其他用品及服务 |
|---|---|---|---|---|---|---|---|---|---|
| 2016 | 101.5 | 103.6 | 101.1 | 99.9 | 100.2 | 99.5 | 101.4 | 101.1 | 102.2 |
| 2017 | 100.8 | 98.5 | 101.2 | 101.3 | 101.1 | 101.4 | 101.8 | 102.7 | 108.6 |
| 2018 | 101.5 | 101.1 | 101.1 | 101.9 | 101.0 | 101.6 | 102.2 | 101.9 | 100.7 |
| 2019 | 102.7 | 107.6 | 101.1 | 100.6 | 100.4 | 97.7 | 101.8 | 100.8 | 103.6 |
| 2020 | 102.1 | 107.2 | 100.4 | 99.0 | 99.8 | 97.2 | 101.1 | 100.7 | 103.9 |
| 2021 | 100.3 | 98.5 | 99.3 | 100.8 | 100.4 | 104.0 | 101.5 | 100.2 | 97.0 |

注：本表按国家统计局2020年11月制定的《流通和消费价格统计报表制度》进行分类。

# 3-8 居民消费价格分类指数(2021年)

(上年=100)

| 项　　目 | 全省 | 城市 | 农村 |
|---|---|---|---|
| 居民消费价格总指数 | 100.7 | 100.8 | 100.3 |
| 非食品烟酒价格指数 | 101.5 | 101.6 | 101.1 |
| 服务价格指数 | 101.0 | 101.2 | 100.3 |
| 工业品价格指数 | 102.1 | 102.1 | 102.0 |
| 消费品价格指数 | 100.5 | 100.6 | 100.3 |
| 一、食品烟酒 | 98.9 | 99.0 | 98.5 |
| 1.食品 | 97.6 | 97.7 | 97.4 |
| (1)粮食 | 100.6 | 100.6 | 100.7 |
| (2)薯类 | 92.5 | 91.1 | 97.3 |
| (3)豆类 | 104.4 | 104.8 | 103.3 |
| (4)食用油 | 108.0 | 109.2 | 105.2 |
| (5)菜及食用菌 | 104.1 | 104.2 | 103.8 |
| (6)畜肉类 | 80.4 | 80.7 | 79.6 |
| (7)禽肉类 | 97.8 | 96.9 | 100.8 |
| (8)水产品 | 105.6 | 105.2 | 107.0 |
| (9)蛋类 | 110.5 | 109.4 | 114.2 |
| (10)奶类 | 101.6 | 102.1 | 99.4 |
| (11)干鲜瓜果类 | 101.2 | 100.8 | 103.0 |
| (12)糖果糕点类 | 102.1 | 102.2 | 101.9 |
| (13)调味品 | 101.1 | 101.1 | 101.3 |
| (14)其他食品类 | 100.4 | 100.8 | 99.4 |
| 2.茶及饮料 | 99.3 | 98.8 | 100.9 |
| 3.烟酒 | 100.3 | 100.0 | 101.1 |
| (1)卷烟 | 100.7 | 100.3 | 101.6 |
| (2)酒类 | 99.6 | 99.5 | 99.9 |
| 4.在外餐饮 | 101.9 | 102.0 | 101.0 |
| 二、衣着 | 101.5 | 102.1 | 99.3 |
| 1.服装 | 101.3 | 101.8 | 99.1 |
| 2.鞋类 | 102.7 | 103.5 | 100.0 |
| 三、居住 | 101.3 | 101.4 | 100.8 |
| 1.租赁房房租 | 101.1 | 101.4 | 99.2 |
| 2.住房保养维修及管理 | 102.6 | 102.3 | 103.4 |
| 3.水电燃料 | 101.4 | 101.0 | 102.7 |
| 4.自有住房 | 101.0 | 101.4 | 99.5 |
| 四、生活用品及服务 | 100.7 | 100.8 | 100.4 |
| 1.家具及室内装饰品 | 101.2 | 100.0 | 105.3 |
| 2.家用器具 | 100.9 | 101.2 | 99.7 |
| 3.家用纺织品 | 100.0 | 100.6 | 98.2 |
| 4.家庭日用杂品 | 100.3 | 100.6 | 99.4 |
| 5.个人护理用品 | 99.2 | 99.4 | 98.3 |
| 6.家庭服务 | 103.8 | 104.0 | 102.2 |
| 五、交通通信 | 103.7 | 103.6 | 104.0 |
| 1.交通 | 104.9 | 104.7 | 105.7 |
| 2.通信 | 100.6 | 100.7 | 100.4 |
| 六、教育文化娱乐 | 102.0 | 102.1 | 101.5 |
| 1.教育 | 102.7 | 102.9 | 102.0 |
| 2.文化娱乐 | 100.6 | 100.7 | 100.0 |
| 七、医疗保健 | 100.0 | 99.9 | 100.2 |
| 1.药品及医疗器具 | 100.0 | 99.7 | 100.8 |
| 2.医疗服务 | 100.0 | 100.0 | 100.0 |
| 八、其他用品及服务 | 96.3 | 96.1 | 97.0 |
| 1.其他用品 | 98.9 | 99.0 | 98.9 |
| 2.其他服务 | 93.7 | 93.5 | 94.5 |

注：本表按国家统计局2020年11月制定的《流通和消费价格统计报表制度》进行分类。

# 3-9 居民消费价格指数(2021年)

(上年同月=100)

| 项　目 | 1月 | 2月 | 3月 | 4月 | 5月 | 6月 | 7月 | 8月 | 9月 | 10月 | 11月 | 12月 |
|---|---|---|---|---|---|---|---|---|---|---|---|---|
| 居民消费价格总指数 | 99.7 | 99.8 | 100.4 | 100.7 | 101.2 | 100.7 | 100.5 | 100.5 | 100.5 | 101.2 | 102.2 | 101.1 |
| 非食品烟酒价格指数 | 99.1 | 99.9 | 100.7 | 101.5 | 101.7 | 101.7 | 102.1 | 102.0 | 102.1 | 102.7 | 102.8 | 102.0 |
| 服务价格指数 | 99.6 | 100.4 | 100.4 | 100.9 | 101.0 | 101.0 | 101.6 | 101.6 | 101.3 | 101.6 | 101.6 | 101.2 |
| 工业品价格指数 | 98.4 | 99.2 | 101.0 | 102.2 | 102.5 | 102.6 | 102.8 | 102.5 | 103.0 | 104.0 | 104.2 | 103.1 |
| 消费品价格指数 | 99.7 | 99.5 | 100.4 | 100.5 | 101.2 | 100.6 | 99.8 | 99.9 | 99.9 | 101.0 | 102.5 | 101.0 |
| 一、食品烟酒 | 101.1 | 99.7 | 99.9 | 98.9 | 99.9 | 98.5 | 96.8 | 97.2 | 96.8 | 97.9 | 100.8 | 98.9 |
| 1.食品 | 101.3 | 99.1 | 99.1 | 97.5 | 99.2 | 96.9 | 94.4 | 95.0 | 94.4 | 96.2 | 100.7 | 98.1 |
| (1)粮食 | 100.9 | 100.9 | 101.3 | 101.0 | 101.0 | 100.0 | 100.6 | 100.4 | 100.7 | 100.7 | 99.9 | 100.3 |
| (2)薯类 | 103.2 | 93.9 | 88.7 | 82.1 | 81.1 | 83.7 | 89.4 | 94.8 | 96.2 | 98.9 | 103.6 | 103.1 |
| (3)豆类 | 105.9 | 106.4 | 107.1 | 106.6 | 105.0 | 103.3 | 103.5 | 103.0 | 102.6 | 103.2 | 102.8 | 103.5 |
| (4)食用油 | 106.5 | 107.1 | 107.8 | 109.2 | 109.3 | 109.4 | 108.7 | 108.1 | 107.1 | 106.6 | 108.1 | 108.3 |
| (5)菜及食用菌 | 115.8 | 98.5 | 102.4 | 93.2 | 102.6 | 98.0 | 91.2 | 98.5 | 98.7 | 112.6 | 131.3 | 108.2 |
| (6)畜肉类 | 97.3 | 91.5 | 88.7 | 86.6 | 86.1 | 78.4 | 71.3 | 70.1 | 68.8 | 69.6 | 78.1 | 76.7 |
| (7)禽肉类 | 92.3 | 95.8 | 96.7 | 96.5 | 98.5 | 99.4 | 98.5 | 98.1 | 98.1 | 98.9 | 100.0 | 101.3 |
| (8)水产品 | 98.0 | 104.5 | 103.5 | 103.9 | 106.6 | 107.4 | 108.2 | 108.7 | 108.0 | 106.1 | 106.5 | 106.6 |
| (9)蛋类 | 103.6 | 101.8 | 100.4 | 103.1 | 113.4 | 116.4 | 116.4 | 114.5 | 114.4 | 112.2 | 117.5 | 114.2 |
| (10)奶类 | 102.9 | 101.8 | 103.9 | 102.6 | 101.4 | 100.5 | 100.8 | 101.8 | 100.6 | 100.6 | 100.4 | 101.6 |
| (11)干鲜瓜果类 | 103.0 | 103.7 | 106.0 | 104.9 | 102.2 | 101.2 | 100.5 | 100.2 | 97.9 | 96.1 | 98.1 | 100.8 |
| (12)糖果糕点类 | 101.9 | 100.6 | 101.5 | 101.8 | 102.8 | 102.1 | 101.6 | 102.4 | 101.9 | 103.8 | 102.5 | 102.6 |
| (13)调味品 | 101.5 | 100.5 | 99.9 | 100.8 | 100.7 | 101.0 | 101.1 | 101.4 | 101.5 | 101.7 | 101.7 | 101.7 |
| (14)其他食品类 | 101.0 | 100.1 | 98.3 | 98.3 | 99.3 | 99.4 | 100.5 | 101.7 | 101.3 | 102.0 | 101.6 | 101.9 |
| 2.茶及饮料 | 99.3 | 98.9 | 98.8 | 99.1 | 99.7 | 99.1 | 99.2 | 99.6 | 99.5 | 99.6 | 99.4 | 99.9 |
| 3.烟酒 | 100.4 | 100.2 | 100.7 | 100.3 | 100.0 | 100.4 | 100.5 | 100.0 | 100.3 | 100.4 | 100.3 | 100.3 |
| (1)卷烟 | 100.6 | 100.6 | 100.6 | 100.6 | 100.5 | 100.6 | 100.8 | 100.8 | 100.7 | 100.7 | 100.7 | 100.7 |
| (2)酒类 | 100.0 | 99.5 | 101.0 | 99.7 | 98.9 | 99.8 | 100.0 | 98.2 | 99.4 | 99.6 | 99.6 | 99.6 |
| 4.在外餐饮 | 101.0 | 101.6 | 102.1 | 102.4 | 102.2 | 102.2 | 102.4 | 102.4 | 102.3 | 101.8 | 101.5 | 100.9 |
| 二、衣着 | 101.7 | 101.2 | 101.6 | 101.9 | 102.1 | 101.7 | 101.1 | 101.2 | 101.6 | 101.9 | 101.9 | 100.7 |
| 1.服装 | 101.5 | 100.8 | 101.2 | 101.7 | 101.8 | 101.5 | 100.9 | 101.1 | 101.4 | 101.6 | 101.6 | 100.4 |
| 2.鞋类 | 103.0 | 103.1 | 103.3 | 102.8 | 103.1 | 102.4 | 102.3 | 101.6 | 102.5 | 103.3 | 103.1 | 102.3 |
| 三、居住 | 99.9 | 100.2 | 100.7 | 100.9 | 101.0 | 101.2 | 101.4 | 101.8 | 102.1 | 102.3 | 102.3 | 101.7 |
| 1.租赁房房租 | 100.0 | 100.4 | 100.9 | 100.9 | 100.9 | 101.1 | 101.4 | 101.9 | 101.9 | 101.8 | 101.6 | 100.9 |
| 2.住房保养维修及管理 | 100.8 | 100.8 | 101.3 | 101.8 | 101.9 | 102.1 | 102.1 | 102.6 | 103.6 | 104.5 | 104.8 | 104.4 |
| 3.水电燃料 | 98.8 | 99.2 | 100.2 | 100.7 | 100.9 | 101.1 | 101.3 | 101.9 | 102.5 | 103.2 | 103.8 | 103.8 |
| 4.自有住房 | 100.1 | 100.4 | 100.7 | 100.7 | 100.9 | 101.0 | 101.3 | 101.6 | 101.7 | 101.6 | 101.5 | 100.7 |
| 四、生活用品及服务 | 100.3 | 100.8 | 100.3 | 100.7 | 100.6 | 100.5 | 100.5 | 100.8 | 101.0 | 101.1 | 100.9 | 101.1 |
| 1.家具及室内装饰品 | 99.8 | 99.6 | 100.1 | 101.2 | 101.4 | 101.6 | 101.2 | 101.9 | 101.9 | 101.4 | 101.9 | 102.3 |
| 2.家用器具 | 99.8 | 100.3 | 100.2 | 100.7 | 100.9 | 100.8 | 101.1 | 101.0 | 101.1 | 101.1 | 101.5 | 101.7 |
| 3.家用纺织品 | 99.9 | 99.9 | 99.8 | 99.8 | 99.8 | 100.3 | 100.4 | 100.3 | 99.8 | 100.0 | 100.6 | 99.8 |
| 4.家庭日用杂品 | 100.4 | 100.1 | 100.2 | 100.1 | 99.7 | 99.7 | 100.2 | 100.5 | 100.8 | 101.0 | 100.5 | 100.1 |
| 5.个人护理用品 | 101.0 | 99.3 | 99.6 | 99.9 | 99.6 | 98.7 | 97.9 | 99.1 | 99.0 | 99.9 | 97.7 | 98.4 |
| 6.家庭服务 | 101.2 | 110.2 | 102.5 | 103.0 | 103.1 | 103.2 | 102.7 | 102.4 | 103.5 | 103.7 | 104.2 | 105.5 |
| 五、交通通信 | 94.7 | 97.4 | 101.6 | 104.6 | 105.0 | 105.1 | 106.5 | 105.6 | 105.5 | 107.1 | 107.5 | 105.0 |
| 1.交通 | 92.6 | 96.1 | 101.8 | 105.8 | 106.3 | 106.6 | 108.5 | 107.4 | 107.3 | 110.0 | 110.8 | 107.3 |
| 2.通信 | 100.7 | 101.0 | 100.9 | 101.4 | 101.4 | 101.2 | 101.2 | 101.0 | 100.9 | 99.7 | 98.9 | 98.9 |
| 六、教育文化娱乐 | 101.0 | 102.0 | 101.5 | 102.2 | 102.2 | 101.8 | 102.8 | 102.5 | 101.9 | 101.9 | 102.0 | 101.9 |
| 1.教育 | 102.2 | 102.4 | 102.9 | 103.2 | 102.9 | 102.9 | 103.1 | 102.8 | 102.4 | 102.5 | 102.5 | 102.4 |
| 2.文化娱乐 | 98.7 | 101.0 | 98.9 | 100.3 | 100.9 | 99.7 | 102.3 | 102.0 | 100.8 | 100.7 | 100.9 | 101.1 |
| 七、医疗保健 | 99.4 | 99.3 | 99.5 | 99.4 | 99.9 | 100.3 | 100.4 | 100.4 | 100.3 | 100.6 | 100.5 | 100.2 |
| 1.药品及医疗器具 | 99.2 | 98.9 | 99.0 | 98.6 | 100.3 | 100.5 | 100.6 | 100.6 | 100.6 | 100.5 | 100.4 | 100.6 |
| 2.医疗服务 | 99.6 | 99.6 | 99.7 | 99.7 | 99.8 | 100.2 | 100.3 | 100.3 | 100.1 | 100.6 | 100.5 | 100.1 |
| 八、其他用品及服务 | 96.0 | 96.9 | 95.4 | 95.9 | 96.3 | 96.1 | 95.4 | 92.3 | 94.0 | 99.1 | 99.2 | 99.5 |
| 1.其他用品 | 102.9 | 102.4 | 100.3 | 100.5 | 100.2 | 100.8 | 99.1 | 93.1 | 96.9 | 97.1 | 97.1 | 97.5 |
| 2.其他服务 | 89.6 | 91.7 | 90.8 | 91.6 | 92.6 | 91.7 | 91.8 | 91.6 | 91.2 | 101.1 | 101.5 | 101.6 |

注：本表按国家统计局2020年11月制定的《流通和消费价格统计报表制度》进行分类。

# 3-10 城市居民消费价格指数(2021年)

(上年同月=100)

| 项 目 | 1月 | 2月 | 3月 | 4月 | 5月 | 6月 | 7月 | 8月 | 9月 | 10月 | 11月 | 12月 |
|---|---|---|---|---|---|---|---|---|---|---|---|---|
| 居民消费价格总指数 | 99.7 | 99.9 | 100.6 | 100.8 | 101.3 | 100.8 | 100.6 | 100.6 | 100.6 | 101.4 | 102.3 | 101.2 |
| 非食品烟酒价格指数 | 99.2 | 100.0 | 100.8 | 101.6 | 101.8 | 101.8 | 102.2 | 102.0 | 102.1 | 102.8 | 102.9 | 102.1 |
| 服务价格指数 | 99.7 | 100.5 | 100.6 | 101.1 | 101.2 | 101.1 | 101.7 | 101.7 | 101.5 | 101.9 | 101.9 | 101.3 |
| 工业品价格指数 | 98.5 | 99.4 | 101.1 | 102.2 | 102.5 | 102.7 | 102.8 | 102.4 | 103.0 | 104.0 | 104.2 | 103.1 |
| 消费品价格指数 | 99.7 | 99.5 | 100.6 | 100.6 | 101.3 | 100.6 | 99.8 | 99.9 | 100.0 | 101.1 | 102.7 | 101.1 |
| 一、食品烟酒 | 101.0 | 99.7 | 100.0 | 98.9 | 100.0 | 98.5 | 96.8 | 97.3 | 96.9 | 98.1 | 101.0 | 99.1 |
| 1.食品 | 101.2 | 99.1 | 99.3 | 97.5 | 99.2 | 96.8 | 94.2 | 95.1 | 94.5 | 96.4 | 101.0 | 98.3 |
| (1)粮食 | 100.4 | 100.6 | 101.5 | 101.1 | 101.2 | 100.2 | 100.5 | 100.5 | 100.9 | 100.5 | 100.1 | 100.1 |
| (2)薯类 | 103.6 | 93.5 | 87.5 | 80.7 | 79.1 | 81.0 | 87.3 | 92.9 | 93.8 | 97.7 | 102.7 | 103.2 |
| (3)豆类 | 107.2 | 108.7 | 108.6 | 107.9 | 105.9 | 103.6 | 103.8 | 102.9 | 102.1 | 102.5 | 102.2 | 103.0 |
| (4)食用油 | 107.1 | 107.1 | 108.6 | 110.2 | 110.8 | 111.5 | 110.7 | 109.6 | 108.6 | 108.2 | 109.3 | 109.0 |
| (5)菜及食用菌 | 115.1 | 98.3 | 102.5 | 93.5 | 103.5 | 97.7 | 90.6 | 98.2 | 98.2 | 113.1 | 132.5 | 109.1 |
| (6)畜肉类 | 97.3 | 91.7 | 89.2 | 86.8 | 86.1 | 78.6 | 71.3 | 70.3 | 69.2 | 70.0 | 78.6 | 77.2 |
| (7)禽肉类 | 92.6 | 95.9 | 96.3 | 95.7 | 97.2 | 97.7 | 97.2 | 97.1 | 97.0 | 97.7 | 98.6 | 99.8 |
| (8)水产品 | 97.3 | 104.5 | 103.2 | 103.5 | 106.2 | 107.0 | 107.7 | 108.4 | 107.7 | 105.8 | 106.1 | 106.2 |
| (9)蛋类 | 102.6 | 100.4 | 99.7 | 102.2 | 111.6 | 113.9 | 115.2 | 113.8 | 113.9 | 111.5 | 116.4 | 113.7 |
| (10)奶类 | 103.6 | 102.4 | 104.8 | 103.1 | 102.1 | 101.1 | 101.6 | 102.4 | 100.9 | 101.1 | 100.7 | 102.1 |
| (11)干鲜瓜果类 | 102.8 | 103.3 | 106.0 | 104.0 | 101.9 | 100.5 | 100.2 | 99.6 | 97.5 | 95.4 | 97.7 | 100.3 |
| (12)糖果糕点类 | 101.9 | 100.4 | 101.6 | 102.0 | 103.2 | 102.2 | 101.5 | 102.3 | 101.6 | 104.2 | 102.7 | 102.8 |
| (13)调味品 | 102.0 | 100.5 | 99.6 | 100.9 | 100.7 | 100.9 | 101.1 | 101.5 | 101.4 | 101.5 | 101.0 | 101.5 |
| (14)其他食品类 | 101.7 | 100.6 | 98.3 | 98.5 | 99.6 | 99.6 | 100.5 | 102.0 | 101.4 | 102.3 | 102.2 | 102.4 |
| 2.茶及饮料 | 98.9 | 98.2 | 98.1 | 98.6 | 99.2 | 98.5 | 98.7 | 99.4 | 99.1 | 99.1 | 98.8 | 99.1 |
| 3.烟酒 | 100.1 | 99.9 | 100.5 | 100.0 | 99.7 | 100.1 | 100.1 | 99.5 | 100.0 | 100.1 | 100.0 | 100.1 |
| (1)卷烟 | 100.3 | 100.2 | 100.2 | 100.2 | 100.2 | 100.3 | 100.3 | 100.3 | 100.3 | 100.3 | 100.3 | 100.3 |
| (2)酒类 | 99.8 | 99.4 | 101.2 | 99.5 | 98.5 | 99.7 | 99.6 | 97.7 | 99.4 | 99.7 | 99.5 | 99.8 |
| 4.在外餐饮 | 101.0 | 101.6 | 102.2 | 102.6 | 102.3 | 102.4 | 102.6 | 102.7 | 102.5 | 102.0 | 101.7 | 101.0 |
| 二、衣着 | 102.2 | 101.8 | 102.1 | 102.6 | 102.6 | 102.2 | 101.7 | 101.6 | 102.2 | 102.7 | 102.6 | 101.3 |
| 1.服装 | 101.9 | 101.4 | 101.8 | 102.4 | 102.3 | 102.1 | 101.4 | 101.5 | 101.9 | 102.4 | 102.2 | 100.9 |
| 2.鞋类 | 103.7 | 103.9 | 104.0 | 103.5 | 103.9 | 102.9 | 102.9 | 101.9 | 103.3 | 104.6 | 104.4 | 103.2 |
| 三、居住 | 100.2 | 100.5 | 101.0 | 101.0 | 101.1 | 101.3 | 101.5 | 101.9 | 102.2 | 102.3 | 102.4 | 101.7 |
| 1.租赁房房租 | 100.2 | 100.8 | 101.3 | 101.1 | 101.1 | 101.3 | 101.6 | 102.2 | 102.1 | 102.0 | 101.8 | 101.0 |
| 2.住房保养维修及管理 | 100.8 | 100.7 | 101.2 | 101.4 | 101.5 | 101.7 | 101.7 | 102.3 | 103.4 | 103.8 | 104.4 | 104.4 |
| 3.水电燃料 | 98.7 | 99.1 | 100.0 | 100.4 | 100.7 | 100.9 | 100.9 | 101.4 | 101.7 | 102.3 | 103.1 | 103.2 |
| 4.自有住房 | 100.5 | 100.8 | 101.2 | 101.1 | 101.2 | 101.4 | 101.6 | 102.0 | 102.1 | 102.0 | 101.9 | 100.9 |
| 四、生活用品及服务 | 100.5 | 101.2 | 100.4 | 100.7 | 100.6 | 100.5 | 100.4 | 100.8 | 101.0 | 101.1 | 101.0 | 101.1 |
| 1.家具及室内装饰品 | 99.5 | 99.2 | 99.2 | 99.8 | 100.0 | 100.0 | 99.2 | 100.2 | 100.1 | 100.3 | 101.0 | 101.5 |
| 2.家用器具 | 100.4 | 100.8 | 100.7 | 101.2 | 101.3 | 101.1 | 101.5 | 101.3 | 101.4 | 101.3 | 101.7 | 101.9 |
| 3.家用纺织品 | 100.0 | 100.0 | 99.9 | 100.5 | 100.4 | 101.0 | 101.2 | 101.2 | 100.5 | 100.6 | 101.4 | 100.2 |
| 4.家庭日用杂品 | 100.6 | 100.3 | 100.5 | 100.3 | 100.0 | 100.0 | 100.4 | 100.9 | 101.2 | 101.4 | 100.9 | 100.1 |
| 5.个人护理用品 | 101.1 | 99.5 | 99.8 | 100.0 | 99.7 | 99.0 | 98.3 | 99.2 | 99.2 | 100.0 | 97.9 | 98.6 |
| 6.家庭服务 | 101.5 | 111.2 | 102.7 | 103.3 | 103.4 | 103.5 | 103.0 | 102.6 | 103.7 | 103.8 | 104.3 | 105.8 |
| 五、交通通信 | 94.6 | 97.3 | 101.4 | 104.6 | 104.9 | 105.1 | 106.5 | 105.6 | 105.5 | 107.0 | 107.4 | 104.9 |
| 1.交通 | 92.7 | 96.0 | 101.6 | 105.6 | 106.1 | 106.4 | 108.4 | 107.2 | 107.1 | 109.7 | 110.4 | 107.1 |
| 2.通信 | 100.7 | 101.0 | 100.9 | 101.5 | 101.5 | 101.3 | 101.2 | 101.1 | 101.0 | 99.8 | 99.1 | 99.1 |
| 六、教育文化娱乐 | 101.0 | 102.1 | 101.5 | 102.4 | 102.4 | 101.9 | 103.0 | 102.6 | 102.0 | 101.9 | 102.1 | 102.0 |
| 1.教育 | 102.3 | 102.6 | 103.1 | 103.6 | 103.1 | 103.1 | 103.3 | 102.9 | 102.7 | 102.7 | 102.8 | 102.5 |
| 2.文化娱乐 | 98.7 | 101.2 | 98.9 | 100.5 | 101.1 | 99.8 | 102.5 | 102.2 | 100.9 | 100.7 | 100.9 | 101.1 |
| 七、医疗保健 | 99.1 | 99.1 | 99.3 | 99.2 | 99.9 | 100.3 | 100.4 | 100.4 | 100.3 | 100.7 | 100.6 | 100.3 |
| 1.药品及医疗器具 | 98.4 | 98.3 | 98.4 | 98.1 | 100.2 | 100.5 | 100.6 | 100.6 | 100.5 | 100.4 | 100.4 | 100.5 |
| 2.医疗服务 | 99.4 | 99.4 | 99.7 | 99.7 | 99.7 | 100.2 | 100.3 | 100.3 | 100.2 | 100.8 | 100.7 | 100.2 |
| 八、其他用品及服务 | 95.7 | 96.5 | 95.1 | 95.8 | 96.3 | 95.9 | 95.1 | 91.9 | 93.6 | 99.0 | 99.4 | 99.6 |
| 1.其他用品 | 103.1 | 102.6 | 100.5 | 101.0 | 100.5 | 101.0 | 98.9 | 92.6 | 96.7 | 96.8 | 97.1 | 97.5 |
| 2.其他服务 | 89.4 | 91.3 | 90.4 | 91.4 | 92.6 | 91.5 | 91.7 | 91.4 | 90.9 | 101.2 | 101.6 | 101.7 |

注：本表按国家统计局2020年11月制定的《流通和消费价格统计报表制度》进行分类。

# 3-11 农村居民消费价格指数(2021年)

(上年同月=100)

| 项 目 | 1月 | 2月 | 3月 | 4月 | 5月 | 6月 | 7月 | 8月 | 9月 | 10月 | 11月 | 12月 |
|---|---|---|---|---|---|---|---|---|---|---|---|---|
| 居民消费价格总指数 | 99.6 | 99.5 | 99.9 | 100.3 | 100.8 | 100.4 | 100.2 | 100.1 | 100.0 | 100.7 | 101.6 | 100.7 |
| 非食品烟酒价格指数 | 98.8 | 99.4 | 100.3 | 101.0 | 101.2 | 101.3 | 101.7 | 101.7 | 101.7 | 102.3 | 102.3 | 101.7 |
| 服务价格指数 | 99.4 | 99.9 | 99.9 | 100.2 | 100.4 | 100.4 | 100.8 | 100.8 | 100.5 | 100.7 | 100.7 | 100.6 |
| 工业品价格指数 | 98.0 | 98.8 | 100.8 | 101.9 | 102.2 | 102.4 | 102.8 | 102.7 | 103.1 | 104.3 | 104.2 | 103.0 |
| 消费品价格指数 | 99.6 | 99.2 | 100.0 | 100.3 | 101.0 | 100.5 | 99.8 | 99.7 | 99.7 | 100.7 | 102.1 | 100.7 |
| 一、食品烟酒 | 101.3 | 99.6 | 99.2 | 98.7 | 99.7 | 98.5 | 96.8 | 96.7 | 96.2 | 97.1 | 99.9 | 98.3 |
| 1.食品 | 101.5 | 98.8 | 98.3 | 97.6 | 99.0 | 97.3 | 94.7 | 94.8 | 94.2 | 95.5 | 99.5 | 97.3 |
| (1)粮食 | 102.2 | 101.6 | 100.8 | 100.8 | 100.5 | 99.7 | 100.7 | 100.3 | 100.2 | 101.0 | 99.3 | 100.7 |
| (2)薯类 | 101.9 | 95.2 | 92.8 | 86.8 | 88.5 | 93.4 | 96.7 | 101.0 | 104.2 | 102.5 | 106.5 | 103.0 |
| (3)豆类 | 102.8 | 100.7 | 103.4 | 103.2 | 102.7 | 102.4 | 102.8 | 103.3 | 104.0 | 105.1 | 104.4 | 105.0 |
| (4)食用油 | 105.0 | 107.3 | 106.1 | 106.8 | 105.9 | 104.4 | 104.2 | 104.4 | 103.6 | 102.9 | 105.4 | 106.4 |
| (5)菜及食用菌 | 119.1 | 99.3 | 101.8 | 91.9 | 98.9 | 98.9 | 94.1 | 99.6 | 100.8 | 110.5 | 126.6 | 104.5 |
| (6)畜肉类 | 97.2 | 90.9 | 87.2 | 86.1 | 86.2 | 77.7 | 71.2 | 69.4 | 67.6 | 68.7 | 76.4 | 74.9 |
| (7)禽肉类 | 91.3 | 95.2 | 97.8 | 99.3 | 102.8 | 105.0 | 102.8 | 101.4 | 101.8 | 102.6 | 104.8 | 106.4 |
| (8)水产品 | 100.4 | 104.6 | 104.4 | 105.2 | 108.1 | 109.0 | 110.0 | 109.7 | 109.5 | 107.3 | 108.0 | 108.1 |
| (9)蛋类 | 107.2 | 106.8 | 102.6 | 106.5 | 119.6 | 125.5 | 120.8 | 117.0 | 116.2 | 114.3 | 121.0 | 115.6 |
| (10)奶类 | 100.3 | 99.8 | 100.8 | 100.6 | 98.8 | 98.3 | 97.8 | 99.6 | 99.7 | 98.7 | 99.0 | 99.6 |
| (11)干鲜瓜果类 | 103.7 | 105.5 | 106.1 | 108.2 | 103.4 | 104.0 | 102.1 | 102.6 | 99.3 | 99.0 | 99.8 | 102.8 |
| (12)糖果糕点类 | 101.9 | 101.2 | 101.2 | 101.2 | 101.4 | 101.8 | 102.2 | 102.8 | 102.6 | 102.5 | 102.1 | 101.7 |
| (13)调味品 | 100.3 | 100.4 | 100.9 | 100.4 | 100.8 | 101.1 | 101.0 | 101.1 | 101.6 | 102.1 | 103.6 | 102.3 |
| (14)其他食品类 | 98.7 | 98.4 | 98.0 | 97.7 | 98.4 | 98.7 | 100.4 | 100.8 | 101.1 | 100.8 | 99.7 | 100.1 |
| 2.茶及饮料 | 100.5 | 101.2 | 101.1 | 100.9 | 101.1 | 100.8 | 100.6 | 100.1 | 100.5 | 101.1 | 101.3 | 102.2 |
| 3.烟酒 | 101.1 | 101.0 | 101.2 | 101.1 | 100.9 | 101.2 | 101.6 | 101.3 | 101.0 | 100.9 | 101.1 | 100.9 |
| (1)卷烟 | 101.3 | 101.5 | 101.5 | 101.5 | 101.3 | 101.6 | 101.9 | 101.9 | 101.6 | 101.6 | 101.6 | 101.6 |
| (2)酒类 | 100.5 | 99.7 | 100.5 | 100.1 | 99.9 | 100.3 | 101.0 | 99.7 | 99.4 | 99.1 | 99.7 | 99.0 |
| 4.在外餐饮 | 100.8 | 102.0 | 101.4 | 101.1 | 101.2 | 101.1 | 101.3 | 101.0 | 100.9 | 100.6 | 100.4 | 100.3 |
| 二、衣着 | 99.9 | 99.1 | 99.6 | 99.4 | 100.0 | 99.6 | 99.0 | 99.6 | 99.4 | 98.8 | 99.0 | 98.4 |
| 1.服装 | 99.8 | 98.7 | 99.2 | 99.1 | 99.9 | 99.4 | 98.8 | 99.3 | 99.3 | 98.8 | 99.0 | 98.2 |
| 2.鞋类 | 100.4 | 100.5 | 101.1 | 100.4 | 100.5 | 100.5 | 100.1 | 100.7 | 99.7 | 98.7 | 98.7 | 99.1 |
| 三、居住 | 99.0 | 99.1 | 99.6 | 100.3 | 100.5 | 100.6 | 101.1 | 101.3 | 101.7 | 102.2 | 102.2 | 101.8 |
| 1.租赁房房租 | 97.8 | 98.0 | 98.1 | 99.1 | 99.1 | 99.1 | 99.6 | 99.7 | 99.8 | 99.8 | 99.9 | 100.1 |
| 2.住房保养维修及管理 | 100.9 | 101.0 | 101.6 | 102.9 | 103.2 | 103.5 | 103.4 | 103.5 | 104.2 | 106.6 | 106.1 | 104.4 |
| 3.水电燃料 | 98.9 | 99.3 | 100.8 | 101.5 | 101.6 | 101.8 | 102.7 | 103.6 | 104.8 | 106.1 | 106.3 | 105.6 |
| 4.自有住房 | 98.6 | 98.7 | 98.9 | 99.2 | 99.5 | 99.6 | 100.0 | 99.9 | 100.0 | 99.8 | 99.8 | 99.8 |
| 四、生活用品及服务 | 99.6 | 99.6 | 99.8 | 100.4 | 100.4 | 100.4 | 100.8 | 101.0 | 101.0 | 101.0 | 100.5 | 101.0 |
| 1.家具及室内装饰品 | 101.0 | 101.0 | 103.1 | 105.7 | 106.2 | 107.4 | 108.3 | 108.0 | 108.2 | 105.1 | 105.1 | 105.1 |
| 2.家用器具 | 98.2 | 98.6 | 98.6 | 99.1 | 99.6 | 99.7 | 100.2 | 100.2 | 100.1 | 100.6 | 100.7 | 101.0 |
| 3.家用纺织品 | 99.5 | 99.5 | 99.4 | 97.5 | 97.7 | 97.7 | 97.7 | 97.4 | 97.6 | 97.7 | 98.0 | 98.1 |
| 4.家庭日用杂品 | 99.9 | 99.4 | 99.0 | 99.5 | 98.8 | 98.6 | 99.5 | 99.4 | 99.5 | 99.8 | 99.1 | 99.9 |
| 5.个人护理用品 | 100.9 | 98.2 | 99.0 | 99.1 | 98.6 | 97.2 | 96.4 | 98.6 | 97.7 | 99.5 | 96.6 | 97.5 |
| 6.家庭服务 | 99.4 | 104.4 | 101.2 | 101.5 | 101.9 | 102.0 | 101.5 | 101.6 | 102.6 | 103.0 | 103.5 | 104.0 |
| 五、交通通信 | 95.0 | 98.0 | 102.1 | 104.7 | 105.2 | 105.4 | 106.4 | 105.8 | 105.8 | 107.5 | 107.9 | 105.2 |
| 1.交通 | 92.6 | 96.7 | 102.6 | 106.3 | 107.1 | 107.5 | 109.0 | 108.1 | 108.3 | 111.4 | 112.6 | 108.5 |
| 2.通信 | 100.6 | 101.0 | 101.0 | 101.2 | 101.2 | 101.0 | 101.0 | 100.9 | 100.7 | 99.4 | 98.3 | 98.1 |
| 六、教育文化娱乐 | 101.0 | 101.4 | 101.3 | 101.5 | 101.6 | 101.4 | 101.9 | 102.2 | 101.3 | 101.6 | 101.6 | 101.7 |
| 1.教育 | 101.8 | 101.9 | 102.2 | 102.2 | 102.2 | 102.1 | 102.3 | 102.6 | 101.5 | 101.9 | 101.9 | 101.9 |
| 2.文化娱乐 | 98.5 | 100.1 | 98.6 | 99.3 | 99.8 | 99.2 | 100.7 | 101.0 | 100.6 | 100.7 | 100.7 | 100.7 |
| 七、医疗保健 | 100.4 | 100.2 | 100.2 | 100.1 | 100.1 | 100.2 | 100.4 | 100.4 | 100.2 | 100.2 | 100.1 | 100.1 |
| 1.药品及医疗器具 | 101.6 | 100.9 | 100.9 | 100.5 | 100.7 | 100.7 | 100.8 | 100.8 | 101.0 | 100.9 | 100.5 | 100.7 |
| 2.医疗服务 | 99.9 | 100.0 | 100.0 | 100.0 | 99.9 | 100.0 | 100.2 | 100.2 | 99.9 | 99.9 | 99.9 | 99.9 |
| 八、其他用品及服务 | 97.1 | 98.4 | 96.6 | 96.1 | 96.3 | 96.8 | 96.7 | 93.9 | 95.4 | 99.3 | 98.6 | 99.0 |
| 1.其他用品 | 101.9 | 101.7 | 99.8 | 98.8 | 99.1 | 100.1 | 99.8 | 94.9 | 97.6 | 98.2 | 97.0 | 97.7 |
| 2.其他服务 | 91.0 | 94.2 | 92.5 | 92.5 | 92.7 | 92.6 | 92.6 | 92.6 | 92.5 | 100.9 | 100.9 | 100.9 |

注：本表按国家统计局2020年11月制定的《流通和消费价格统计报表制度》进行分类。

## 3-12 商品零售价格分类指数(1994-2002年)

(上年=100)

| 年 份 | 总指数 | 食品类 | 饮料、烟酒类 | 服装、鞋帽类 | 纺织品类 | 中、西药品类 | 化妆品类 |
|---|---|---|---|---|---|---|---|
| 1994 | 123.0 | 133.9 | 111.0 | 120.8 | 115.8 | 111.3 | 114.6 |
| 1995 | 114.4 | 122.7 | 102.4 | 118.7 | 113.7 | 111.2 | 106.0 |
| 1996 | 104.5 | 105.5 | 103.4 | 107.6 | 103.9 | 109.1 | 102.9 |
| 1997 | 99.8 | 98.2 | 102.8 | 103.0 | 101.4 | 104.5 | 101.6 |
| 1998 | 98.5 | 97.9 | 102.3 | 101.5 | 99.5 | 102.6 | 99.2 |
| 1999 | 96.5 | 94.6 | 99.7 | 95.2 | 99.3 | 101.2 | 101.0 |
| 2000 | 98.9 | 98.4 | 99.8 | 98.3 | 98.9 | 100.9 | 99.9 |
| 2001 | 98.0 | 98.1 | 99.8 | 95.3 | 100.9 | 97.4 | 98.2 |
| 2002 | 98.3 | 99.7 | 100.7 | 97.7 | 97.9 | 96.3 | 96.9 |

注：本表内容按1994年国家统计局制定的《流通和消费价格统计报表制度》进行分类。

## 3-12 续表

(上年=100)

| 年 份 | 书报、杂志类 | 文化体育用品类 | 日用品类 | 家用电器类 | 首饰类 | 燃料类 | 建筑装潢材料类 | 机电产品类 |
|---|---|---|---|---|---|---|---|---|
| 1994 | 131.9 | 108.9 | 112.7 | 105.0 | 113.4 | 123.1 | 112.3 | 101.4 |
| 1995 | 110.0 | 108.0 | 108.2 | 101.0 | 99.0 | 106.2 | 102.9 | 97.8 |
| 1996 | 132.8 | 102.1 | 103.7 | 98.7 | 99.5 | 103.9 | 97.0 | 97.0 |
| 1997 | 106.2 | 100.7 | 101.2 | 97.1 | 95.9 | 106.4 | 97.0 | 96.3 |
| 1998 | 103.3 | 100.0 | 99.5 | 95.3 | 91.2 | 96.7 | 96.9 | 94.4 |
| 1999 | 101.9 | 99.0 | 98.9 | 94.0 | 95.9 | 101.1 | 98.0 | 95.7 |
| 2000 | 103.8 | 98.6 | 98.4 | 94.1 | 97.4 | 117.7 | 99.8 | 95.3 |
| 2001 | 106.0 | 99.0 | 98.6 | 94.6 | 96.3 | 100.7 | 98.3 | 96.6 |
| 2002 | 102.1 | 98.1 | 97.8 | 91.8 | 100.5 | 98.5 | 97.6 | 95.0 |

# 3-13 商品零售价格分类指数(2003-2021年)

(上年=100)

| 年 份 | 总指数 | 食品 | 饮料、烟酒 | 服装、鞋帽 | 纺织品 | 家用电器及音像器材 |
|---|---|---|---|---|---|---|
| 2003 | 99.1 | 101.9 | 100.5 | 96.2 | 97.2 | 92.9 |
| 2004 | 102.7 | 110.3 | 100.9 | 97.5 | 100.4 | 95.0 |
| 2005 | 100.6 | 103.8 | 99.7 | 97.2 | 99.3 | 96.1 |
| 2006 | 100.5 | 102.0 | 100.4 | 96.4 | 99.6 | 98.5 |
| 2007 | 104.3 | 111.8 | 101.2 | 99.3 | 98.7 | 98.0 |
| 2008 | 105.7 | 113.8 | 103.2 | 93.9 | 101.4 | 95.3 |
| 2009 | 97.9 | 99.2 | 102.0 | 97.1 | 101.2 | 94.7 |
| 2010 | 103.4 | 108.2 | 101.1 | 96.2 | 98.1 | 96.3 |
| 2011 | 104.8 | 111.1 | 103.2 | 100.8 | 106.1 | 96.3 |
| 2012 | 101.8 | 104.7 | 102.8 | 103.9 | 101.9 | 96.4 |
| 2013 | 101.1 | 104.3 | 100.1 | 101.7 | 98.9 | 96.5 |
| 2014 | 101.1 | 103.4 | 99.5 | 102.6 | 98.3 | 97.3 |
| 2015 | 99.9 | 101.9 | 101.7 | 103.5 | 99.1 | 98.2 |
| 2016 | 100.7 | 104.4 | 101.2 | 100.3 | 100.1 | 96.4 |
| 2017 | 100.6 | 98.4 | 100.9 | 100.7 | 100.3 | 100.0 |
| 2018 | 101.5 | 102.1 | 101.0 | 99.2 | 102.5 | 99.3 |
| 2019 | 101.9 | 108.5 | 100.3 | 102.5 | 102.1 | 98.7 |
| 2020 | 101.3 | 108.0 | 99.9 | 99.6 | 100.3 | 98.3 |
| 2021 | 101.1 | 98.8 | 99.7 | 101.1 | 100.8 | 101.0 |

注：本表内容按2015年10月制订的《流通和消费价格统计报表制度》进行分类，其中："金银饰品"类2016年之前为"金银珠宝"类。

## 3-13 续表 1

(上年=100)

| 年 份 | 文化办公用品 | 日用品 | 体育娱乐用品 | 交通、通信用品 | 家具 | 化妆品 |
|---|---|---|---|---|---|---|
| 2003 | 94.5 | 98.8 | 98.5 | 90.4 | 98.8 | 97.5 |
| 2004 | 97.2 | 99.2 | 99.3 | 89.4 | 100.5 | 99.3 |
| 2005 | 96.4 | 99.6 | 98.4 | 89.9 | 99.9 | 99.5 |
| 2006 | 96.9 | 99.9 | 98.7 | 92.3 | 100.3 | 99.9 |
| 2007 | 98.0 | 99.9 | 98.4 | 94.4 | 103.1 | 100.2 |
| 2008 | 98.3 | 103.6 | 98.4 | 95.4 | 104.0 | 100.3 |
| 2009 | 95.3 | 102.3 | 98.4 | 94.2 | 101.2 | 100.9 |
| 2010 | 98.3 | 100.7 | 98.6 | 96.2 | 100.9 | 100.0 |
| 2011 | 98.6 | 101.6 | 101.0 | 95.7 | 102.1 | 99.6 |
| 2012 | 98.6 | 100.8 | 100.1 | 95.4 | 98.8 | 102.4 |
| 2013 | 98.5 | 99.9 | 99.9 | 96.7 | 100.7 | 101.3 |
| 2014 | 97.9 | 100.8 | 100.2 | 99.2 | 101.2 | 100.5 |
| 2015 | 99.1 | 99.9 | 99.8 | 99.6 | 101.5 | 101.0 |
| 2016 | 98.8 | 100.0 | 100.4 | 98.4 | 100.2 | 100.8 |
| 2017 | 101.0 | 99.8 | 100.5 | 98.1 | 102.2 | 102.4 |
| 2018 | 100.3 | 101.0 | 100.2 | 97.9 | 101.3 | 100.1 |
| 2019 | 99.8 | 101.2 | 99.4 | 97.4 | 99.8 | 101.1 |
| 2020 | 101.1 | 100.6 | 100.2 | 97.9 | 99.2 | 101.1 |
| 2021 | 101.5 | 99.9 | 101.4 | 99.3 | 100.4 | 99.2 |

3-13 续表 2

(上年=100)

| 年 份 | 金银饰品 | 中西药品及医疗保健用品 | 书报杂志及电子出版物 | 燃料 | 建筑材料及五金电料 |
|---|---|---|---|---|---|
| 2003 | 103.8 | 98.3 | 103.3 | 109.6 | 99.9 |
| 2004 | 108.3 | 95.7 | 104.1 | 111.8 | 103.4 |
| 2005 | 104.2 | 97.0 | 100.3 | 117.0 | 101.4 |
| 2006 | 112.7 | 98.7 | 100.1 | 114.5 | 102.6 |
| 2007 | 105.5 | 103.8 | 102.7 | 104.4 | 105.3 |
| 2008 | 112.4 | 102.4 | 102.0 | 115.1 | 108.5 |
| 2009 | 98.2 | 100.8 | 105.8 | 87.4 | 94.8 |
| 2010 | 112.3 | 104.9 | 101.2 | 116.7 | 104.5 |
| 2011 | 111.7 | 106.2 | 100.0 | 112.4 | 105.5 |
| 2012 | 98.9 | 102.9 | 102.6 | 103.1 | 98.3 |
| 2013 | 94.1 | 101.2 | 105.2 | 100.7 | 99.3 |
| 2014 | 94.1 | 101.7 | 100.1 | 99.6 | 99.5 |
| 2015 | 96.5 | 100.8 | 102.0 | 86.5 | 98.3 |
| 2016 | 109.1 | 104.0 | 102.0 | 96.5 | 100.1 |
| 2017 | 102.0 | 104.8 | 104.1 | 107.3 | 101.5 |
| 2018 | 97.5 | 104.4 | 102.9 | 110.5 | 102.7 |
| 2019 | 110.3 | 104.2 | 104.8 | 94.4 | 100.2 |
| 2020 | 119.2 | 100.7 | 101.4 | 91.6 | 99.9 |
| 2021 | 98.2 | 99.8 | 100.5 | 114.4 | 101.9 |

## 3-14 商品零售价格指数(2021年)

(上年同月=100)

| 项 目 | 1月 | 2月 | 3月 | 4月 | 5月 | 6月 | 7月 | 8月 | 9月 | 10月 | 11月 | 12月 |
|---|---|---|---|---|---|---|---|---|---|---|---|---|
| 商品零售价格总指数 | 98.8 | 99.2 | 100.3 | 100.9 | 101.5 | 101.3 | 101.1 | 101.0 | 101.4 | 102.5 | 103.3 | 102.1 |
| 一、食品 | 101.0 | 99.7 | 99.7 | 98.7 | 100.1 | 98.3 | 96.4 | 97.0 | 96.5 | 97.6 | 101.3 | 99.2 |
| 二、饮料、烟酒 | 99.6 | 99.4 | 99.9 | 99.5 | 99.3 | 99.5 | 99.7 | 99.4 | 99.9 | 99.8 | 99.9 | 99.9 |
| 三、服装、鞋帽 | 101.2 | 100.7 | 100.8 | 101.2 | 101.2 | 101.0 | 100.6 | 100.5 | 101.4 | 102.2 | 101.9 | 100.7 |
| 四、纺织品 | 100.3 | 100.3 | 100.1 | 100.3 | 100.3 | 100.5 | 100.5 | 100.7 | 100.4 | 100.4 | 103.5 | 102.2 |
| 五、家用电器及音像器材 | 99.9 | 100.1 | 99.9 | 100.6 | 101.0 | 100.9 | 101.6 | 101.5 | 101.4 | 101.7 | 101.8 | 101.4 |
| 六、文化办公用品 | 100.7 | 100.6 | 100.6 | 101.1 | 101.4 | 102.1 | 102.1 | 101.7 | 101.7 | 101.9 | 101.6 | 101.9 |
| 七、日用品 | 99.7 | 99.1 | 99.3 | 99.1 | 99.0 | 99.6 | 100.6 | 100.1 | 101.3 | 101.3 | 99.8 | 99.8 |
| 八、体育娱乐用品 | 102.1 | 101.9 | 102.0 | 101.7 | 101.8 | 101.8 | 101.9 | 101.2 | 100.9 | 100.3 | 100.5 | 100.4 |
| 九、交通、通信用品 | 97.6 | 98.1 | 97.9 | 99.2 | 99.1 | 99.1 | 99.8 | 99.6 | 100.3 | 100.5 | 99.8 | 100.5 |
| 十、家具 | 98.6 | 98.6 | 99.0 | 100.1 | 100.4 | 100.5 | 100.2 | 101.0 | 101.1 | 100.9 | 102.0 | 102.2 |
| 十一、化妆品 | 101.0 | 99.4 | 99.6 | 100.1 | 99.6 | 98.8 | 98.1 | 99.2 | 98.8 | 99.8 | 97.5 | 98.2 |
| 十二、金银饰品 | 107.4 | 106.3 | 100.0 | 103.8 | 103.2 | 102.9 | 97.4 | 86.0 | 92.1 | 92.7 | 95.4 | 94.9 |
| 十三、中西药品及医疗保健用品 | 98.8 | 98.7 | 98.8 | 98.5 | 100.2 | 100.4 | 100.4 | 100.5 | 100.5 | 100.4 | 100.4 | 100.6 |
| 十四、书报杂志及电子出版物 | 100.5 | 100.7 | 100.6 | 100.6 | 100.4 | 100.4 | 100.4 | 100.4 | 100.4 | 100.4 | 100.4 | 100.4 |
| 十五、燃料 | 88.9 | 96.0 | 108.5 | 114.2 | 116.4 | 118.5 | 119.4 | 118.7 | 120.5 | 128.1 | 131.0 | 120.5 |
| 十六、建筑材料及五金电料 | 99.6 | 99.6 | 100.3 | 101.0 | 101.4 | 101.5 | 101.4 | 102.6 | 102.7 | 103.8 | 104.6 | 104.3 |

# 3-15　工业生产者价格指数(1992-2021年)

(上年=100)

| 年　份 | 工业生产者出厂价格指数 | 轻工业 | 重工业 | 工业生产者购进价格指数 |
|---|---|---|---|---|
| 1992 | 102.7 | 101.4 | 104.3 | 109.3 |
| 1993 | 117.1 | 111.8 | 124.2 | 129.6 |
| 1994 | 116.9 | 118.6 | 114.6 | 115.2 |
| 1995 | 115.7 | 120.2 | 109.6 | 119.6 |
| 1996 | 101.8 | 101.7 | 102.0 | 104.3 |
| 1997 | 100.3 | 97.3 | 104.3 | 98.6 |
| 1998 | 95.7 | 95.4 | 96.1 | 92.5 |
| 1999 | 96.6 | 95.4 | 97.9 | 97.9 |
| 2000 | 100.5 | 99.9 | 101.2 | 112.4 |
| 2001 | 98.1 | 98.4 | 97.8 | 96.7 |
| 2002 | 97.6 | 98.2 | 96.9 | 97.6 |
| 2003 | 100.7 | 99.3 | 103.9 | 106.3 |
| 2004 | 102.6 | 100.3 | 107.9 | 113.3 |
| 2005 | 100.2 | 98.4 | 104.7 | 108.1 |
| 2006 | 99.2 | 98.0 | 101.6 | 103.9 |
| 2007 | 100.8 | 99.9 | 102.8 | 104.3 |
| 2008 | 102.7 | 100.6 | 107.0 | 110.2 |
| 2009 | 95.5 | 96.9 | 92.7 | 93.2 |
| 2010 | 103.2 | 101.5 | 106.9 | 107.7 |
| 2011 | 103.9 | 103.8 | 104.0 | 108.0 |
| 2012 | 98.7 | 99.8 | 97.8 | 97.7 |
| 2013 | 98.4 | 99.4 | 97.5 | 98.4 |
| 2014 | 98.6 | 99.8 | 97.6 | 98.3 |
| 2015 | 97.0 | 99.7 | 94.8 | 96.1 |
| 2016 | 99.1 | 100.3 | 98.1 | 98.0 |
| 2017 | 104.1 | 102.2 | 105.8 | 105.3 |
| 2018 | 102.8 | 101.2 | 104.1 | 102.8 |
| 2019 | 100.6 | 101.0 | 100.2 | 99.0 |
| 2020 | 98.4 | 99.2 | 97.8 | 98.6 |
| 2021 | 104.9 | 101.7 | 108.0 | 109.2 |

注：工业生产者出厂价格指数2010年及以前称为“工业品出厂价格指数”。
　　工业生产者购进价格指数2010年及以前称为“工业企业原材料、燃料、动力购进价格指数”。

# 3-16 工业生产者出厂价格指数(1992-2021年)

(上年=100)

| 项　　目 | 1992年 | 1993年 | 1994年 | 1995年 | 1996年 | 1997年 |
|---|---|---|---|---|---|---|
| **总指数** | **102.7** | **117.1** | **116.9** | **115.7** | **101.8** | **100.3** |
| **按轻重分** | | | | | | |
| 轻工业 | 101.4 | 111.8 | 118.6 | 120.2 | 101.7 | 97.3 |
| 以农产品为原料 | 102.7 | 112.8 | 123.1 | 123.5 | 102.3 | 97.2 |
| 以非农产品为原料 | 98.6 | 109.6 | 108.8 | 112.6 | 100.2 | 97.2 |
| 重工业 | 104.3 | 124.2 | 114.6 | 109.6 | 102.0 | 104.3 |
| 采掘工业 | 99.4 | 117.7 | 134.6 | 107.5 | 99.1 | 96.2 |
| 原料工业 | 105.5 | 128.2 | 106.6 | 109.2 | 103.0 | 110.3 |
| 加工工业 | 104.7 | 122.6 | 115.7 | 110.7 | 101.8 | 98.2 |
| **按两大部类分** | | | | | | |
| 生产资料 | 103.8 | 122.5 | 113.5 | 113.9 | 102.9 | 102.2 |
| 采掘工业 | 99.4 | 117.7 | 134.6 | 107.5 | 99.1 | 96.2 |
| 原料工业 | 104.6 | 124.6 | 106.7 | 116.6 | 104.7 | 106.0 |
| 加工工业 | 104.2 | 121.9 | 115.6 | 112.4 | 101.7 | 97.8 |
| 生活资料 | 101.4 | 111.5 | 120.5 | 117.6 | 100.6 | 98.3 |
| 食　品 | 104.2 | 115.9 | 119.3 | 121.4 | 98.4 | 100.2 |
| 衣　着 | 99.9 | 106.1 | 139.8 | 121.3 | 104.0 | 96.6 |
| 一般日用品 | 101.0 | 113.4 | 110.7 | 112.3 | 103.0 | 101.4 |
| 耐用消费品 | 95.2 | 102.8 | 105.1 | 103.6 | 98.8 | 90.2 |
| **按工业部门分** | | | | | | |
| 冶金工业 | 111.0 | 142.8 | 102.9 | 103.5 | 94.4 | 94.8 |
| 电力工业 | 102.1 | 100.5 | 104.5 | 115.5 | 113.8 | 136.7 |
| 煤炭及炼焦工业 | 101.4 | 138.1 | 141.1 | 109.8 | 114.3 | 112.4 |
| 石油工业 | | | 97.8 | 101.6 | 99.5 | 106.2 |
| 化学工业 | 101.7 | 112.5 | 111.8 | 125.6 | 104.3 | 98.0 |
| 机械工业 | 101.2 | 115.9 | 108.5 | 106.3 | 100.1 | 97.9 |
| 建筑材料工业 | 106.8 | 157.8 | 126.8 | 97.6 | 94.4 | 95.4 |
| 森林工业 | 101.3 | 119.4 | 125.2 | 103.9 | 98.6 | 94.5 |
| 食品工业 | 104.2 | 115.9 | 119.3 | 121.4 | 98.4 | 99.9 |
| 纺织工业 | 100.0 | 106.4 | 145.6 | 131.0 | 94.1 | 94.3 |
| 缝纫工业 | 99.7 | 105.4 | 151.4 | 101.9 | 113.0 | 99.6 |
| 皮革工业 | 100.2 | 101.9 | 117.2 | 122.8 | 99.8 | 94.4 |
| 造纸工业 | 102.7 | 115.8 | 102.8 | 136.3 | 113.6 | 92.1 |
| 文教艺术用品工业 | 101.9 | 118.1 | 109.5 | 102.0 | 99.7 | 95.9 |
| 其他工业 | 100.8 | 118.7 | 119.4 | 125.5 | 111.3 | 98.5 |

## 3-16 续表 1

(上年=100)

| 项目 | 1998年 | 1999年 | 2000年 | 2001年 | 2002年 | 2003年 |
|---|---|---|---|---|---|---|
| **总指数** | **95.7** | **96.6** | **100.5** | **98.1** | **97.6** | **100.7** |
| **按轻重分** | | | | | | |
| 轻工业 | 95.4 | 95.4 | 99.9 | 98.4 | 98.2 | 99.3 |
| 以农产品为原料 | 96.9 | 94.5 | 100.9 | 99.6 | 98.7 | 100.8 |
| 以非农产品为原料 | 91.7 | 97.3 | 97.7 | 95.8 | 97.4 | 98.4 |
| 重工业 | 96.1 | 97.9 | 101.2 | 97.8 | 96.9 | 103.9 |
| 采掘工业 | 96.0 | 97.9 | 107.5 | 104.3 | 105.8 | 103.3 |
| 原料工业 | 97.0 | 99.9 | 103.4 | 98.0 | 98.1 | 106.5 |
| 加工工业 | 94.8 | 94.8 | 97.6 | 96.8 | 95.7 | 101.3 |
| **按两大部类分** | | | | | | |
| 生产资料 | 95.2 | 97.6 | 101.6 | 97.0 | 97.1 | 101.3 |
| 采掘工业 | 96.0 | 97.9 | 107.5 | 104.3 | 105.8 | 103.3 |
| 原料工业 | 95.3 | 99.5 | 104.3 | 96.5 | 98.1 | 107.1 |
| 加工工业 | 94.8 | 94.4 | 97.4 | 97.0 | 96.2 | 98.8 |
| 生活资料 | 96.3 | 95.2 | 98.7 | 99.7 | 98.4 | 99.7 |
| 食　品 | 97.8 | 98.8 | 98.5 | 99.8 | 99.8 | 100.4 |
| 衣　着 | 96.6 | 91.2 | 101.8 | 101.2 | 98.9 | 100.4 |
| 一般日用品 | 94.4 | 95.9 | 94.9 | 98.1 | 98.4 | 100.1 |
| 耐用消费品 | 87.8 | 88.8 | 94.2 | 98.1 | 96.4 | 97.6 |
| **按工业部门分** | | | | | | |
| 冶金工业 | 91.2 | 92.2 | 100.8 | 97.7 | 98.6 | 110.5 |
| 电力工业 | 110.4 | 103.6 | 95.3 | 99.4 | 97.6 | 102.1 |
| 煤炭及炼焦工业 | 96.5 | 98.5 | 114.1 | 105.7 | 114.6 | 99.7 |
| 石油工业 | 86.5 | 108.2 | 138.4 | 94.4 | 99.1 | 114.8 |
| 化学工业 | 92.6 | 95.7 | 100.3 | 95.6 | 97.1 | 102.5 |
| 机械工业 | 94.7 | 94.5 | 94.9 | 96.9 | 95.3 | 95.3 |
| 建筑材料工业 | 91.6 | 96.5 | 95.8 | 97.3 | 97.7 | 101.7 |
| 森林工业 | 94.8 | 94.2 | 104.2 | 102.3 | 98.1 | 99.4 |
| 食品工业 | 97.6 | 98.1 | 98.2 | 100.4 | 99.5 | 100.6 |
| 纺织工业 | 87.8 | 99.3 | 108.4 | 93.1 | 96.7 | 104.7 |
| 缝纫工业 | 92.4 | 88.0 | 103.4 | 102.1 | 98.6 | 100.2 |
| 皮革工业 | 104.5 | 89.8 | 98.0 | 100.8 | 99.7 | 100.6 |
| 造纸工业 | 92.2 | 95.3 | 105.7 | 96.7 | 96.4 | 98.6 |
| 文教艺术用品工业 | 89.7 | 94.7 | 96.6 | 95.9 | 100.4 | 99.6 |
| 其他工业 | 96.5 | 95.1 | 94.8 | 102.8 | 98.6 | 104.1 |

3-16 续表 2

（上年=100）

| 项 目 | 2004年 | 2005年 | 2006年 | 2007年 | 2008年 | 2009年 |
|---|---|---|---|---|---|---|
| **总指数** | **102.6** | **100.2** | **99.2** | **100.8** | **102.7** | **95.5** |
| **按轻重分** | | | | | | |
| 轻工业 | 100.3 | 98.4 | 98.0 | 99.9 | 100.6 | 96.9 |
| 以农产品为原料 | 101.6 | 100.5 | 100.8 | 102.2 | 103.0 | 98.8 |
| 以非农产品为原料 | 99.7 | 97.4 | 95.8 | 98.0 | 98.7 | 95.1 |
| 重工业 | 107.9 | 104.7 | 101.6 | 102.8 | 107.0 | 92.7 |
| 采掘工业 | 133.2 | 123.4 | 108.2 | 108.0 | 113.7 | 90.6 |
| 原料工业 | 109.8 | 107.8 | 103.8 | 102.3 | 107.3 | 95.3 |
| 加工工业 | 104.7 | 100.9 | 99.2 | 102.6 | 106.0 | 91.1 |
| **按两大部类分** | | | | | | |
| 生产资料 | 104.3 | 100.9 | 98.8 | 100.7 | 102.9 | 93.3 |
| 采掘工业 | 133.2 | 123.4 | 108.2 | 108.0 | 113.7 | 90.6 |
| 原料工业 | 109.8 | 107.5 | 104.0 | 102.6 | 105.8 | 94.5 |
| 加工工业 | 101.8 | 98.4 | 96.9 | 99.8 | 101.4 | 93.0 |
| 生活资料 | 99.9 | 99.1 | 100.0 | 101.1 | 102.3 | 99.4 |
| 食 品 | 100.2 | 98.4 | 101.6 | 103.8 | 104.9 | 98.2 |
| 衣 着 | 101.4 | 101.7 | 100.9 | 101.3 | 102.0 | 100.4 |
| 一般日用品 | 101.1 | 101.3 | 102.1 | 101.6 | 102.5 | 99.8 |
| 耐用消费品 | 95.6 | 93.0 | 93.0 | 95.3 | 97.7 | 98.2 |
| **按工业部门分** | | | | | | |
| 冶金工业 | 121.4 | 104.3 | 102.2 | 108.1 | 112.6 | 83.2 |
| 电力工业 | 103.5 | 103.5 | 101.2 | 100.4 | 101.3 | 103.4 |
| 煤炭及炼焦工业 | 123.9 | 137.3 | 109.3 | 101.1 | 121.0 | 101.3 |
| 石油工业 | 114.7 | 123.5 | 114.9 | 103.9 | 119.5 | 88.5 |
| 化学工业 | 107.9 | 104.6 | 103.1 | 103.3 | 103.8 | 91.7 |
| 机械工业 | 96.9 | 95.1 | 93.2 | 96.0 | 97.5 | 94.4 |
| 建筑材料工业 | 107.4 | 98.5 | 101.6 | 101.7 | 101.4 | 99.6 |
| 森林工业 | 100.9 | 103.0 | 101.5 | 103.4 | 101.0 | 98.3 |
| 食品工业 | 101.3 | 98.4 | 101.3 | 104.4 | 105.6 | 98.4 |
| 纺织工业 | 104.7 | 100.9 | 99.9 | 102.3 | 101.2 | 97.4 |
| 缝纫工业 | 102.1 | 101.0 | 100.4 | 101.1 | 101.0 | 100.7 |
| 皮革工业 | 100.1 | 102.7 | 101.5 | 101.5 | 102.6 | 100.1 |
| 造纸工业 | 101.3 | 101.4 | 99.9 | 100.1 | 104.3 | 92.9 |
| 文教艺术用品工业 | 99.5 | 100.1 | 98.1 | 100.0 | 100.3 | 99.7 |
| 其他工业 | 102.5 | 101.7 | 104.5 | 102.6 | 103.0 | 99.4 |

## 3-16 续表 3

(上年=100)

| 项　　目 | 2010年 | 2011年 | 2012年 | 2013年 | 2014年 | 2015年 |
|---|---|---|---|---|---|---|
| **总指数** | **103.2** | **103.9** | **98.7** | **98.4** | **98.6** | **97.0** |
| **按轻重分** | | | | | | |
| 轻工业 | 101.5 | 103.8 | 99.8 | 99.4 | 99.8 | 99.7 |
| 以农产品为原料 | 102.5 | 104.4 | 100.0 | 99.6 | 100.1 | 99.9 |
| 以非农产品为原料 | 100.6 | 102.2 | 99.3 | 98.9 | 99.0 | 99.3 |
| 重工业 | 106.9 | 104.0 | 97.8 | 97.5 | 97.6 | 94.8 |
| 采掘工业 | 121.1 | 113.5 | 92.4 | 97.4 | 91.6 | 89.6 |
| 原料工业 | 107.9 | 108.9 | 100.2 | 98.6 | 97.5 | 91.2 |
| 加工工业 | 104.1 | 101.7 | 97.2 | 97.1 | 98.0 | 96.4 |
| **按两大部类分** | | | | | | |
| 生产资料 | 104.1 | 104.5 | 97.6 | 97.6 | 97.7 | 95.0 |
| 采掘工业 | 121.1 | 113.5 | 92.4 | 97.4 | 91.6 | 89.6 |
| 原料工业 | 108.9 | 109.4 | 99.5 | 98.4 | 97.3 | 91.3 |
| 加工工业 | 101.7 | 102.3 | 97.2 | 97.3 | 98.2 | 96.6 |
| 生活资料 | 101.7 | 102.9 | 100.6 | 99.8 | 100.0 | 100.5 |
| 食　品 | 104.7 | 107.9 | 102.5 | 100.2 | 100.3 | 100.3 |
| 衣　着 | 100.9 | 101.7 | 99.8 | 100.0 | 100.5 | 100.7 |
| 一般日用品 | 100.9 | 102.2 | 101.4 | 99.9 | 99.8 | 99.7 |
| 耐用消费品 | 98.7 | 97.2 | 97.8 | 98.2 | 98.6 | 101.4 |
| **按工业部门分** | | | | | | |
| 冶金工业 | 113.0 | 109.7 | 92.1 | 95.3 | 93.5 | 88.2 |
| 电力工业 | 100.3 | 101.5 | 105.5 | 100.7 | 99.4 | 98.6 |
| 煤炭及炼焦工业 | 108.4 | 117.0 | 98.2 | 90.6 | 89.7 | 90.7 |
| 石油工业 | 124.4 | 117.7 | 100.4 | 96.4 | 95.5 | 74.8 |
| 化学工业 | 107.1 | 108.2 | 97.2 | 98.2 | 97.8 | 95.3 |
| 机械工业 | 98.5 | 97.7 | 97.9 | 97.3 | 98.7 | 98.6 |
| 建筑材料工业 | 103.0 | 106.0 | 97.7 | 98.5 | 99.5 | 97.4 |
| 森林工业 | 102.7 | 102.9 | 100.9 | 100.4 | 100.6 | 99.5 |
| 食品工业 | 104.4 | 107.8 | 102.7 | 100.3 | 100.3 | 100.0 |
| 纺织工业 | 102.9 | 106.2 | 94.5 | 97.3 | 98.6 | 96.8 |
| 缝纫工业 | 100.9 | 101.4 | 99.9 | 100.0 | 100.0 | 100.4 |
| 皮革工业 | 100.9 | 102.1 | 99.6 | 100.1 | 101.1 | 101.2 |
| 造纸工业 | 104.1 | 102.9 | 98.1 | 97.7 | 99.0 | 99.8 |
| 文教艺术用品工业 | 99.6 | 100.4 | 99.9 | 99.9 | 99.6 | 100.2 |
| 其他工业 | 102.7 | 102.9 | 102.6 | 100.3 | 100.0 | 100.1 |

3-16 续表 4

(上年=100)

| 项 目 | 2016年 | 2017年 | 2018年 | 2019年 | 2020年 | 2021年 |
|---|---|---|---|---|---|---|
| **总指数** | **99.1** | **104.1** | **102.8** | **100.6** | **98.4** | **104.9** |
| **按轻重分** | | | | | | |
| 轻工业 | 100.3 | 102.2 | 101.2 | 101.0 | 99.2 | 101.7 |
| 以农产品为原料 | 100.7 | 102.0 | 101.4 | 101.3 | 99.7 | 100.9 |
| 以非农产品为原料 | 99.2 | 102.8 | 100.7 | 100.5 | 97.9 | 103.1 |
| 重工业 | 98.1 | 105.8 | 104.1 | 100.2 | 97.8 | 108.0 |
| 采掘工业 | 97.0 | 113.4 | 104.2 | 103.4 | 99.0 | 113.2 |
| 原材料工业 | 96.8 | 107.1 | 107.7 | 100.1 | 94.3 | 115.1 |
| 加工工业 | 98.7 | 104.9 | 102.7 | 100.1 | 99.1 | 104.5 |
| **按两大部类分** | | | | | | |
| 生产资料 | 97.9 | 105.5 | 104.2 | 100.1 | 97.1 | 107.7 |
| 采掘工业 | 97.0 | 113.4 | 104.2 | 103.4 | 99.0 | 113.2 |
| 原材料工业 | 95.8 | 106.7 | 107.2 | 99.6 | 93.2 | 114.6 |
| 加工工业 | 98.7 | 104.8 | 103.1 | 100.1 | 98.5 | 104.7 |
| 生活资料 | 101.2 | 101.7 | 100.2 | 101.5 | 100.8 | 99.9 |
| 食 品 | 101.0 | 101.1 | 100.9 | 102.1 | 101.7 | 99.8 |
| 衣 着 | 101.8 | 102.1 | 99.8 | 101.3 | 100.6 | 99.6 |
| 一般日用品 | 101.1 | 101.4 | 100.1 | 101.8 | 101.0 | 99.8 |
| 耐用消费品 | 100.3 | 102.7 | 99.3 | 99.0 | 97.8 | 101.0 |
| **按工业部门分** | | | | | | |
| 冶金工业 | 99.4 | 119.3 | 105.7 | 99.0 | 99.2 | 120.0 |
| 电力工业 | 98.1 | 99.3 | 99.3 | 100.0 | 99.6 | 98.5 |
| 煤炭及炼焦工业 | 99.0 | 128.9 | 102.8 | 97.0 | 95.5 | 132.0 |
| 石油工业 | 90.4 | 110.4 | 119.3 | 104.2 | 83.3 | 120.0 |
| 化学工业 | 96.7 | 104.8 | 104.6 | 98.4 | 94.6 | 110.7 |
| 机械工业 | 99.0 | 101.3 | 100.0 | 99.9 | 98.5 | 101.4 |
| 建筑材料工业 | 98.7 | 103.7 | 106.1 | 102.6 | 101.2 | 99.9 |
| 森林工业 | 100.6 | 100.9 | 101.2 | 101.1 | 99.7 | 99.4 |
| 食品工业 | 100.8 | 101.1 | 101.2 | 101.9 | 101.7 | 100.7 |
| 纺织工业 | 98.1 | 102.5 | 103.7 | 99.6 | 93.4 | 105.8 |
| 缝纫工业 | 100.3 | 101.0 | 100.6 | 101.2 | 101.2 | 100.4 |
| 皮革工业 | 103.6 | 103.1 | 99.1 | 101.7 | 99.9 | 98.2 |
| 造纸工业 | 99.6 | 105.3 | 105.6 | 100.0 | 98.6 | 102.4 |
| 文教艺术用品工业 | 101.0 | 102.0 | 100.3 | 99.9 | 98.6 | 103.1 |
| 其他工业 | 101.2 | 101.9 | 100.4 | 103.4 | 102.7 | 99.8 |

# 3-17 工业生产者购进价格指数(1992-2021年)

(上年=100)

| 项　　目 | 1992年 | 1993年 | 1994年 | 1995年 | 1996年 | 1997年 |
|---|---|---|---|---|---|---|
| **总 指 数** | **109.3** | **129.6** | **115.2** | **119.6** | **104.3** | **98.6** |
| 燃料、动力类 | 114.7 | 130.3 | 114.5 | 109.6 | 110.2 | 109.0 |
| 黑色金属材料类 | 115.2 | 167.0 | 100.2 | 98.8 | 97.1 | 95.8 |
| #钢材 | 116.7 | 164.6 | 99.2 | 99.6 | 96.1 | 94.8 |
| 有色金属材料和电线类 | 107.8 | 116.8 | 104.0 | 133.9 | 89.8 | 95.6 |
| 化工原料类 | 100.1 | 118.0 | 112.7 | 126.4 | 98.1 | 95.0 |
| 木材及纸浆类 | 102.5 | 122.9 | 108.7 | 118.1 | 98.3 | 94.7 |
| 建筑材料及非金属矿类 | 110.7 | 150.0 | 117.9 | 102.5 | 98.2 | 100.0 |
| 其他工业原材料及半成品类 | | | | | | 95.5 |
| 农副产品类 | 113.0 | 110.8 | 137.4 | 155.4 | 125.1 | 96.9 |
| 纺织原料类 | 96.3 | 105.9 | 142.5 | 125.4 | 88.1 | 91.8 |

## 3-17 续表 1

(上年=100)

| 项　　目 | 1998年 | 1999年 | 2000年 | 2001年 | 2002年 | 2003年 |
|---|---|---|---|---|---|---|
| **总 指 数** | **92.5** | **97.9** | **112.4** | **96.7** | **97.6** | **106.3** |
| 燃料、动力类 | 93.7 | 103.0 | 137.2 | 98.6 | 102.0 | 109.1 |
| 黑色金属材料类 | 94.2 | 92.6 | 102.4 | 100.1 | 99.3 | 116.5 |
| #钢材 | 92.9 | 92.8 | 103.6 | 97.5 | 97.3 | 113.7 |
| 有色金属材料和电线类 | 90.9 | 98.7 | 109.9 | 91.6 | 95.0 | 104.6 |
| 化工原料类 | 88.9 | 98.3 | 112.2 | 93.7 | 97.0 | 108.5 |
| 木材及纸浆类 | 94.5 | 96.9 | 97.5 | 100.3 | 98.1 | 101.6 |
| 建筑材料及非金属矿类 | 97.5 | 95.0 | 97.0 | 105.6 | 100.6 | 100.9 |
| 其他工业原材料及半成品类 | 91.6 | 94.2 | 105.6 | 100.9 | 98.3 | 100.9 |
| 农副产品类 | 96.9 | 92.5 | 96.2 | 101.5 | 92.6 | 113.3 |
| 纺织原料类 | 84.7 | 105.4 | 107.8 | 85.5 | 92.9 | 102.0 |

## 3-17 续表 2

(上年=100)

| 项　　目 | 2004年 | 2005年 | 2006年 | 2007年 | 2008年 | 2009年 |
|---|---|---|---|---|---|---|
| **总　指　数** | **113.3** | **108.1** | **103.9** | **104.3** | **110.2** | **93.2** |
| 燃料、动力类 | 116.4 | 125.6 | 111.0 | 102.3 | 126.8 | 90.6 |
| 黑色金属材料类 | 129.3 | 103.5 | 93.8 | 110.2 | 120.9 | 83.3 |
| #钢材 | 125.4 | 106.4 | 93.3 | 107.7 | 116.9 | 83.1 |
| 有色金属材料和电线类 | 118.9 | 111.3 | 122.8 | 107.9 | 99.8 | 88.8 |
| 化工原料类 | 114.2 | 106.1 | 101.9 | 106.3 | 112.4 | 83.9 |
| 木材及纸浆类 | 101.4 | 100.7 | 100.3 | 102.7 | 105.4 | 91.8 |
| 建筑材料及非金属矿类 | 105.8 | 105.9 | 97.9 | 102.7 | 109.6 | 97.8 |
| 其他工业原材料及半成品类 | 106.8 | 104.8 | 106.0 | 102.3 | 102.6 | 99.4 |
| 农副产品类 | 126.2 | 94.0 | 99.7 | 111.5 | 109.5 | 97.3 |
| 纺织原料类 | 107.6 | 102.9 | 99.5 | 102.0 | 99.7 | 98.5 |

## 3-17 续表 3

(上年=100)

| 项　　目 | 2010年 | 2011年 | 2012年 | 2013年 | 2014年 | 2015年 |
|---|---|---|---|---|---|---|
| **总　指　数** | **107.7** | **108.0** | **97.7** | **98.4** | **98.3** | **96.1** |
| 燃料、动力类 | 108.1 | 107.4 | 103.4 | 98.9 | 97.8 | 93.6 |
| 黑色金属材料类 | 113.5 | 108.5 | 91.1 | 94.7 | 92.7 | 86.1 |
| #钢材 | 109.6 | 106.6 | 92.6 | 93.9 | 93.9 | 87.4 |
| 有色金属材料和电线类 | 116.6 | 111.4 | 95.5 | 91.9 | 93.1 | 94.9 |
| 化工原料类 | 110.8 | 113.6 | 94.9 | 96.7 | 98.2 | 94.6 |
| 木材及纸浆类 | 99.4 | 101.6 | 99.4 | 99.2 | 98.5 | 99.3 |
| 建筑材料及非金属矿类 | 102.8 | 102.7 | 96.9 | 98.6 | 99.9 | 97.6 |
| 其他工业原材料及半成品类 | 101.9 | 101.5 | 98.5 | 99.3 | 100.0 | 98.8 |
| 农副产品类 | 117.8 | 123.5 | 98.2 | 100.5 | 97.1 | 96.4 |
| 纺织原料类 | 106.9 | 109.1 | 98.7 | 101.1 | 100.3 | 98.0 |

## 3-17 续表 4

(上年=100)

| 项　　目 | 2016年 | 2017年 | 2018年 | 2019年 | 2020年 | 2021年 |
|---|---|---|---|---|---|---|
| **总　指　数** | **98.0** | **105.3** | **102.8** | **99.0** | **98.6** | **109.2** |
| 燃料、动力类 | 93.0 | 107.2 | 107.8 | 98.4 | 92.1 | 120.0 |
| 黑色金属材料类 | 96.5 | 115.8 | 103.1 | 101.5 | 100.9 | 124.5 |
| #钢材 | 95.5 | 115.8 | 104.9 | 97.3 | 97.9 | 119.9 |
| 有色金属材料及电线类 | 94.3 | 111.9 | 106.5 | 98.5 | 104.5 | 113.1 |
| 化工原料类 | 97.5 | 105.6 | 104.3 | 95.9 | 92.7 | 114.3 |
| 木材及纸浆类 | 101.2 | 107.9 | 102.6 | 96.2 | 98.8 | 106.2 |
| 建筑材料及非金属类 | 98.9 | 103.6 | 108.4 | 102.2 | 100.2 | 102.3 |
| 其他工业原材料及半成品类 | 99.4 | 102.0 | 99.5 | 99.3 | 100.0 | 103.3 |
| 农副产品类 | 100.3 | 99.8 | 97.7 | 105.4 | 110.6 | 103.8 |
| 纺织原料类 | 100.6 | 102.5 | 99.4 | 98.5 | 99.2 | 103.0 |

# 3-18 分行业工业生产者出厂价格指数(2003-2011年)

(上年=100)

| 行　　业 | 2003年 | 2004年 | 2005年 | 2006年 | 2007年 |
|---|---|---|---|---|---|
| 煤炭开采和洗选业 | 100.6 | 128.8 | 145.0 | 108.7 | 99.7 |
| 黑色金属矿采选业 | 106.8 | 213.5 | 98.8 | 95.5 | 109.5 |
| 有色金属矿采选业 | 111.5 | 122.7 | 115.9 | 134.8 | 127.5 |
| 非金属矿采选业 | 99.8 | 100.6 | 100.5 | 104.0 | 108.1 |
| 农副食品加工业 | 102.2 | 108.0 | 99.4 | 100.8 | 107.6 |
| 食品制造业 | 99.2 | 92.0 | 95.0 | 105.4 | 103.4 |
| 饮料制造业 | 97.7 | 99.5 | 98.1 | 99.1 | 101.8 |
| 烟草制品业 | 101.4 | 100.3 | 100.4 | 99.1 | 99.6 |
| 纺织业 | 103.4 | 104.2 | 101.2 | 100.1 | 102.1 |
| 纺织服装、鞋、帽制造业 | 100.6 | 102.2 | 100.9 | 100.3 | 101.1 |
| 皮革、毛皮、羽毛(绒)及其制品业 | 100.7 | 100.2 | 102.7 | 101.5 | 101.5 |
| 木材加工及木、竹、藤、棕、草制品业 | 99.6 | 99.7 | 101.9 | 102.3 | 104.7 |
| 家具制造业 | 99.5 | 102.5 | 105.0 | 100.3 | 100.1 |
| 造纸及纸制品业 | 98.6 | 101.3 | 101.4 | 99.9 | 100.1 |
| 印刷业和记录媒介的复制 | 97.8 | 95.4 | 97.8 | 99.5 | 99.7 |
| 文教体育用品制造业 | 100.5 | 102.3 | 101.9 | 100.8 | 100.6 |
| 石油加工、炼焦及核燃料加工业 | 115.1 | 114.9 | 123.7 | 115.0 | 103.8 |
| 化学原料及化学制品制造业 | 100.0 | 112.8 | 106.2 | 103.6 | 104.5 |
| 医药制造业 | 99.8 | 100.0 | 98.2 | 98.9 | 102.2 |
| 化学纤维制造业 | 113.0 | 110.9 | 105.7 | 101.4 | 103.6 |
| 橡胶制品业 | 101.1 | 102.9 | 106.3 | 108.8 | 102.8 |
| 塑料制品业 | 100.1 | 104.1 | 103.4 | 101.6 | 102.4 |
| 非金属矿物制品业 | 101.3 | 106.5 | 98.7 | 101.5 | 101.5 |
| 黑色金属冶炼及压延加工业 | 118.9 | 128.8 | 97.9 | 95.0 | 110.4 |
| 有色金属冶炼及压延加工业 | 106.7 | 113.8 | 115.3 | 125.9 | 103.7 |
| 金属制品业 | 101.2 | 109.4 | 107.6 | 92.5 | 104.3 |
| 通用设备制造业 | 100.0 | 107.1 | 101.8 | 99.9 | 100.2 |
| 专用设备制造业 | 98.3 | 101.3 | 100.1 | 99.1 | 98.9 |
| 交通运输设备制造业 | 96.1 | 97.3 | 100.2 | 99.5 | 101.6 |
| 电气机械及器材制造业 | 100.8 | 105.6 | 102.5 | 106.8 | 102.4 |
| 通信设备、计算机及其他电子设备制造业 | 92.9 | 94.1 | 91.6 | 87.4 | 92.0 |
| 仪器仪表及文化、办公用机械制造业 | 102.9 | 99.5 | 100.4 | 99.4 | 101.9 |
| 工艺品及其他制造业 | 105.3 | 102.9 | 99.9 | 104.7 | 102.7 |
| 废弃资源和废旧材料回收加工 |  | 109.2 | 102.9 | 100.0 | 105.5 |
| 电力、热力的生产和供应业 | 102.1 | 103.5 | 103.5 | 101.3 | 100.4 |
| 燃气生产和供应业 | 102.5 | 103.2 | 106.8 | 111.2 | 113.7 |
| 水的生产和供应业 | 102.2 | 104.1 | 102.7 | 111.9 | 103.4 |

3-18　续表

（上年=100）

| 行　　业 | 2008年 | 2009年 | 2010年 | 2011年 |
|---|---|---|---|---|
| 煤炭开采和洗选业 | 123.4 | 102.9 | 106.4 | 117.1 |
| 黑色金属矿采选业 | 126.3 | 73.9 | 143.0 | 114.1 |
| 有色金属矿采选业 | 78.3 | 88.2 | 128.0 | 111.1 |
| 非金属矿采选业 | 108.3 | 102.1 | 105.8 | 106.7 |
| 农副食品加工业 | 109.5 | 96.7 | 106.7 | 111.3 |
| 食品制造业 | 102.6 | 100.0 | 101.7 | 104.0 |
| 饮料制造业 | 102.2 | 101.1 | 103.8 | 107.0 |
| 烟草制品业 | 99.9 | 98.6 | 98.8 | 98.4 |
| 纺织业 | 101.3 | 98.6 | 102.6 | 105.5 |
| 纺织服装、鞋、帽制造业 | 100.9 | 100.3 | 100.7 | 101.2 |
| 皮革、毛皮、羽毛(绒)及其制品业 | 102.6 | 100.1 | 100.9 | 102.1 |
| 木材加工及木、竹、藤、棕、草制品业 | 101.7 | 98.0 | 103.1 | 102.9 |
| 家具制造业 | 100.5 | 99.3 | 100.5 | 102.7 |
| 造纸及纸制品业 | 104.3 | 92.9 | 104.1 | 102.9 |
| 印刷业和记录媒介的复制 | 102.7 | 100.5 | 99.3 | 100.3 |
| 文教体育用品制造业 | 99.5 | 99.5 | 100.4 | 100.5 |
| 石油加工、炼焦及核燃料加工业 | 119.6 | 88.4 | 125.7 | 118.1 |
| 化学原料及化学制品制造业 | 109.1 | 89.0 | 111.1 | 112.0 |
| 医药制造业 | 109.0 | 96.5 | 101.5 | 102.5 |
| 化学纤维制造业 | 95.8 | 84.5 | 118.8 | 113.7 |
| 橡胶制品业 | 101.7 | 100.1 | 99.9 | 108.3 |
| 塑料制品业 | 101.7 | 93.7 | 103.0 | 103.3 |
| 非金属矿物制品业 | 101.0 | 99.5 | 102.8 | 105.9 |
| 黑色金属冶炼及压延加工业 | 124.2 | 78.2 | 111.8 | 110.2 |
| 有色金属冶炼及压延加工业 | 97.8 | 85.9 | 114.7 | 115.1 |
| 金属制品业 | 105.8 | 95.1 | 101.1 | 101.2 |
| 通用设备制造业 | 105.8 | 96.0 | 101.1 | 101.5 |
| 专用设备制造业 | 103.3 | 99.8 | 100.1 | 100.3 |
| 交通运输设备制造业 | 100.5 | 100.9 | 99.9 | 101.2 |
| 电气机械及器材制造业 | 102.1 | 98.2 | 102.4 | 101.7 |
| 通信设备、计算机及其他电子设备制造业 | 92.5 | 89.0 | 95.4 | 92.5 |
| 仪器仪表及文化、办公用机械制造业 | 100.8 | 99.9 | 99.8 | 101.1 |
| 工艺品及其他制造业 | 103.8 | 99.4 | 102.6 | 103.2 |
| 废弃资源和废旧材料回收加工 | 100.0 | 101.1 | 106.8 | 109.5 |
| 电力、热力的生产和供应业 | 101.3 | 103.4 | 100.3 | 101.5 |
| 燃气生产和供应业 | 103.0 | 92.1 | 117.8 | 113.1 |
| 水的生产和供应业 | 101.0 | 100.0 | 105.5 | 102.8 |

# 3-19 分行业工业生产者出厂价格指数(2012-2021年)

(上年=100)

| 行业 | 2012年 | 2013年 | 2014年 | 2015年 |
|---|---|---|---|---|
| 煤炭开采和洗选业 | 98.2 | 90.6 | 89.7 | 90.8 |
| 黑色金属矿采选业 | 84.4 | 101.2 | 87.1 | 80.6 |
| 有色金属矿采选业 | 94.0 | 97.2 | 94.7 | 95.4 |
| 非金属矿采选业 | 98.2 | 98.9 | 99.9 | 99.7 |
| 农副食品加工业 | 104.3 | 100.4 | 99.8 | 99.6 |
| 食品制造业 | 100.7 | 99.5 | 101.0 | 100.2 |
| 酒、饮料和精制茶制造业 | 101.2 | 100.8 | 101.2 | 100.0 |
| 烟草制品业 | 100.0 | 100.3 | 100.1 | 100.6 |
| 纺织业 | 95.4 | 98.1 | 99.0 | 97.6 |
| 纺织服装、服饰业 | 100.1 | 99.9 | 99.5 | 100.1 |
| 皮革、毛皮、羽毛及其制品和制鞋业 | 99.8 | 99.9 | 101.0 | 100.7 |
| 木材加工和木、竹、藤、棕、草制品业 | 100.7 | 100.9 | 100.5 | 99.5 |
| 家具制造业 | 100.3 | 98.8 | 99.9 | 99.6 |
| 造纸和纸制品业 | 98.1 | 97.7 | 99.0 | 99.8 |
| 印刷和记录媒介复制业 | 100.1 | 100.4 | 99.1 | 99.3 |
| 文教、工美、体育和娱乐用品制造业 | 102.9 | 99.0 | 99.4 | 100.6 |
| 石油加工、炼焦和核燃料加工业 | 99.9 | 96.1 | 95.0 | 72.3 |
| 化学原料和化学制品制造业 | 93.5 | 97.9 | 97.8 | 92.9 |
| 医药制造业 | 101.4 | 101.1 | 100.2 | 100.0 |
| 化学纤维制造业 | 93.0 | 96.1 | 95.4 | 90.7 |
| 橡胶和塑料制品业 | 100.3 | 98.3 | 97.6 | 97.4 |
| 非金属矿物制品业 | 97.7 | 98.5 | 99.5 | 97.3 |
| 黑色金属冶炼和压延加工业 | 89.9 | 93.6 | 92.9 | 85.4 |
| 有色金属冶炼和压延加工业 | 97.4 | 94.3 | 93.7 | 91.4 |
| 金属制品业 | 98.9 | 99.0 | 99.0 | 97.6 |
| 通用设备制造业 | 99.8 | 99.7 | 99.8 | 99.6 |
| 专用设备制造业 | 100.5 | 100.4 | 99.6 | 99.3 |
| 汽车制造业 | 99.5 | 100.0 | 98.8 | 99.0 |
| 铁路、船舶、航空航天和其他运输设备制造业 | 101.5 | 100.5 | 101.6 | 101.0 |
| 电气机械和器材制造业 | 99.3 | 99.2 | 98.6 | 98.0 |
| 计算机、通信和其他电子设备制造业 | 94.8 | 93.8 | 97.7 | 98.1 |
| 仪器仪表制造业 | 100.1 | 100.9 | 99.2 | 100.1 |
| 其他制造业 | 103.0 | 102.9 | 101.3 | 100.5 |
| 废弃资源综合利用业 | 95.4 | 91.4 | 95.3 | 89.7 |
| 金属制品、机械和设备修理业 | 102.8 | 100.2 | 102.9 | 101.5 |
| 电力、热力生产和供应业 | 105.5 | 100.7 | 99.4 | 98.6 |
| 燃气生产和供应业 | 106.1 | 99.8 | 101.0 | 101.7 |
| 水的生产和供应业 | 100.3 | 100.5 | 101.6 | 105.4 |

注：本表行业分类依据《国民经济行业分类》(GB/T 4754-2011)。

3-19 续表

(上年=100)

| 行 业 | 2016年 | 2017年 | 2018年 | 2019年 | 2020年 | 2021年 |
|---|---|---|---|---|---|---|
| 煤炭开采和洗选业 | 97.6 | 129.1 | 102.4 | 97.2 | 95.4 | 129.2 |
| 黑色金属矿采选业 | 96.9 | 104.4 | 99.3 | 109.9 | 104.4 | 119.9 |
| 有色金属矿采选业 | 99.8 | 124.1 | 111.1 | 93.9 | 93.7 | 117.6 |
| 非金属矿采选业 | 95.7 | 106.0 | 105.8 | 106.2 | 99.0 | 102.5 |
| 农副食品加工业 | 101.7 | 101.5 | 101.5 | 102.0 | 102.1 | 100.8 |
| 食品制造业 | 99.7 | 101.3 | 100.8 | 100.6 | 101.2 | 100.1 |
| 酒、饮料和精制茶制造业 | 100.1 | 99.6 | 100.7 | 102.7 | 101.4 | 100.6 |
| 烟草制品业 | 100.3 | 99.9 | 100.6 | 102.3 | 100.6 | 101.1 |
| 纺织业 | 98.7 | 102.2 | 103.1 | 99.9 | 94.4 | 104.7 |
| 纺织服装、服饰业 | 99.8 | 101.0 | 100.9 | 101.4 | 101.6 | 100.4 |
| 皮革、毛皮、羽毛及其制品和制鞋业 | 102.6 | 102.9 | 99.5 | 101.5 | 100.0 | 99.0 |
| 木材加工和木、竹、藤、棕、草制品业 | 100.4 | 100.9 | 101.5 | 101.0 | 99.4 | 100.1 |
| 家具制造业 | 100.8 | 101.6 | 100.5 | 101.2 | 100.3 | 97.4 |
| 造纸和纸制品业 | 99.6 | 105.3 | 105.6 | 100.0 | 98.6 | 102.4 |
| 印刷和记录媒介复制业 | 98.3 | 103.8 | 100.2 | 99.9 | 98.0 | 103.2 |
| 文教、工美、体育和娱乐用品制造业 | 102.3 | 101.2 | 99.2 | 102.8 | 103.3 | 101.9 |
| 石油加工、炼焦和核燃料加工业 | 91.8 | 114.2 | 121.7 | 103.7 | 81.4 | 127.0 |
| 化学原料和化学制品制造业 | 96.9 | 109.8 | 109.5 | 96.7 | 92.2 | 121.4 |
| 医药制造业 | 102.7 | 100.5 | 100.8 | 101.3 | 101.9 | 99.9 |
| 化学纤维制造业 | 90.2 | 104.3 | 104.7 | 96.2 | 86.3 | 112.6 |
| 橡胶和塑料制品业 | 98.3 | 102.0 | 101.8 | 100.7 | 98.4 | 101.6 |
| 非金属矿物制品业 | 98.8 | 103.4 | 105.9 | 102.3 | 101.3 | 99.7 |
| 黑色金属冶炼和压延加工业 | 101.4 | 128.9 | 107.4 | 95.9 | 96.7 | 127.4 |
| 有色金属冶炼和压延加工业 | 95.8 | 110.1 | 104.6 | 101.0 | 102.4 | 121.7 |
| 金属制品业 | 99.0 | 103.7 | 103.0 | 100.9 | 99.8 | 105.9 |
| 通用设备制造业 | 100.3 | 100.5 | 101.8 | 101.1 | 99.3 | 102.4 |
| 专用设备制造业 | 100.1 | 101.1 | 100.5 | 101.3 | 100.1 | 99.7 |
| 汽车制造业 | 98.5 | 99.9 | 100.4 | 99.9 | 100.3 | 101.9 |
| 铁路、船舶、航空航天和其他运输设备制造业 | 99.8 | 99.9 | 100.5 | 99.8 | 100.0 | 99.5 |
| 电气机械和器材制造业 | 99.9 | 101.6 | 99.5 | 100.3 | 99.0 | 102.2 |
| 计算机、通信和其他电子设备制造业 | 98.1 | 101.6 | 99.0 | 98.7 | 96.3 | 100.1 |
| 仪器仪表制造业 | 101.8 | 100.8 | 99.5 | 101.6 | 100.8 | 97.7 |
| 其他制造业 | 101.8 | 104.0 | 101.8 | 102.2 | 101.6 | 100.1 |
| 废弃资源综合利用业 | 98.1 | 113.4 | 111.3 | 103.5 | 104.6 | 115.4 |
| 金属制品、机械和设备修理业 | 103.1 | 101.7 | 100.0 | 103.1 | 102.0 | 100.8 |
| 电力、热力生产和供应业 | 98.1 | 99.3 | 99.3 | 100.0 | 99.6 | 98.5 |
| 燃气生产和供应业 | 85.5 | 93.9 | 102.8 | 106.4 | 95.9 | 94.1 |
| 水的生产和供应业 | 101.1 | 103.4 | 101.7 | 102.1 | 100.0 | 99.8 |

注：本表行业分类依据《国民经济行业分类》(GB/T 4754-2011)。
2019年起，"石油加工、炼焦和核燃料加工业"变更为"石油、煤炭及其他燃料加工业"。

# 3-20 分行业工业生产者出厂价格月环比指数(2021年)

(上月=100)

| 行　业 | 1月 | 2月 | 3月 | 4月 | 5月 | 6月 |
|---|---|---|---|---|---|---|
| 煤炭开采和洗选业 | 108.7 | 105.4 | 94.4 | 99.0 | 102.8 | 105.7 |
| 黑色金属矿采选业 | 109.3 | 104.6 | 102.2 | 100.0 | 105.7 | 102.4 |
| 有色金属矿采选业 | 101.6 | 102.7 | 103.4 | 102.3 | 100.4 | 101.6 |
| 非金属矿采选业 | 101.1 | 100.6 | 100.6 | 100.0 | 100.2 | 100.3 |
| 农副食品加工业 | 100.7 | 99.7 | 100.6 | 99.5 | 99.7 | 100.0 |
| 食品制造业 | 100.1 | 99.9 | 100.3 | 99.9 | 100.2 | 99.9 |
| 酒、饮料和精制茶制造业 | 100.5 | 100.2 | 100.1 | 100.0 | 100.0 | 100.2 |
| 烟草制品业 | 100.0 | 100.0 | 100.0 | 100.0 | 100.0 | 100.0 |
| 纺织业 | 99.8 | 101.0 | 102.1 | 101.3 | 100.3 | 99.7 |
| 纺织服装、服饰业 | 100.2 | 100.1 | 100.2 | 100.1 | 99.4 | 99.4 |
| 皮革、毛皮、羽毛及其制品和制鞋业 | 100.1 | 99.5 | 99.9 | 100.2 | 100.2 | 99.5 |
| 木材加工和木、竹、藤、棕、草制品业 | 101.2 | 100.7 | 99.7 | 99.8 | 99.5 | 99.5 |
| 家具制造业 | 98.0 | 99.7 | 100.0 | 100.5 | 100.2 | 98.8 |
| 造纸和纸制品业 | 100.3 | 100.6 | 101.8 | 99.7 | 100.5 | 100.5 |
| 印刷和记录媒介复制业 | 100.8 | 100.4 | 100.0 | 100.4 | 102.4 | 99.5 |
| 文教、工美、体育和娱乐用品制造业 | 100.2 | 99.9 | 100.2 | 100.7 | 100.3 | 99.5 |
| 石油、煤炭及其他燃料加工业 | 108.3 | 105.0 | 107.1 | 100.8 | 100.8 | 103.3 |
| 化学原料和化学制品制造业 | 102.5 | 103.0 | 106.4 | 103.3 | 101.3 | 100.3 |
| 医药制造业 | 99.7 | 100.4 | 99.9 | 100.0 | 99.5 | 100.1 |
| 化学纤维制造业 | 103.0 | 102.2 | 105.3 | 99.3 | 99.5 | 100.1 |
| 橡胶和塑料制品业 | 100.6 | 99.2 | 100.9 | 100.8 | 99.9 | 100.0 |
| 非金属矿物制品业 | 99.3 | 99.2 | 100.0 | 101.1 | 101.7 | 99.5 |
| 黑色金属冶炼和压延加工业 | 105.2 | 99.4 | 105.6 | 105.7 | 104.4 | 98.1 |
| 有色金属冶炼和压延加工业 | 101.0 | 104.6 | 101.3 | 101.9 | 101.6 | 100.3 |
| 金属制品业 | 100.1 | 100.6 | 101.1 | 101.8 | 101.8 | 100.5 |
| 通用设备制造业 | 100.7 | 99.5 | 100.4 | 101.1 | 100.7 | 100.3 |
| 专用设备制造业 | 100.0 | 100.5 | 99.8 | 100.2 | 100.2 | 100.0 |
| 汽车制造业 | 100.0 | 99.7 | 101.9 | 100.1 | 98.6 | 100.1 |
| 铁路、船舶、航空航天和其他运输设备制造业 | 99.9 | 99.4 | 100.1 | 99.9 | 100.3 | 99.9 |
| 电气机械和器材制造业 | 100.0 | 100.0 | 101.4 | 99.5 | 100.4 | 100.4 |
| 计算机、通信和其他电子设备制造业 | 99.9 | 99.5 | 100.1 | 100.4 | 100.6 | 101.8 |
| 仪器仪表制造业 | 100.2 | 100.2 | 100.2 | 98.2 | 99.0 | 100.4 |
| 其他制造业 | 99.6 | 99.3 | 100.3 | 100.5 | 99.6 | 100.9 |
| 废弃资源综合利用业 | 105.4 | 100.3 | 102.1 | 102.5 | 111.0 | 98.7 |
| 金属制品、机械和设备修理业 | 99.7 | 101.3 | 99.4 | 99.7 | 101.6 | 100.1 |
| 电力、热力生产和供应业 | 98.6 | 100.1 | 100.9 | 98.9 | 99.8 | 100.0 |
| 燃气生产和供应业 | 102.3 | 99.8 | 98.6 | 92.0 | 100.0 | 100.4 |
| 水的生产和供应业 | 100.0 | 100.0 | 100.0 | 100.0 | 100.0 | 100.0 |

注：本表依据《国民经济行业分类》(GB/T 4754-2011)标准。

3-20 续表

(上月=100)

| 行业 | 7月 | 8月 | 9月 | 10月 | 11月 | 12月 |
|---|---|---|---|---|---|---|
| 煤炭开采和洗选业 | 103.6 | 102.2 | 108.1 | 112.4 | 106.0 | 96.7 |
| 黑色金属矿采选业 | 104.8 | 97.2 | 87.8 | 92.1 | 96.6 | 96.1 |
| 有色金属矿采选业 | 99.3 | 100.0 | 102.4 | 101.4 | 102.9 | 100.4 |
| 非金属矿采选业 | 99.9 | 99.1 | 100.5 | 102.2 | 102.7 | 101.6 |
| 农副食品加工业 | 100.2 | 99.8 | 100.3 | 100.1 | 100.4 | 99.6 |
| 食品制造业 | 100.4 | 100.1 | 100.6 | 100.4 | 100.2 | 99.9 |
| 酒、饮料和精制茶制造业 | 100.3 | 99.7 | 100.0 | 99.3 | 100.0 | 100.4 |
| 烟草制品业 | 101.2 | 100.0 | 100.0 | 100.0 | 103.1 | 100.0 |
| 纺织业 | 100.4 | 102.2 | 99.7 | 101.2 | 100.8 | 100.0 |
| 纺织服装、服饰业 | 99.7 | 100.0 | 100.5 | 100.3 | 100.0 | 99.4 |
| 皮革、毛皮、羽毛及其制品和制鞋业 | 100.4 | 100.2 | 100.2 | 100.1 | 100.1 | 100.0 |
| 木材加工和木、竹、藤、棕、草制品业 | 100.2 | 100.1 | 100.0 | 100.3 | 100.7 | 99.9 |
| 家具制造业 | 101.6 | 100.0 | 100.5 | 100.1 | 100.4 | 100.5 |
| 造纸和纸制品业 | 100.0 | 99.9 | 99.7 | 100.0 | 100.5 | 99.8 |
| 印刷和记录媒介复制业 | 101.3 | 100.5 | 100.4 | 100.1 | 98.3 | 99.7 |
| 文教、工美、体育和娱乐用品制造业 | 100.5 | 100.1 | 99.7 | 100.2 | 100.1 | 100.0 |
| 石油、煤炭及其他燃料加工业 | 104.8 | 100.8 | 98.8 | 104.1 | 108.2 | 97.2 |
| 化学原料和化学制品制造业 | 101.3 | 100.5 | 100.8 | 103.7 | 103.0 | 97.8 |
| 医药制造业 | 100.1 | 100.3 | 100.0 | 99.8 | 100.4 | 100.7 |
| 化学纤维制造业 | 101.0 | 100.3 | 98.8 | 102.1 | 99.2 | 98.4 |
| 橡胶和塑料制品业 | 100.4 | 100.1 | 100.5 | 100.9 | 100.8 | 99.8 |
| 非金属矿物制品业 | 99.0 | 99.3 | 101.4 | 103.3 | 100.2 | 98.8 |
| 黑色金属冶炼和压延加工业 | 100.3 | 103.4 | 105.0 | 104.3 | 96.3 | 93.1 |
| 有色金属冶炼和压延加工业 | 99.2 | 100.5 | 102.6 | 102.1 | 103.0 | 101.0 |
| 金属制品业 | 100.9 | 101.5 | 100.7 | 100.9 | 99.9 | 99.9 |
| 通用设备制造业 | 102.4 | 100.4 | 99.9 | 100.4 | 101.3 | 99.8 |
| 专用设备制造业 | 99.8 | 99.8 | 99.7 | 99.7 | 100.0 | 100.0 |
| 汽车制造业 | 101.5 | 101.0 | 100.4 | 100.6 | 100.2 | 100.6 |
| 铁路、船舶、航空航天和其他运输设备制造业 | 100.1 | 100.1 | 100.0 | 99.9 | 99.9 | 99.6 |
| 电气机械和器材制造业 | 101.2 | 101.2 | 100.0 | 100.2 | 100.1 | 100.1 |
| 计算机、通信和其他电子设备制造业 | 101.3 | 100.1 | 99.5 | 100.1 | 98.8 | 98.9 |
| 仪器仪表制造业 | 100.2 | 100.2 | 100.0 | 100.2 | 100.0 | 99.8 |
| 其他制造业 | 100.6 | 99.8 | 100.1 | 99.9 | 99.8 | 100.4 |
| 废弃资源综合利用业 | 98.6 | 98.3 | 100.8 | 101.9 | 91.6 | 103.1 |
| 金属制品、机械和设备修理业 | 100.2 | 100.3 | 99.7 | 99.8 | 99.1 | 100.4 |
| 电力、热力生产和供应业 | 100.0 | 100.0 | 100.2 | 100.1 | 100.1 | 101.8 |
| 燃气生产和供应业 | 100.5 | 101.9 | 102.1 | 102.9 | 103.5 | 100.2 |
| 水的生产和供应业 | 100.0 | 100.0 | 100.0 | 100.0 | 95.8 | 100.0 |

# 3-21 分行业工业生产者出厂价格月同比指数(2021年)

(上年同月=100)

| 行业 | 1月 | 2月 | 3月 | 4月 | 5月 | 6月 |
|---|---|---|---|---|---|---|
| 煤炭开采和洗选业 | 109.3 | 115.3 | 107.9 | 107.8 | 111.9 | 121.1 |
| 黑色金属矿采选业 | 116.9 | 122.5 | 124.7 | 124.4 | 131.5 | 133.3 |
| 有色金属矿采选业 | 109.7 | 112.6 | 117.6 | 124.0 | 122.7 | 123.1 |
| 非金属矿采选业 | 99.2 | 99.1 | 98.6 | 98.7 | 101.1 | 103.5 |
| 农副食品加工业 | 100.6 | 100.2 | 100.7 | 100.0 | 100.2 | 100.2 |
| 食品制造业 | 100.1 | 99.9 | 99.3 | 98.6 | 99.2 | 99.4 |
| 酒、饮料和精制茶制造业 | 100.8 | 101.0 | 100.4 | 100.6 | 100.5 | 100.8 |
| 烟草制品业 | 100.0 | 100.0 | 100.0 | 100.0 | 100.0 | 100.0 |
| 纺织业 | 96.8 | 97.9 | 100.1 | 103.3 | 104.7 | 105.0 |
| 纺织服装、服饰业 | 101.1 | 101.3 | 101.4 | 101.4 | 100.7 | 100.5 |
| 皮革、毛皮、羽毛及其制品和制鞋业 | 98.9 | 98.7 | 98.4 | 98.3 | 98.4 | 98.0 |
| 木材加工和木、竹、藤、棕、草制品业 | 99.7 | 100.3 | 99.8 | 99.9 | 98.8 | 98.2 |
| 家具制造业 | 96.8 | 96.7 | 96.8 | 96.7 | 96.8 | 95.4 |
| 造纸和纸制品业 | 99.2 | 99.6 | 100.6 | 101.4 | 103.6 | 104.1 |
| 印刷和记录媒介复制业 | 100.3 | 100.7 | 100.7 | 101.1 | 103.6 | 103.2 |
| 文教、工美、体育和娱乐用品制造业 | 103.2 | 103.1 | 103.0 | 102.7 | 102.5 | 100.8 |
| 石油、煤炭及其他燃料加工业 | 79.7 | 88.4 | 109.1 | 128.4 | 145.2 | 147.4 |
| 化学原料和化学制品制造业 | 97.4 | 102.5 | 113.8 | 122.6 | 126.7 | 124.3 |
| 医药制造业 | 101.2 | 100.6 | 100.3 | 100.2 | 99.6 | 99.6 |
| 化学纤维制造业 | 99.7 | 102.2 | 109.2 | 113.1 | 116.2 | 114.7 |
| 橡胶和塑料制品业 | 98.9 | 98.1 | 99.6 | 101.0 | 101.5 | 101.6 |
| 非金属矿物制品业 | 94.9 | 94.8 | 95.6 | 97.9 | 100.8 | 100.5 |
| 黑色金属冶炼和压延加工业 | 109.8 | 110.8 | 118.4 | 130.4 | 137.7 | 128.6 |
| 有色金属冶炼和压延加工业 | 111.8 | 119.2 | 126.7 | 130.5 | 128.5 | 124.9 |
| 金属制品业 | 99.6 | 100.5 | 101.5 | 103.6 | 105.5 | 105.8 |
| 通用设备制造业 | 99.4 | 98.6 | 98.9 | 100.3 | 100.7 | 100.9 |
| 专用设备制造业 | 99.3 | 99.9 | 99.6 | 99.5 | 100.0 | 100.0 |
| 汽车制造业 | 99.4 | 99.2 | 101.4 | 101.7 | 100.2 | 100.1 |
| 铁路、船舶、航空航天和其他运输设备制造业 | 100.4 | 99.8 | 99.4 | 99.3 | 99.6 | 99.3 |
| 电气机械和器材制造业 | 99.7 | 99.9 | 101.3 | 100.3 | 100.5 | 101.2 |
| 计算机、通信和其他电子设备制造业 | 97.6 | 97.6 | 97.0 | 97.3 | 98.2 | 100.4 |
| 仪器仪表制造业 | 99.3 | 99.5 | 99.5 | 97.3 | 96.2 | 96.2 |
| 其他制造业 | 100.1 | 99.0 | 99.2 | 99.6 | 98.7 | 100.3 |
| 废弃资源综合利用业 | 101.8 | 101.9 | 105.4 | 111.4 | 126.6 | 125.6 |
| 金属制品、机械和设备修理业 | 100.2 | 102.0 | 100.7 | 99.1 | 100.8 | 100.6 |
| 电力、热力生产和供应业 | 98.2 | 98.3 | 99.2 | 98.1 | 98.0 | 98.0 |
| 燃气生产和供应业 | 93.8 | 93.5 | 95.0 | 88.8 | 89.3 | 89.9 |
| 水的生产和供应业 | 101.3 | 100.9 | 101.3 | 101.3 | 100.2 | 100.2 |

注：本表依据《国民经济行业分类》(GB/T 4754-2011)标准。

3-21 续表

（上年同月=100）

| 行　　业 | 7月 | 8月 | 9月 | 10月 | 11月 | 12月 |
| --- | --- | --- | --- | --- | --- | --- |
| 煤炭开采和洗选业 | 127.1 | 131.7 | 142.4 | 160.5 | 166.1 | 153.5 |
| 黑色金属矿采选业 | 138.6 | 132.1 | 113.8 | 105.1 | 102.0 | 96.7 |
| 有色金属矿采选业 | 119.9 | 114.0 | 112.7 | 116.9 | 119.4 | 119.7 |
| 非金属矿采选业 | 102.8 | 102.1 | 102.9 | 105.1 | 107.9 | 109.1 |
| 农副食品加工业 | 101.5 | 101.5 | 101.5 | 101.7 | 101.4 | 100.6 |
| 食品制造业 | 100.1 | 99.9 | 100.7 | 101.2 | 101.6 | 101.8 |
| 酒、饮料和精制茶制造业 | 101.1 | 100.8 | 100.6 | 100.0 | 100.2 | 100.7 |
| 烟草制品业 | 101.2 | 101.2 | 101.2 | 101.2 | 104.3 | 104.3 |
| 纺织业 | 105.5 | 108.4 | 108.6 | 109.7 | 108.8 | 108.7 |
| 纺织服装、服饰业 | 99.8 | 99.3 | 99.8 | 100.1 | 100.0 | 99.5 |
| 皮革、毛皮、羽毛及其制品和制鞋业 | 98.4 | 98.9 | 99.5 | 99.8 | 100.1 | 100.5 |
| 木材加工和木、竹、藤、棕、草制品业 | 99.7 | 100.2 | 100.5 | 101.0 | 101.7 | 101.5 |
| 家具制造业 | 96.7 | 96.8 | 98.4 | 98.6 | 99.2 | 100.1 |
| 造纸和纸制品业 | 103.1 | 103.7 | 103.2 | 103.3 | 103.6 | 103.2 |
| 印刷和记录媒介复制业 | 104.6 | 105.2 | 105.6 | 105.8 | 104.3 | 103.9 |
| 文教、工美、体育和娱乐用品制造业 | 102.1 | 101.9 | 100.9 | 100.6 | 100.9 | 101.4 |
| 石油、煤炭及其他燃料加工业 | 139.5 | 136.8 | 136.2 | 148.0 | 159.3 | 145.9 |
| 化学原料和化学制品制造业 | 126.0 | 127.3 | 128.4 | 131.4 | 134.1 | 126.3 |
| 医药制造业 | 99.3 | 99.3 | 99.3 | 99.3 | 99.8 | 100.7 |
| 化学纤维制造业 | 115.3 | 118.4 | 118.6 | 121.1 | 116.6 | 109.2 |
| 橡胶和塑料制品业 | 101.7 | 102.0 | 103.1 | 103.8 | 104.4 | 103.8 |
| 非金属矿物制品业 | 100.3 | 99.9 | 101.1 | 104.0 | 104.1 | 102.6 |
| 黑色金属冶炼和压延加工业 | 128.6 | 131.3 | 135.6 | 142.6 | 134.4 | 121.7 |
| 有色金属冶炼和压延加工业 | 118.5 | 115.3 | 118.7 | 122.2 | 125.0 | 120.6 |
| 金属制品业 | 106.6 | 107.9 | 109.0 | 110.2 | 110.2 | 110.2 |
| 通用设备制造业 | 103.6 | 104.1 | 104.2 | 104.8 | 106.7 | 106.8 |
| 专用设备制造业 | 99.9 | 99.9 | 99.8 | 99.4 | 99.7 | 99.8 |
| 汽车制造业 | 101.4 | 102.8 | 103.5 | 104.0 | 104.0 | 104.8 |
| 铁路、船舶、航空航天和其他运输设备制造业 | 99.6 | 99.5 | 99.5 | 99.3 | 99.4 | 99.0 |
| 电气机械和器材制造业 | 102.3 | 103.7 | 104.1 | 104.6 | 104.8 | 104.6 |
| 计算机、通信和其他电子设备制造业 | 102.0 | 102.6 | 102.9 | 102.6 | 101.7 | 101.0 |
| 仪器仪表制造业 | 96.0 | 96.9 | 97.0 | 97.4 | 98.2 | 98.7 |
| 其他制造业 | 101.2 | 101.3 | 101.0 | 100.5 | 99.9 | 100.8 |
| 废弃资源综合利用业 | 123.8 | 121.1 | 121.1 | 122.6 | 112.6 | 113.9 |
| 金属制品、机械和设备修理业 | 100.4 | 101.1 | 101.1 | 101.1 | 100.7 | 101.5 |
| 电力、热力生产和供应业 | 98.0 | 98.1 | 98.3 | 98.4 | 98.7 | 100.5 |
| 燃气生产和供应业 | 90.5 | 92.2 | 94.1 | 96.8 | 102.4 | 103.6 |
| 水的生产和供应业 | 100.2 | 100.0 | 100.0 | 100.0 | 95.8 | 95.8 |

# 3-22 农产品生产者价格总指数(1979-2021年)

| 年 份 | 农产品生产者价格指数(上年=100) | 农产品生产者价格指数(1978年=100) |
|---|---|---|
| 1979 | 127.6 | 127.6 |
| 1980 | 105.4 | 134.5 |
| 1981 | 107.4 | 144.4 |
| 1982 | 105.7 | 152.7 |
| 1983 | 104.2 | 159.1 |
| 1984 | 104.4 | 166.1 |
| 1985 | 116.4 | 193.3 |
| 1986 | 107.5 | 207.8 |
| 1987 | 114.0 | 236.9 |
| 1988 | 132.3 | 313.4 |
| 1989 | 116.7 | 365.8 |
| 1990 | 93.8 | 343.1 |
| 1991 | 99.5 | 341.4 |
| 1992 | 104.3 | 356.1 |
| 1993 | 113.4 | 403.8 |
| 1994 | 128.1 | 517.3 |
| 1995 | 124.8 | 645.5 |
| 1996 | 102.6 | 662.3 |
| 1997 | 93.4 | 618.6 |
| 1998 | 93.1 | 575.9 |
| 1999 | 89.4 | 514.9 |
| 2000 | 94.8 | 488.1 |
| 2001 | 95.9 | 468.1 |
| 2002 | 98.8 | 462.5 |
| 2003 | 101.7 | 470.3 |
| 2004 | 106.8 | 502.3 |
| 2005 | 103.9 | 521.9 |
| 2006 | 102.7 | 536.0 |
| 2007 | 112.6 | 603.5 |
| 2008 | 110.7 | 668.1 |
| 2009 | 98.0 | 654.7 |
| 2010 | 111.5 | 730.0 |
| 2011 | 113.3 | 827.1 |
| 2012 | 102.7 | 849.4 |
| 2013 | 103.0 | 874.9 |
| 2014 | 100.3 | 877.5 |
| 2015 | 101.2 | 888.0 |
| 2016 | 108.3 | 961.7 |
| 2017 | 98.9 | 951.1 |
| 2018 | 102.6 | 975.7 |
| 2019 | 106.9 | 1043.0 |
| 2020 | 102.3 | 1067.0 |
| 2021 | 104.5 | 1115.0 |

# 3-23 主要年份农产品生产者价格分类指数

(上年=100)

| 项　目 | 2005年 | 2010年 | 2015年 | 2017年 | 2018年 | 2020年 | 2021年 |
|---|---|---|---|---|---|---|---|
| **总指数** | **103.9** | **111.5** | **101.2** | **98.9** | **102.6** | **102.3** | **104.5** |
| **种植业产品** | **105.1** | **115.3** | **100.8** | **95.9** | **102.6** | **100.1** | **101.9** |
| 谷物 | 97.6 | 107.6 | 106.3 | 102.1 | 97.9 | 102.3 | 95.6 |
| 早籼稻 | 95.3 | 103.3 | 103.4 | 102.2 | 99.8 | 102.3 | 100.0 |
| 晚籼稻 | 96.7 | 111.2 | 102.8 | 107.5 | 95.1 | 108.9 | 103.8 |
| 薯类 | 106.9 | 121.9 | 103.0 | 86.1 | 98.5 | 113.9 | 104.1 |
| 豆类 | 97.0 | 125.1 | | | | | |
| 大豆 | 93.4 | 127.9 | | | | | |
| 油料 | 106.3 | 115.8 | 101.5 | 101.4 | 93.9 | 102.4 | 105.2 |
| 烤烟叶 | 101.7 | 98.5 | 103.0 | 94.6 | 100.1 | 97.3 | 107.7 |
| 蔬菜 | 107.6 | 117.4 | 105.3 | 86.5 | 105.0 | 101.4 | 104.8 |
| 食用菌(干鲜混合) | 103.0 | 115.7 | 96.9 | 105.3 | 101.0 | 93.7 | 95.3 |
| 水果 | 108.8 | 115.2 | 94.8 | 95.5 | 104.3 | 92.8 | 100.1 |
| 茶叶 | 101.3 | 111.5 | 96.8 | 106.9 | 99.2 | 99.2 | 104.7 |
| **林业产品** | **104.0** | **107.6** | **93.3** | **100.1** | **110.8** | **89.1** | **115.2** |
| 原木 | 104.7 | 104.3 | 98.6 | 98.3 | 101.7 | 88.2 | 99.6 |
| 竹材 | 104.1 | 108.0 | 87.8 | 93.2 | 100.4 | 95.4 | 105.9 |
| **牧业(畜产品)** | **100.9** | **101.2** | **108.0** | **94.7** | **95.7** | **119.7** | **85.7** |
| 活猪(毛重) | 97.4 | 97.9 | 111.2 | 91.8 | 89.3 | 151.9 | 62.9 |
| 家禽(毛重) | 104.2 | 107.0 | 103.3 | 99.5 | 105.8 | 97 | 103.4 |
| **渔业** | **103.7** | **113.7** | **100.5** | **105.5** | **103.9** | **95.8** | **116.4** |
| 海水养殖产品 | | | 100.1 | 107.9 | 104.0 | 94.2 | 116.1 |
| 海水捕捞产品 | | | 100.9 | 99.9 | 99.3 | 105 | 107.6 |
| 淡水养殖产品 | | | 97.4 | 102.1 | 107.0 | 91.1 | 129.0 |

# 3-24 主要农产品生产者价格指数(2021年)

(上年同期=100)

| 项 目 | 2021年 | 项 目 | 2021年 |
|---|---|---|---|
| **合 计** | **104.5** | 南瓜 | 105.9 |
| **种植业产品** | **101.9** | 丝瓜 | 114.2 |
| 谷物 | 101.5 | 豆类蔬菜 | 101.7 |
| 稻谷 | 101.5 | 扁豆 | |
| 早籼稻 | 100.0 | 豇豆 | 100.6 |
| 晚籼稻 | 103.8 | 豌豆 | |
| 薯类 | 95.8 | 四季豆 | 102.5 |
| 马铃薯 | 93.5 | 毛豆 | |
| 油料 | 105.2 | 茄果类蔬菜 | 105.7 |
| 花生 | 105.2 | 茄子 | 108.9 |
| 豆类 | | 青椒 | 104.4 |
| 大豆 | | 辣椒 | |
| 未加工烟草 | 107.7 | 西红柿 | 105.7 |
| 未去梗烤烟叶 | 107.7 | 葱蒜类蔬菜 | 100.5 |
| 蔬菜及食用菌 | 101.7 | 洋葱 | |
| 蔬菜 | 104.8 | 大葱 | |
| 叶菜类蔬菜 | 107.0 | 细香葱 | 110.9 |
| 芹菜 | 112.8 | 大蒜 | |
| 油菜 | 99.9 | 蒜苗 | 89.5 |
| 菠菜 | 105.0 | 蒜苔 | |
| 苋菜 | | 蒜头 | |
| 空心菜 | 110.4 | 韭菜 | 107.4 |
| 香菜 | | 水生蔬菜 | |
| 小白菜 | | 莲藕 | |
| 白菜类蔬菜 | 95.2 | 茭白 | |
| 大白菜 | 95.2 | 食用菌 | 95.3 |
| 普通白菜 | | 平菇 | 94.6 |
| 芥菜类蔬菜 | 102.6 | 双孢蘑菇 | 100.1 |
| 叶用芥菜 | 102.6 | 香菇 | 87.0 |
| 茎用芥菜 | | 黑木耳 | 86.9 |
| 根用芥菜 | | 水果及坚果 | 100.1 |
| 甘蓝类蔬菜 | 138.1 | 水果(园林水果) | 100.1 |
| 结球甘蓝 | 114.7 | 柑橘类水果 | 95.7 |
| 菜花 | | 柑橘 | 101.7 |
| 花椰菜 | 150.5 | 橙 | 101.6 |
| 芥蓝 | | 柚类 | 92.7 |
| 根茎类蔬菜 | 98.8 | 葡萄 | 86.6 |
| 白萝卜 | 116.7 | 巨峰葡萄 | 86.6 |
| 红萝卜 | | 热带水果 | 106.1 |
| 胡萝卜 | 108.1 | 香蕉 | 106.7 |
| 生姜 | 73.0 | 龙眼 | 116.0 |
| 芋头 | 96.9 | 荔枝 | 130.2 |
| 瓜菜类蔬菜 | 103.1 | 枇杷 | 92.3 |
| 黄瓜 | 98.0 | 橄榄 | |
| 冬瓜 | 101.9 | 瓜类水果 | 99.8 |
| 西葫芦 | | 西瓜 | 99.8 |
| 苦瓜 | | 香瓜 | |

3-24 续表

(上年同期=100)

| 项目 | 2021年 | 项目 | 2021年 |
|---|---|---|---|
| 其他水果 | 101.0 | 海水养殖青蟹 | 114.1 |
| 柿子 | 78.5 | 海水养殖贝类 | 108.2 |
| 桃 | 113.2 | 海水养殖牡蛎 | 108.4 |
| 李子 | | 海水养殖鲍 | 111.6 |
| 杨梅 | | 海水养殖螺 | |
| 茶及饮料原料 | 104.7 | 海水养殖蚶 | |
| 茶叶 | 104.7 | 海水养殖蛤 | 101.1 |
| 红茶 | 113.3 | 海水养殖蛏 | 104.4 |
| 绿茶 | 103.5 | 海水养殖藻类 | 133.3 |
| 白茶 | 113.8 | 海水养殖海带 | 146.3 |
| 清茶 | 102.5 | 海水养殖紫菜 | 110.4 |
| 铁观音 | 102.2 | 海水捕捞产品 | 107.6 |
| 乌龙茶 | 102.9 | 海水捕捞鲜鱼 | 106.6 |
| **林业产品** | **115.2** | 大黄鱼 | |
| 木材采伐产品 | 99.3 | 小黄鱼 | 104.4 |
| 原木 | 99.6 | 带鱼 | 105.7 |
| 马尾松原木 | | 鳓鱼 | |
| 杉木原条 | 99.6 | 海鳗 | 112.5 |
| 竹材采伐产品 | 105.9 | 鳀鱼 | 100.0 |
| 毛竹 | 105.9 | 鲳鱼 | 102.0 |
| 林产品 | 130.0 | 石斑鱼 | |
| 竹笋干 | 130.0 | 鲅鱼 | 113.7 |
| **畜牧业产品** | | 海水捕捞虾 | 105.7 |
| 活牲畜 | 62.9 | 斑节对虾 | |
| 猪 | 62.9 | 中国对虾 | |
| 活家禽 | 103.4 | 虾蛄 | 112.0 |
| 活鸡 | 102.9 | 鹰爪虾 | 97.5 |
| 活鸭 | 105.1 | 海水捕捞蟹 | 99.5 |
| 畜禽产品 | 108.2 | 梭子蟹 | 99.5 |
| 禽蛋 | 108.2 | 青蟹 | |
| 鸡蛋 | 103.8 | 海水捕捞软体水生动物 | 115.9 |
| 鸭蛋 | 115.9 | 墨鱼 | 125.5 |
| **渔业产品** | **116.4** | 鱿鱼 | 109.9 |
| 海水养殖产品 | 116.1 | 淡水养殖产品 | 129.0 |
| 海水养殖鱼 | 130.7 | 养殖淡水鱼 | 130.9 |
| 海水养殖鲈鱼 | 93.4 | 养殖淡水鳗鲡 | 116.1 |
| 海水养殖石斑鱼 | 151.6 | 养殖淡水鲤鱼 | 116.6 |
| 海水养殖美国红鱼 | | 养殖淡水草鱼 | 136.1 |
| 海水养殖大黄鱼 | 105.0 | 养殖淡水鳙鱼(胖头鱼) | 132.0 |
| 海水养殖鲷鱼 | | 养殖淡水罗非鱼 | 188.4 |
| 海水养殖虾 | 104.0 | 养殖淡水鲢鱼 | 108.8 |
| 海水养殖中国对虾 | | 养殖淡水鲫鱼 | 116.2 |
| 海水养殖南美白对虾 | 103.4 | 养殖淡水鲶鱼 | |
| 海水养殖斑节对虾 | 105.6 | 淡水养殖虾 | 116.8 |
| 海水养殖日本对虾 | | 淡水养殖南美白对虾 | 116.8 |
| 海水养殖蟹 | 111.9 | 淡水养殖贝类 | |
| 海水养殖梭子蟹 | 110.7 | 淡水养殖河蚌 | |

# 主要指标解释

**居民消费价格指数** 指反映一定时期内城乡居民所购买的生活消费品价格和服务项目价格变动趋势和程度的相对数，是对城市居民消费价格指数和农村居民消费价格指数进行综合汇总计算的结果。利用居民消费价格指数，可以观察和分析消费品的零售价格和服务价格变动对城乡居民实际生活费支出的影响程度。

**城市居民消费价格指数** 指反映城市居民家庭所购买的生活消费品价格和服务项目价格变动趋势和程度的相对数。城市居民消费价格指数可以观察和分析消费品的零售价格和服务项目价格变动对职工货币工资的影响，作为研究职工生活和确定工资政策的依据。

**农村居民消费价格指数** 指反映农村居民家庭所购买的生活消费品价格和服务项目价格变动趋势和程度的相对数。农村居民消费价格指数可以观察农村消费品的零售价格和服务项目价格变动对农村居民生活消费支出的影响，直接反映农民生活水平的实际变化情况，为分析和研究农村居民生活问题提供依据。

**商品零售价格指数** 指反映城乡商品零售价格变动趋势的一种经济指数。零售物价的调整变动直接影响到城乡居民的生活支出和国家的财政收入，影响居民购买力和市场供需平衡，影响消费与积累的比例。因此，计算零售价格指数，可以从一个侧面对上述经济活动进行观察和分析。

**工业生产者出厂价格指数** 是反映一定时期内全部工业产品出厂价格总水平的变动趋势和程度的相对数，包括工业企业售给本企业以外所有单位的各种产品和直接售给居民用于生活消费的产品。该指数从生产角度反映工业品价格变动，通过它可以观察轻工业与重工业、生产资料与生活资料及各部门、各工业行业产品价格的变动趋势和变动幅度，消除价格变动因素，真实反映工业产品实际价值量。

**工业生产者购进价格指数** 是反映一定时期内工业企业所购进的原材料和能源价格变动幅度的相对数。它反映了企业成本的变动，往往预示了工业生产者出厂价格乃至消费价格水平的变动趋势。通过它可以观察工业企业购进九大类原材料和能源价格变动趋势和变动幅度及其对生产成本、效益的影响程度。

**房地产价格指数** 是反映一定时期内房地产价格变动趋势和程度的相对数，包括住宅销售价格指数、住宅租赁价格指数、土地交易价格指数和物业管理价格指数。通过他们可以观察土地交易、住宅销售、住宅租赁、物业管理等方面价格的变动趋势和变动幅度，消除按现价计算的房地产投资中的价格变动因素，反映房地产投资的真实规模、速度和结构。

**农产品生产者价格指数** 是反映一定时期内，农产品生产者出售农产品价格水平变动趋势及幅度的相对数。该指数可以客观反映全国农产品生产价格水平和结构变动情况，满足农业与国民经济核算需要。其中某代表品生产价格指数是通过对全部有出售该产品行为的调查单位的个体指数进行几何平均求得的，类价格指数是通过对其所属的类（或代表品）的价格指数进行加权平均求得的。季度累计价格指数的计算方法与分季指数的计算方法相同。

# 四 农村调查

资料整理：唐洪明　郑骁喆　郭宏杨　林　丹　陈　汇

# 简要说明

**一、本篇资料的主要内容及统计范围**

本篇资料反映粮食和畜禽生产的基本情况。内容主要包括全省分季分品种、各市县粮食播种面积和产量、主要畜禽生产情况。

农业统计调查范围包括全部农业生产经营户，各市、县（区）所属的各种经济组织类型、各个系统的全部农业生产单位和非农行业单位附属的农业生产活动单位，以及所经营的农作物种植地块、养殖场、牧场等。军委系统的农业生产（除军马外）也应包括在内，但不包括农业科学试验机构进行的农业生产。

1. 粮食：包括稻谷、甘薯、马铃薯、大豆及其他粮食。

2. 畜禽：主要包括猪、牛、羊、禽等。

**二、本篇的资料来源及统计调查方法**

1. 粮食生产、畜牧业分别由国家统计局福建调查总队农业调查处、农村调查处根据《农林牧渔业统计报表制度》中农产量、畜牧业统计调查的有关资料整理提供。

2.《农林牧渔业统计报表制度》中的稻谷、生猪、家禽等粮食、畜禽主要品种实行以省为总体的抽样调查，并对县级稻谷实行以县为总体的抽样调查，其他粮食、畜禽小品种数据来自农业全面统计报表。

# 4-1 粮食播种面积与产量(1978-2021年)

单位：万亩(千公顷)、万吨

| 年 份 | 粮食播种面积 | | 粮食产量 | 稻谷播种面积 | | 稻谷产量 | 甘薯产量 | 马铃薯产量 |
|---|---|---|---|---|---|---|---|---|
| | 万亩 | 千公顷 | | 万亩 | 千公顷 | | | |
| 1978 | 3319.70 | 2213.13 | 744.90 | 2533.70 | 1689.13 | 618.69 | 83.19 | |
| 1979 | 3224.31 | 2149.54 | 782.50 | 2505.20 | 1670.13 | 648.50 | 81.69 | |
| 1980 | 3263.33 | 2175.55 | 801.90 | 2510.80 | 1673.87 | 669.25 | 81.97 | |
| 1981 | 3206.27 | 2137.51 | 809.83 | 2476.16 | 1650.77 | 680.80 | 93.73 | |
| 1982 | 3125.31 | 2083.54 | 848.29 | 2419.78 | 1613.19 | 715.80 | 91.70 | |
| 1983 | 3013.49 | 2008.99 | 857.78 | 2426.98 | 1617.99 | 755.88 | 79.70 | |
| 1984 | 3025.56 | 2017.04 | 850.26 | 2380.77 | 1587.18 | 730.95 | 83.45 | |
| 1985 | 2832.74 | 1888.49 | 794.40 | 2215.83 | 1477.22 | 681.10 | 80.51 | |
| 1986 | 2846.58 | 1897.72 | 751.49 | 2226.92 | 1484.61 | 654.95 | 66.11 | |
| 1987 | 2942.30 | 1961.53 | 839.26 | 2240.54 | 1493.69 | 715.80 | 82.39 | |
| 1988 | 2942.93 | 1961.95 | 837.43 | 2224.88 | 1483.25 | 687.74 | 78.45 | |
| 1989 | 3068.01 | 2045.34 | 884.57 | 2263.83 | 1509.22 | 744.36 | 86.75 | 6.67 |
| 1990 | 3120.86 | 2080.57 | 879.64 | 2268.45 | 1512.30 | 731.24 | 88.46 | 10.06 |
| 1991 | 3130.85 | 2087.23 | 889.65 | 2238.76 | 1492.51 | 725.66 | 99.47 | 11.44 |
| 1992 | 3127.58 | 2085.05 | 897.08 | 2215.46 | 1476.97 | 732.96 | 103.94 | 12.56 |
| 1993 | 2950.82 | 1967.21 | 869.00 | 2074.68 | 1383.12 | 694.47 | 107.44 | 14.22 |
| 1994 | 3003.38 | 2002.25 | 887.40 | 2103.90 | 1402.60 | 699.17 | 117.33 | 16.12 |
| 1995 | 3026.03 | 2017.35 | 919.93 | 2109.38 | 1406.25 | 724.92 | 120.98 | 18.85 |
| 1996 | 3047.78 | 2031.85 | 952.20 | 2107.78 | 1405.19 | 743.34 | 129.26 | 21.92 |
| 1997 | 3061.94 | 2041.29 | 961.78 | 2102.29 | 1401.53 | 739.24 | 135.63 | 26.25 |
| 1998 | 3042.96 | 2028.64 | 958.11 | 2081.92 | 1387.95 | 728.81 | 140.39 | 28.18 |
| 1999 | 3014.28 | 2009.52 | 942.17 | 2059.81 | 1373.21 | 712.28 | 139.11 | 29.99 |
| 2000 | 2742.76 | 1828.51 | 854.68 | 1833.46 | 1222.31 | 632.75 | 136.81 | 29.04 |
| 2001 | 2588.58 | 1725.72 | 817.28 | 1734.85 | 1156.57 | 606.80 | 131.13 | 28.06 |
| 2002 | 2445.42 | 1630.28 | 763.23 | 1624.49 | 1082.99 | 557.52 | 128.66 | 27.97 |
| 2003 | 2136.60 | 1424.40 | 695.04 | 1436.84 | 957.89 | 520.89 | 108.45 | 27.13 |
| 2004 | 2084.67 | 1389.77 | 699.50 | 1463.32 | 975.54 | 540.32 | 99.61 | 26.48 |
| 2005 | 1962.61 | 1308.41 | 662.04 | 1406.67 | 937.78 | 518.91 | 88.20 | 25.55 |
| 2006 | 1840.40 | 1226.94 | 632.90 | 1335.96 | 890.64 | 499.00 | 83.00 | 21.60 |
| 2007 | 1740.36 | 1160.24 | 615.66 | 1277.44 | 851.62 | 491.15 | 76.98 | 20.10 |
| 2008 | 1694.14 | 1129.43 | 612.97 | 1241.56 | 827.71 | 489.01 | 75.72 | 19.78 |
| 2009 | 1664.63 | 1109.75 | 607.61 | 1221.94 | 814.63 | 485.55 | 73.48 | 21.21 |
| 2010 | 1609.75 | 1073.17 | 584.65 | 1184.39 | 789.59 | 469.18 | 69.79 | 19.75 |
| 2011 | 1548.10 | 1032.07 | 576.13 | 1148.23 | 765.49 | 465.58 | 65.41 | 19.71 |
| 2012 | 1464.23 | 976.15 | 547.33 | 1102.05 | 734.70 | 447.22 | 57.00 | 18.07 |
| 2013 | 1415.56 | 943.71 | 534.68 | 1067.23 | 711.48 | 436.91 | 55.68 | 17.83 |
| 2014 | 1362.57 | 908.38 | 520.43 | 1029.60 | 686.40 | 424.10 | 54.80 | 17.93 |
| 2015 | 1311.30 | 874.20 | 500.05 | 989.87 | 659.92 | 405.69 | 52.37 | 18.34 |
| 2016 | 1249.24 | 832.83 | 477.28 | 946.35 | 630.90 | 386.61 | 49.85 | 18.45 |
| 2017 | 1249.83 | 833.22 | 487.15 | 942.88 | 628.59 | 393.19 | 52.08 | 18.83 |
| 2018 | 1250.27 | 833.51 | 498.58 | 929.41 | 619.61 | 398.31 | 55.39 | 19.69 |
| 2019 | 1233.65 | 822.43 | 493.90 | 898.85 | 599.23 | 388.79 | 57.89 | 20.88 |
| 2020 | 1251.65 | 834.43 | 502.32 | 902.58 | 601.72 | 391.75 | 60.66 | 21.49 |
| 2021 | 1252.70 | 835.13 | 506.42 | 899.03 | 599.35 | 393.18 | 62.72 | 21.34 |

注：1989年起，稻谷产量为抽样调查数，非稻谷产量为全面统计数。

# 4-2 主要年份分季分品种粮食播种面积与产量

单位：万亩、万吨

| 指标 | 2005年 | | 2010年 | | 2015年 | |
|---|---|---|---|---|---|---|
| | 播种面积 | 产量 | 播种面积 | 产量 | 播种面积 | 产量 |
| **合 计** | **1962.61** | **662.04** | **1609.75** | **584.65** | **1311.30** | **500.05** |
| **按收获季节分** | | | | | | |
| 春收粮食 | 152.28 | 35.46 | | | | |
| 夏收粮食 | 483.33 | 158.45 | | | | |
| 秋收粮食 | 1327.00 | 468.12 | | | | |
| **按品种分** | | | | | | |
| 稻谷 | 1406.67 | 518.91 | 1184.39 | 469.18 | 989.87 | 405.69 |
| 早稻 | 401.92 | 146.33 | 288.21 | 111.11 | 225.95 | 91.28 |
| 中稻 | 443.87 | 173.12 | 429.56 | 178.15 | 382.12 | 159.26 |
| 晚稻 | 560.88 | 199.46 | 466.62 | 179.92 | 381.80 | 155.15 |
| 甘薯 | 280.99 | 88.20 | 204.67 | 69.79 | 143.76 | 52.37 |
| 马铃薯 | 88.31 | 25.55 | 86.37 | 19.75 | 70.10 | 18.34 |
| 大豆 | 128.63 | 12.38 | 64.48 | 10.16 | 46.49 | 8.11 |
| 其他粮食 | 58.01 | 17.00 | 69.84 | 15.77 | 61.08 | 15.54 |

注：本表中稻不含一季晚稻，晚稻包含一季晚稻和双季晚稻。

## 4-2 续表 1

单位：万亩、万吨

| 指标 | 2016年 | | 2017年 | | 2018年 | |
|---|---|---|---|---|---|---|
| | 播种面积 | 产量 | 播种面积 | 产量 | 播种面积 | 产量 |
| **合 计** | **1249.24** | **477.28** | **1249.83** | **487.15** | **1250.27** | **498.58** |
| **按收获季节分** | | | | | | |
| 春收粮食 | | | | | | |
| 夏收粮食 | | | | | | |
| 秋收粮食 | | | | | | |
| **按品种分** | | | | | | |
| 稻谷 | 946.35 | 386.61 | 942.88 | 393.19 | 929.41 | 398.31 |
| 早稻 | 208.58 | 83.80 | 177.83 | 72.75 | 158.22 | 67.06 |
| 中稻 | 371.11 | 154.29 | 385.05 | 163.29 | 394.06 | 171.98 |
| 晚稻 | 366.66 | 148.51 | 380.00 | 157.15 | 377.12 | 159.27 |
| 甘薯 | 134.78 | 49.85 | 137.16 | 52.08 | 143.22 | 55.39 |
| 马铃薯 | 67.98 | 18.45 | 68.35 | 18.83 | 70.33 | 19.69 |
| 大豆 | 43.05 | 7.65 | 43.47 | 7.82 | 46.59 | 8.62 |
| 其他粮食 | 57.08 | 14.72 | 57.97 | 15.23 | 60.72 | 16.58 |

## 4-2 续表 2

单位：万亩、万吨

| 指标 | 2019年 | | 2020年 | | 2021年 | |
|---|---|---|---|---|---|---|
| | 播种面积 | 产量 | 播种面积 | 产量 | 播种面积 | 产量 |
| **合 计** | **1233.65** | **493.90** | **1251.65** | **502.32** | **1252.70** | **506.42** |
| **按收获季节分** | | | | | | |
| 春收粮食 | 79.87 | 23.05 | 83.00 | 24.25 | 82.80 | 24.39 |
| 夏收粮食 | 204.63 | 75.78 | 208.30 | 77.26 | 207.93 | 77.33 |
| 秋收粮食 | 949.16 | 395.07 | 960.34 | 400.81 | 961.97 | 404.71 |
| **按品种分** | | | | | | |
| 稻谷 | 898.85 | 388.79 | 902.58 | 391.75 | 899.03 | 393.18 |
| 早稻 | 146.04 | 61.59 | 146.55 | 62.16 | 145.55 | 61.89 |
| 中稻 | 385.04 | 169.38 | 387.64 | 171.16 | 387.15 | 172.12 |
| 晚稻 | 367.78 | 157.81 | 368.38 | 158.42 | 366.33 | 159.17 |
| 甘薯 | 148.90 | 57.89 | 154.36 | 60.66 | 158.16 | 62.72 |
| 马铃薯 | 73.84 | 20.88 | 74.94 | 21.49 | 74.01 | 21.34 |
| 大豆 | 49.11 | 9.07 | 51.54 | 9.47 | 51.86 | 9.62 |
| 其他粮食 | 62.94 | 17.28 | 68.24 | 18.95 | 69.63 | 19.56 |

# 4-3 主要年份畜禽生产情况

| 项　　目 | 单位 | 2005年 | 2010年 | 2015年 | 2016年 | 2017年 | 2018年 | 2019年 | 2020年 | 2021年 |
|---|---|---|---|---|---|---|---|---|---|---|
| 生猪年末存栏数 | 万头 | 1249.83 | 1348.45 | 1214.56 | 1136.37 | 921.80 | 799.90 | 641.52 | 910.90 | 937.62 |
| #能繁母猪年末存栏数 | 万头 | 97.97 | 133.05 | 126.01 | 118.46 | 89.45 | 74.50 | 60.34 | 92.77 | 94.98 |
| 牛年末存栏数 | 万头 | 75.63 | 57.92 | 30.98 | 28.13 | 32.65 | 30.92 | 29.71 | 31.64 | 31.50 |
| 羊年末存栏数 | 万只 | 93.56 | 94.43 | 97.98 | 95.32 | 89.03 | 95.32 | 105.69 | 105.90 | 105.17 |
| 家禽年末存栏数 | 万只 | 9937.04 | 9369.41 | 16037.34 | 15823.58 | 18559.28 | 16908.84 | 19451.55 | 20700.94 | 21268.62 |
| 家兔年末存栏数 | 万只 | 822.67 | 658.06 | 472.54 | 421.35 | 410.28 | 455.81 | 506.02 | 565.15 | 570.00 |
| 养蜂年末箱数 | 万箱 | 35.32 | 36.26 | 48.63 | 46.01 | 50.72 | 51.78 | 54.02 | 56.88 | 61.65 |
| 出栏肉猪 | 万头 | 1881.92 | 2080.38 | 1945.47 | 1988.59 | 1606.10 | 1421.34 | 1297.26 | 1299.86 | 1547.59 |
| 出栏肉用牛 | 万头 | 21.60 | 16.80 | 15.36 | 14.79 | 15.97 | 17.87 | 19.57 | 22.07 | 22.90 |
| 出栏肉用羊 | 万只 | 107.00 | 118.47 | 130.59 | 133.75 | 138.29 | 144.28 | 155.86 | 159.06 | 159.69 |
| 出栏肉用禽 | 亿只 | 1.91 | 2.37 | 7.25 | 8.33 | 9.15 | 9.55 | 9.94 | 10.31 | 10.77 |
| 出栏肉用兔 | 万只 | 1559.27 | 1321.13 | 963.98 | 859.02 | 849.98 | 937.77 | 1066.87 | 1125.86 | 1244.29 |
| 肉类总产量 | 万吨 | 164.85 | 192.61 | 258.94 | 279.97 | 264.91 | 256.06 | 255.15 | 259.39 | 286.54 |
| #猪　肉 | 万吨 | 134.69 | 155.36 | 153.26 | 157.19 | 128.37 | 113.12 | 103.03 | 103.75 | 124.34 |
| 牛　肉 | 万吨 | 2.17 | 1.69 | 1.62 | 1.57 | 1.72 | 1.94 | 2.14 | 2.46 | 2.56 |
| 羊　肉 | 万吨 | 1.45 | 1.62 | 1.81 | 1.88 | 1.94 | 2.04 | 2.22 | 2.28 | 2.30 |
| 禽　肉 | 万吨 | 24.57 | 31.44 | 100.34 | 117.47 | 130.82 | 136.76 | 141.87 | 146.56 | 152.85 |
| 兔　肉 | 万吨 | 1.97 | 1.85 | 1.41 | 1.27 | 1.27 | 1.41 | 1.62 | 1.78 | 1.92 |
| 奶类产量 | 万吨 | 19.10 | 13.24 | 12.95 | 13.36 | 13.54 | 14.31 | 14.99 | 17.48 | 19.97 |
| 禽蛋产量 | 万吨 | 37.91 | 30.54 | 35.77 | 40.65 | 46.50 | 44.32 | 48.58 | 53.66 | 55.91 |
| 肉蛋奶总产量 | 万吨 | 221.87 | 236.39 | 307.65 | 333.98 | 324.94 | 314.69 | 318.72 | 330.88 | 363.38 |
| 蜂蜜产量 | 万吨 | 0.85 | 0.86 | 1.36 | 1.41 | 1.45 | 1.58 | 1.65 | 1.74 | 1.79 |
| 蚕茧产量 | 吨 | 69.00 | 41.00 | | | | | | | |
| 蜂　蜡 | 吨 | 325.00 | 317.00 | 432.00 | 458.00 | 518.00 | 590 | 595 | 578.69 | 619.39 |

注：本表猪、禽各指标为抽样调查推算数，其余为全面统计数。
2019-2021年,家禽年末存栏包括鸡、鸭、鹅等主要家禽存栏，肉用禽出栏包括鸡、鸭、鹅等主要家禽出栏；禽蛋产量包括鸡蛋、鸭蛋、鹅蛋等主要禽蛋产量。

# 主要统计指标解释

**粮食作物** 指一般用作人类主食，种植在耕地或非耕地上的农作物。根据我国产品目录分类标准，粮食包括谷物、豆类、薯类。

**粮食作物播种面积** 指本年度内收获的粮食作物在全部土地（耕地或非耕地）上的播种或移植面积。凡是本年内收获的作物，无论是本年还是上年播种，都算为当年播种面积，但不包括本年播种，下年收获的作物面积。移植的作物面积按移植后的面积计算，不计算移植前的秧田面积。如果因灾害等原因，应该收获却未能收获，也要按原播种面积计算，新补或改种，并在本年收获的，也要按复种作物计算面积。间种、混种的作物面积按比例折算各个作物的面积，如果完全混合、同步生长、收获的作物，按混合面积平均分配。复种、套种的作物，按次数计算面积，每种一次计算一次。再生稻、再生高粱等，因其没有经过播种或移植，不计入播种面积。

**粮食作物产量** 指全社会的产量。包括全民所有制经营的，集体统一经营的和农民家庭经营的粮食产量，还包括工矿企业家属办的农场和其他生产单位产量。粮食除包括稻谷、小麦、玉米、高粱、谷子及其他杂粮外，还包括薯类和大豆。其产量计算方法，豆类按去豆荚后的干豆计算；薯类（包括甘薯和马铃薯，不包括芋头和木薯）1963 年以前按每 4 公斤鲜薯折 1 公斤粮食计算，从 1964 年开始及以后改为按 5 公斤鲜薯折 1 公斤粮食计算。其他粮食一律按脱粒后的原粮计算。

**谷物** 指禾本科和蓼科作物，具体统计品种包括稻谷、小麦、玉米、和其他谷物；其他谷物包括谷子、高粱、大麦、燕麦、荞麦等。

**稻谷** 按生产季节分为早稻、中稻和晚稻。其中晚稻包括一季晚稻和双季晚稻。一季晚稻是指其前作是非稻作物的单季晚稻。双季晚稻仅指与早稻连作的稻谷。

**豆类** 是以食用种籽及其制成品为主的一类豆科植物，包括大豆、绿豆、红小豆和其他杂豆，不含豇豆、四季豆等菜用豆类。

**薯类** 包括甘薯、马铃薯等。甘薯又名番薯、红薯、地瓜等，马铃薯又名土豆、洋芋等。薯类产量目前只统计甘薯和马铃薯。

**期初（末）畜禽存栏头（只数）** 指调查日期（通常指年末、季末、月末）实际存在的各类畜禽头（只）数。除科学研究单位专门用于试验研究的牲畜和军马以外，不分大小、公母、品种、用途一率包括在内。

**能繁殖母猪** 指猪龄约在 9 个月（包括 9 个月）以上的、具备繁殖能力的母猪。

**当年出栏的畜禽数** 指当年（报告期内）已育肥出售进入屠宰环节和自食的全部畜禽数，包括淘汰的和因伤死亡后进入屠宰环节的耕牛、肉牛、奶牛和羊。不包括仔猪、牛犊、羊羔、禽苗、幼兔出售后进行二次育肥的数量。

家禽种类主要包括鸡、鸭、鹅三个种类。

**肉类总产量** 指当年出栏并已屠宰的畜禽肉产量。猪、牛、羊、马、驴、骡、骆驼肉产量按去掉头蹄下水后带骨肉的胴体重量计算，兔禽头产量按屠宰后去皮毛和内脏后的重量计算。

肉类总产量＝牛肉＋马肉＋驴肉＋骡肉＋骆驼肉＋猪肉＋羊肉＋主要禽肉＋其他禽肉+兔肉+其他

**禽蛋产量** 指本调查期内饲养的蛋用家禽生产的禽蛋总重量。包括出售的和农民自产自用的部分。品种主要为鸡鸭鹅，不包括其他禽蛋产量（如鸽子蛋、鹌鹑蛋等）。

**奶类产量** 指本调查期内牛、羊和其他大牲畜（如马奶、骆驼奶等）所生产的奶产量，牛犊、羊羔等直接吮食的部分不统计产量。

奶类产量＝牛奶＋羊奶＋其他奶

肉蛋奶总产量=肉类产量+禽蛋产量+其他禽蛋产量+奶类产量

**蚕茧产量** 指本年度内生产的全部蚕茧产量，无论自用的或出售的，都应计算在内。在计算产量时，要把土茧、改良茧和种茧包括在内，桑蚕茧、柞蚕茧均按鲜茧计算，木薯茧和蓖麻茧等的产量均按茧壳的重量计算。

# 五 市县调查主要指标

资料整理：李　映　唐洪明　陈　思　郑骁喆

郭宏杨　林　丹　陈　汇

# 5-1 市县粮食播种面积与产量(2021年)

单位：亩(公顷)、吨

| 地 区 | 粮食播种面积 | | 稻谷 | | 粮食产量 | 稻谷 |
|---|---|---|---|---|---|---|
| | 亩 | 公顷 | 亩 | 公顷 | | |
| **全 省** | **12526963** | **835131** | **8990307** | **599354** | **5064194** | **3931780** |
| **福 州 市** | **1294892** | **86326** | **588974** | **39265** | **489842** | **239864** |
| 福州市辖区 | 185920 | 12395 | 83182 | 5545 | 76301 | 32858 |
| 鼓楼区 | | | | | | |
| 台江区 | | | | | | |
| 仓山区 | | | | | | |
| 马尾区 | 4205 | 280 | 1804 | 120 | 1507 | 730 |
| 晋安区 | 8668 | 578 | 1549 | 103 | 4015 | 617 |
| 长乐区 | 173047 | 11536 | 79829 | 5322 | 70779 | 31511 |
| 福清市 | 284553 | 18970 | 101222 | 6748 | 108120 | 40765 |
| 闽侯县 | 165378 | 11025 | 74636 | 4976 | 58301 | 31339 |
| 连江县 | 108207 | 7214 | 64771 | 4318 | 42552 | 26939 |
| 罗源县 | 93467 | 6231 | 46661 | 3111 | 34330 | 18647 |
| 闽清县 | 143229 | 9549 | 95744 | 6383 | 53994 | 40037 |
| 永泰县 | 259004 | 17267 | 122696 | 8180 | 97435 | 49257 |
| 平潭县 | 55134 | 3676 | 62 | 4 | 18809 | 22 |
| **厦 门 市** | **61559** | **4104** | **28328** | **1889** | **25443** | **11660** |
| 厦门市辖区 | 61559 | 4104 | 28328 | 1889 | 25443 | 11660 |
| 思明区 | | | | | | |
| 海沧区 | 1116 | 74 | 614 | 41 | 403 | 253 |
| 湖里区 | | | | | | |
| 集美区 | 3200 | 213 | 1870 | 125 | 1272 | 782 |
| 同安区 | 32723 | 2182 | 19845 | 1323 | 13036 | 8133 |
| 翔安区 | 24520 | 1635 | 5999 | 400 | 10732 | 2492 |
| **莆 田 市** | **457590** | **30506** | **257473** | **17165** | **186404** | **113089** |
| 莆田市辖区 | 253836 | 16922 | 103909 | 6927 | 102054 | 44656 |
| 城厢区 | 29040 | 1936 | 15177 | 1012 | 12221 | 6398 |
| 涵江区 | 56611 | 3774 | 41268 | 2751 | 23362 | 17942 |
| 荔城区 | 61961 | 4131 | 34033 | 2269 | 24628 | 14695 |
| 秀屿区 | 106224 | 7082 | 13431 | 895 | 41843 | 5621 |
| 仙游县 | 203754 | 13584 | 153564 | 10238 | 84350 | 68433 |
| **三 明 市** | **2419689** | **161313** | **1781288** | **118753** | **952081** | **778610** |
| 三明市辖区 | 44952 | 2997 | 31391 | 2093 | 18878 | 14085 |
| 梅列区 | 10650 | 710 | 5517 | 368 | 4053 | 2410 |
| 三元区 | 34302 | 2287 | 25874 | 1725 | 14825 | 11675 |
| 永安市 | 162469 | 10831 | 123017 | 8201 | 65883 | 54013 |
| 明溪县 | 215216 | 14348 | 135318 | 9021 | 81360 | 57864 |
| 清流县 | 223096 | 14873 | 140042 | 9336 | 80862 | 59663 |
| 宁化县 | 477354 | 31824 | 316622 | 21108 | 179157 | 140303 |
| 大田县 | 247846 | 16523 | 147190 | 9813 | 89264 | 64100 |
| 尤溪县 | 336154 | 22410 | 260598 | 17373 | 136148 | 115713 |
| 沙 县 | 175662 | 11711 | 146519 | 9768 | 75061 | 63599 |
| 将乐县 | 181998 | 12133 | 159123 | 10608 | 77359 | 69681 |
| 泰宁县 | 144885 | 9659 | 122967 | 8198 | 57958 | 52614 |
| 建宁县 | 210057 | 14004 | 198501 | 13233 | 90149 | 86973 |
| **泉 州 市** | **1304253** | **86950** | **825292** | **55019** | **504236** | **339662** |
| 泉州市辖区 | 59536 | 3969 | 22065 | 1471 | 23403 | 9485 |
| 鲤城区 | 752 | 50 | 128 | 9 | 313 | 53 |
| 丰泽区 | 813 | 54 | 103 | 7 | 280 | 44 |
| 洛江区 | 28681 | 1912 | 12399 | 827 | 11703 | 5335 |
| 泉港区 | 29290 | 1953 | 9435 | 629 | 11107 | 4053 |

5-1 续表

单位：亩(公顷)、吨

| 地　区 | 粮食播种面积 | | | | 粮食产量 | |
|---|---|---|---|---|---|---|
| | | | 稻　谷 | | | 稻谷 |
| | 亩 | 公顷 | 亩 | 公顷 | | |
| 石狮市 | 16706 | 1114 | 1623 | 108 | 5133 | 723 |
| 晋江市 | 51633 | 3442 | 7399 | 493 | 23525 | 3206 |
| 南安市 | 388188 | 25879 | 333140 | 22209 | 153739 | 134101 |
| 惠安县 | 161838 | 10789 | 45791 | 3053 | 55745 | 18414 |
| 安溪县 | 273196 | 18213 | 143438 | 9563 | 92281 | 54760 |
| 永春县 | 213656 | 14244 | 171468 | 11431 | 88430 | 72472 |
| 德化县 | 139500 | 9300 | 100368 | 6691 | 61980 | 46501 |
| **漳州市** | **923124** | **61542** | **694755** | **46317** | **417551** | **317424** |
| 漳州市辖区 | 10098 | 673 | 4241 | 283 | 3648 | 1751 |
| 芗城区 | 9186 | 612 | 4241 | 283 | 3225 | 1751 |
| 龙文区 | 912 | 61 | | | 423 | |
| 龙海市 | 112861 | 7524 | 85063 | 5671 | 51767 | 39448 |
| 云霄县 | 106802 | 7120 | 91662 | 6111 | 48684 | 41722 |
| 漳浦县 | 239044 | 15936 | 172721 | 11515 | 113560 | 83901 |
| 诏安县 | 156208 | 10414 | 130820 | 8721 | 72390 | 60781 |
| 长泰县 | 90344 | 6023 | 46377 | 3092 | 38898 | 19880 |
| 东山县 | 21277 | 1418 | 127 | 8 | 9291 | 51 |
| 南靖县 | 88449 | 5897 | 82319 | 5488 | 38073 | 36008 |
| 平和县 | 58796 | 3920 | 50609 | 3374 | 23476 | 20374 |
| 华安县 | 39245 | 2616 | 30816 | 2054 | 17764 | 13508 |
| **南平市** | **2810011** | **187334** | **2260880** | **150725** | **1182990** | **1020209** |
| 南平市辖区 | 622105 | 41474 | 539012 | 35934 | 267420 | 242812 |
| 延平区 | 148120 | 9875 | 119794 | 7986 | 58746 | 51433 |
| 建阳区 | 473985 | 31599 | 419218 | 27948 | 208674 | 191379 |
| 邵武市 | 473507 | 31567 | 337120 | 22475 | 181512 | 148071 |
| 武夷山市 | 224875 | 14992 | 188996 | 12600 | 99372 | 88197 |
| 建瓯市 | 503982 | 33599 | 335535 | 22369 | 212545 | 153455 |
| 顺昌县 | 120138 | 8009 | 103119 | 6875 | 46876 | 42565 |
| 浦城县 | 476289 | 31753 | 424630 | 28309 | 210932 | 198818 |
| 光泽县 | 150790 | 10053 | 139210 | 9281 | 62658 | 59329 |
| 松溪县 | 117678 | 7845 | 101196 | 6746 | 51791 | 47398 |
| 政和县 | 120647 | 8043 | 92062 | 6137 | 49884 | 39564 |
| **龙岩市** | **1906976** | **127132** | **1682974** | **112198** | **828492** | **748278** |
| 龙岩市辖区 | 353380 | 23559 | 324896 | 21660 | 151108 | 140389 |
| 新罗区 | 113985 | 7599 | 97385 | 6492 | 49630 | 43587 |
| 永定区 | 239395 | 15960 | 227511 | 15167 | 101478 | 96802 |
| 漳平市 | 141018 | 9401 | 126090 | 8406 | 61322 | 57020 |
| 长汀县 | 382279 | 25485 | 326334 | 21756 | 173445 | 154236 |
| 上杭县 | 364210 | 24281 | 324421 | 21628 | 157791 | 146724 |
| 武平县 | 360694 | 24046 | 349054 | 23270 | 156246 | 152025 |
| 连城县 | 305395 | 20360 | 232179 | 15479 | 128579 | 97883 |
| **宁德市** | **1348869** | **89925** | **870343** | **58023** | **477155** | **362984** |
| 宁德市辖区 | 79445 | 5296 | 46600 | 3107 | 26200 | 20106 |
| 蕉城区 | 79445 | 5296 | 46600 | 3107 | 26200 | 20106 |
| 福安市 | 238617 | 15908 | 112568 | 7505 | 76817 | 47204 |
| 福鼎市 | 192731 | 12849 | 84050 | 5603 | 63863 | 36487 |
| 霞浦县 | 126479 | 8432 | 59933 | 3996 | 42576 | 26261 |
| 古田县 | 300730 | 20049 | 266023 | 17735 | 116753 | 108654 |
| 屏南县 | 118875 | 7925 | 102019 | 6801 | 46891 | 42385 |
| 寿宁县 | 153625 | 10242 | 88446 | 5896 | 53140 | 37087 |
| 周宁县 | 71966 | 4798 | 54198 | 3613 | 26761 | 22763 |
| 柘荣县 | 66401 | 4427 | 56506 | 3767 | 24154 | 22037 |

# 5-2 市县稻谷播种面积与产量(2021年)

单位：亩(公顷)、吨

| 地区 | 稻谷播种面积 | | 早稻 | | 中稻 | | 晚稻 | | 稻谷总产量 | 早稻 | 中稻 | 晚稻 |
|---|---|---|---|---|---|---|---|---|---|---|---|---|
| | 亩 | 公顷 | 亩 | 公顷 | 亩 | 公顷 | 亩 | 公顷 | | | | |
| **全省** | **8990307** | **599354** | **1455540** | **97036** | **3871501** | **258100** | **3663266** | **244218** | **3931780** | **618896** | **1721219** | **1591665** |
| **福州市** | **588974** | **39265** | **110385** | **7359** | **314381** | **20959** | **164208** | **10947** | **239864** | **43577** | **129424** | **66863** |
| 福州市辖区 | 83182 | 5545 | 33117 | 2208 | 1549 | 103 | 48516 | 3234 | 32858 | 12798 | 617 | 19443 |
| 鼓楼区 | | | | | | | | | | | | |
| 台江区 | | | | | | | | | | | | |
| 仓山区 | | | | | | | | | | | | |
| 马尾区 | 1804 | 120 | 273 | 18 | | | 1531 | 102 | 730 | 105 | | 625 |
| 晋安区 | 1549 | 103 | | | 1549 | 103 | | | 617 | | 617 | |
| 长乐区 | 79829 | 5322 | 32844 | 2190 | | | 46985 | 3132 | 31511 | 12693 | | 18818 |
| 福清市 | 101222 | 6748 | 55302 | 3687 | | | 45920 | 3061 | 40765 | 22543 | | 18222 |
| 闽侯县 | 74636 | 4976 | 7301 | 487 | 53187 | 3546 | 14148 | 943 | 31339 | 2742 | 22566 | 6031 |
| 连江县 | 64771 | 4318 | 8151 | 543 | 32814 | 2188 | 23806 | 1587 | 26939 | 3111 | 13469 | 10359 |
| 罗源县 | 46661 | 3111 | | | 43414 | 2894 | 3247 | 216 | 18647 | | 17371 | 1276 |
| 闽清县 | 95744 | 6383 | 3955 | 264 | 72264 | 4818 | 19525 | 1302 | 40037 | 1366 | 30612 | 8059 |
| 永泰县 | 122696 | 8180 | 2559 | 171 | 111091 | 7406 | 9046 | 603 | 49257 | 1017 | 44767 | 3473 |
| 平潭县 | 62 | 4 | | | 62 | 4 | | | 22 | | 22 | |
| **厦门市** | **28328** | **1889** | **19497** | **1300** | | | **8831** | **589** | **11660** | **7968** | | **3692** |
| 厦门市辖区 | 28328 | 1889 | 19497 | 1300 | | | 8831 | 589 | 11660 | 7968 | | 3692 |
| 思明区 | | | | | | | | | | | | |
| 海沧区 | 614 | 41 | 361 | 24 | | | 253 | 17 | 253 | 147 | | 106 |
| 湖里区 | | | | | | | | | | | | |
| 集美区 | 1870 | 125 | 887 | 59 | | | 983 | 66 | 782 | 369 | | 413 |
| 同安区 | 19845 | 1323 | 12744 | 850 | | | 7101 | 473 | 8133 | 5164 | | 2969 |
| 翔安区 | 5999 | 400 | 5505 | 367 | | | 494 | 33 | 2492 | 2288 | | 204 |
| **莆田市** | **257473** | **17165** | **123022** | **8201** | **60562** | **4037** | **73889** | **4926** | **113089** | **54475** | **28150** | **30464** |
| 莆田市辖区 | 103909 | 6927 | 65420 | 4361 | 17589 | 1173 | 20900 | 1393 | 44656 | 28409 | 7927 | 8320 |
| 城厢区 | 15177 | 1012 | 10630 | 709 | | | 4547 | 303 | 6398 | 4602 | | 1796 |
| 涵江区 | 41268 | 2751 | 16010 | 1067 | 17589 | 1173 | 7669 | 511 | 17942 | 6955 | 7927 | 3060 |
| 荔城区 | 34033 | 2269 | 30360 | 2024 | | | 3673 | 245 | 14695 | 13227 | | 1468 |
| 秀屿区 | 13431 | 895 | 8420 | 561 | | | 5011 | 334 | 5621 | 3625 | | 1996 |
| 仙游县 | 153564 | 10238 | 57602 | 3840 | 42973 | 2865 | 52989 | 3533 | 68433 | 26066 | 20223 | 22144 |
| **三明市** | **1781288** | **118753** | **80578** | **5372** | **697321** | **46488** | **1003389** | **66893** | **778610** | **32003** | **306152** | **440455** |
| 三明市辖区 | 31391 | 2093 | 100 | 7 | 17251 | 1150 | 14040 | 936 | 14085 | 42 | 7515 | 6528 |
| 梅列区 | 5517 | 368 | | | | | 5517 | 368 | 2410 | | | 2410 |
| 三元区 | 25874 | 1725 | 100 | 7 | 17251 | 1150 | 8523 | 568 | 11675 | 42 | 7515 | 4118 |
| 永安市 | 123017 | 8201 | 12034 | 802 | 50297 | 3353 | 60686 | 4046 | 54013 | 5144 | 21663 | 27206 |
| 明溪县 | 135318 | 9021 | 351 | 23 | 93273 | 6218 | 41694 | 2780 | 57864 | 138 | 40648 | 17078 |
| 清流县 | 140042 | 9336 | 15012 | 1001 | 34859 | 2324 | 90171 | 6011 | 59663 | 5541 | 15376 | 38746 |
| 宁化县 | 316622 | 21108 | 8339 | 556 | 139646 | 9310 | 168637 | 11242 | 140303 | 3417 | 61151 | 75735 |
| 大田县 | 147190 | 9813 | 2159 | 144 | 29637 | 1976 | 115394 | 7693 | 64100 | 910 | 12717 | 50473 |
| 尤溪县 | 260598 | 17373 | 7058 | 471 | 177124 | 11808 | 76416 | 5094 | 115713 | 2921 | 79918 | 32874 |
| 沙县 | 146519 | 9768 | 14407 | 960 | 40528 | 2702 | 91584 | 6106 | 63599 | 5955 | 17686 | 39958 |
| 将乐县 | 159123 | 10608 | 934 | 62 | 97652 | 6510 | 60537 | 4036 | 69681 | 304 | 42166 | 27211 |
| 泰宁县 | 122967 | 8198 | 126 | 8 | 17054 | 1137 | 105787 | 7052 | 52614 | 47 | 7311 | 45256 |
| 建宁县 | 198501 | 13233 | 20058 | 1337 | | | 178443 | 11896 | 86973 | 7584 | | 79389 |
| **泉州市** | **825292** | **55019** | **306196** | **20413** | **209966** | **13998** | **309130** | **20609** | **339662** | **123929** | **92901** | **122832** |
| 泉州市辖区 | 22065 | 1471 | 11709 | 781 | | | 10356 | 690 | 9485 | 4655 | | 4830 |
| 鲤城区 | 128 | 9 | 85 | 6 | | | 43 | 3 | 53 | 33 | | 20 |
| 丰泽区 | 103 | 7 | 65 | 4 | | | 38 | 3 | 44 | 26 | | 18 |
| 洛江区 | 12399 | 827 | 6520 | 435 | | | 5879 | 392 | 5335 | 2593 | | 2742 |
| 泉港区 | 9435 | 629 | 5039 | 336 | | | 4396 | 293 | 4053 | 2003 | | 2050 |

## 5-2 续表

单位：亩(公顷)、吨

| 地区 | 稻谷播种面积 | | 早稻 | | 中稻 | | 晚稻 | | 稻谷总产量 | 早稻 | 中稻 | 晚稻 |
|---|---|---|---|---|---|---|---|---|---|---|---|---|
| | 亩 | 公顷 | 亩 | 公顷 | 亩 | 公顷 | 亩 | 公顷 | | | | |
| 石狮市 | 1623 | 108 | 914 | 61 | | | 709 | 47 | 723 | 419 | | 304 |
| 晋江市 | 7399 | 493 | 4416 | 294 | | | 2983 | 199 | 3206 | 2017 | | 1189 |
| 南安市 | 333140 | 22209 | 159069 | 10605 | 2719 | 181 | 171352 | 11423 | 134101 | 64274 | 1050 | 68777 |
| 惠安县 | 45791 | 3053 | 23218 | 1548 | | | 22573 | 1505 | 18414 | 9388 | | 9026 |
| 安溪县 | 143438 | 9563 | 50537 | 3369 | 43861 | 2924 | 49040 | 3269 | 54760 | 19545 | 16836 | 18379 |
| 永春县 | 171468 | 11431 | 54484 | 3632 | 65954 | 4397 | 51030 | 3402 | 72472 | 22882 | 29678 | 19912 |
| 德化县 | 100368 | 6691 | 1849 | 123 | 97432 | 6495 | 1087 | 72 | 46501 | 749 | 45337 | 415 |
| **漳州市** | **694755** | **46317** | **346206** | **23080** | **51679** | **3445** | **296870** | **19791** | **317424** | **161761** | **23128** | **132535** |
| 漳州市辖区 | 4241 | 283 | 2146 | 143 | | | 2095 | 140 | 1751 | 918 | | 833 |
| 芗城区 | 4241 | 283 | 2146 | 143 | | | 2095 | 140 | 1751 | 918 | | 833 |
| 龙文区 | | | | | | | | | | | | |
| 龙海市 | 85063 | 5671 | 51560 | 3437 | | | 33503 | 2234 | 39448 | 25460 | | 13988 |
| 云霄县 | 91662 | 6111 | 46997 | 3133 | | | 44665 | 2978 | 41722 | 21284 | | 20438 |
| 漳浦县 | 172721 | 11515 | 100824 | 6722 | | | 71897 | 4793 | 83901 | 50735 | | 33166 |
| 诏安县 | 130820 | 8721 | 69276 | 4618 | | | 61544 | 4103 | 60781 | 32151 | | 28630 |
| 长泰县 | 46377 | 3092 | 17623 | 1175 | 4921 | 328 | 23833 | 1589 | 19880 | 7853 | 2030 | 9997 |
| 东山县 | 127 | 8 | 127 | 8 | | | | | 51 | 51 | | |
| 南靖县 | 82319 | 5488 | 24613 | 1641 | 38545 | 2570 | 19161 | 1277 | 36008 | 10517 | 17442 | 8049 |
| 平和县 | 50609 | 3374 | 23495 | 1566 | | | 27114 | 1808 | 20374 | 8755 | | 11619 |
| 华安县 | 30816 | 2054 | 9545 | 636 | 8213 | 548 | 13058 | 871 | 13508 | 4037 | 3656 | 5815 |
| **南平市** | **2260880** | **150725** | **65578** | **4372** | **1369466** | **91298** | **825836** | **55056** | **1020209** | **26465** | **631251** | **362493** |
| 南平市辖区 | 539012 | 35934 | 22310 | 1487 | 245226 | 16348 | 271476 | 18098 | 242812 | 9983 | 112344 | 120485 |
| 延平区 | 119794 | 7986 | 1023 | 68 | 63388 | 4226 | 55383 | 3692 | 51433 | 351 | 27644 | 23438 |
| 建阳区 | 419218 | 27948 | 21287 | 1419 | 181838 | 12123 | 216093 | 14406 | 191379 | 9632 | 84700 | 97047 |
| 邵武市 | 337120 | 22475 | 30419 | 2028 | 165300 | 11020 | 141401 | 9427 | 148071 | 11250 | 78154 | 58667 |
| 武夷山市 | 188996 | 12600 | | | 145202 | 9680 | 43794 | 2920 | 88197 | | 68985 | 19212 |
| 建瓯市 | 335535 | 22369 | 8415 | 561 | 183145 | 12210 | 143975 | 9598 | 153455 | 3469 | 85730 | 64256 |
| 顺昌县 | 103119 | 6875 | 1345 | 90 | 70758 | 4717 | 31016 | 2068 | 42565 | 465 | 29011 | 13089 |
| 浦城县 | 424630 | 28309 | 2100 | 140 | 316965 | 21131 | 105565 | 7038 | 198818 | 935 | 150273 | 47610 |
| 光泽县 | 139210 | 9281 | 570 | 38 | 97220 | 6481 | 41420 | 2761 | 59329 | 197 | 41027 | 18105 |
| 松溪县 | 101196 | 6746 | 183 | 12 | 61995 | 4133 | 39018 | 2601 | 47398 | 70 | 29789 | 17539 |
| 政和县 | 92062 | 6137 | 236 | 16 | 83655 | 5577 | 8171 | 545 | 39564 | 96 | 35938 | 3530 |
| **龙岩市** | **1682974** | **112198** | **389828** | **25989** | **341623** | **22775** | **951523** | **63435** | **748278** | **163470** | **163860** | **420948** |
| 龙岩市辖区 | 324896 | 21660 | 54841 | 3656 | 81193 | 5413 | 188862 | 12591 | 140389 | 22782 | 37774 | 79833 |
| 新罗区 | 97385 | 6492 | 20826 | 1388 | 39122 | 2608 | 37437 | 2496 | 43587 | 8666 | 18874 | 16047 |
| 永定区 | 227511 | 15167 | 34015 | 2268 | 42071 | 2805 | 151425 | 10095 | 96802 | 14116 | 18900 | 63786 |
| 漳平市 | 126090 | 8406 | 19793 | 1320 | 50586 | 3372 | 55711 | 3714 | 57020 | 8316 | 24993 | 23711 |
| 长汀县 | 326334 | 21756 | 89247 | 5950 | 26205 | 1747 | 210882 | 14059 | 154236 | 38749 | 13119 | 102368 |
| 上杭县 | 324421 | 21628 | 81411 | 5427 | 52137 | 3476 | 190873 | 12725 | 146724 | 34336 | 25865 | 86523 |
| 武平县 | 349054 | 23270 | 81550 | 5437 | 62264 | 4151 | 205240 | 13683 | 152025 | 33745 | 30636 | 87644 |
| 连城县 | 232179 | 15479 | 62986 | 4199 | 69238 | 4616 | 99955 | 6664 | 97883 | 25542 | 31472 | 40869 |
| **宁德市** | **870343** | **58023** | **14250** | **950** | **826503** | **55100** | **29590** | **1973** | **362984** | **5248** | **346353** | **11383** |
| 宁德市辖区 | 46600 | 3107 | | | 46600 | 3107 | | | 20106 | | 20106 | |
| 蕉城区 | 46600 | 3107 | | | 46600 | 3107 | | | 20106 | | 20106 | |
| 福安市 | 112568 | 7505 | 390 | 26 | 103420 | 6895 | 8758 | 584 | 47204 | 131 | 43692 | 3381 |
| 福鼎市 | 84050 | 5603 | 9560 | 637 | 65668 | 4378 | 8822 | 588 | 36487 | 3547 | 29562 | 3378 |
| 霞浦县 | 59933 | 3996 | 4300 | 287 | 43623 | 2908 | 12010 | 801 | 26261 | 1570 | 20067 | 4624 |
| 古田县 | 266023 | 17735 | | | 266023 | 17735 | | | 108654 | | 108654 | |
| 屏南县 | 102019 | 6801 | | | 102019 | 6801 | | | 42385 | | 42385 | |
| 寿宁县 | 88446 | 5896 | | | 88446 | 5896 | | | 37087 | | 37087 | |
| 周宁县 | 54198 | 3613 | | | 54198 | 3613 | | | 22763 | | 22763 | |
| 柘荣县 | 56506 | 3767 | | | 56506 | 3767 | | | 22037 | | 22037 | |

# 5-3 市县畜禽年末存栏数(2021年)

单位：头、只

| 地 区 | 生猪 | #能繁母猪 | 牛 | 肉牛 | 奶牛 | 役用牛 | 羊 | 家禽 | 家兔 |
|---|---|---|---|---|---|---|---|---|---|
| **全 省** | **9376172** | **949831** | **314994** | **171887** | **46445** | **96662** | **1051689** | **212686183** | **5699976** |
| **福 州 市** | **1199574** | **123335** | **42958** | **23912** | **3418** | **15628** | **268031** | **12367842** | **716371** |
| 福州市辖区 | 153282 | 14747 | 6228 | 5328 | 149 | 751 | 10306 | 1348540 | 67604 |
| 鼓楼区 | | | | | | | | | |
| 台江区 | | | | | | | | | |
| 仓山区 | | | | | | | | | |
| 马尾区 | 23056 | 1970 | 147 | 138 | 9 | | 718 | 200444 | |
| 晋安区 | 30157 | 2791 | 891 | 829 | | 62 | 2911 | 243100 | 1189 |
| 长乐区 | 100069 | 9986 | 5190 | 4361 | 140 | 689 | 6677 | 904996 | 66415 |
| 福清市 | 394195 | 42575 | 8846 | 5183 | 2613 | 1050 | 55814 | 2292134 | 80885 |
| 闽侯县 | 200419 | 22373 | 9013 | 4808 | 460 | 3745 | 61149 | 3307141 | 192068 |
| 连江县 | 119451 | 12595 | 3534 | 3461 | 73 | | 21495 | 870909 | 86699 |
| 罗源县 | 68319 | 5803 | 6088 | 2787 | 26 | 3275 | 29094 | 1034901 | 110984 |
| 闽清县 | 87498 | 9102 | 2275 | 1222 | 16 | 1037 | 16581 | 2034377 | 33100 |
| 永泰县 | 82260 | 8239 | 3881 | | 81 | 3800 | 62191 | 1291531 | 135853 |
| 平潭县 | 94150 | 7901 | 3093 | 1123 | | 1970 | 11401 | 188309 | 9178 |
| **厦 门 市** | **212066** | **19782** | **7465** | **4433** | **326** | **2706** | **7332** | **1740653** | **8209** |
| 厦门市辖区 | 212066 | 19782 | 7465 | 4433 | 326 | 2706 | 7332 | 1740653 | 8209 |
| 思明区 | | | | | | | | | |
| 海沧区 | | | 461 | 434 | 11 | 16 | 1928 | 188294 | 552 |
| 湖里区 | | | | | | | | | |
| 集美区 | | | 392 | 374 | 18 | | 1154 | 394007 | 1203 |
| 同安区 | 106577 | 9151 | 2759 | 881 | 280 | 1598 | 2106 | 825983 | 5176 |
| 翔安区 | 105489 | 10631 | 3853 | 2744 | 17 | 1092 | 2144 | 332369 | 1278 |
| **莆 田 市** | **359278** | **28921** | **6073** | **3203** | **676** | **2194** | **35036** | **8813519** | **2394** |
| 莆田市辖区 | 246892 | 19392 | 2477 | 1080 | 394 | 1003 | 15313 | 6944862 | 94 |
| 城厢区 | 48353 | 3584 | 10 | | | 10 | 1552 | 3491128 | |
| 涵江区 | 45439 | 4072 | 2106 | 1080 | 394 | 632 | 4880 | 728622 | |
| 荔城区 | 80262 | 7017 | 116 | | | 116 | 1992 | 543670 | 94 |
| 秀屿区 | 72838 | 4719 | 245 | | | 245 | 6889 | 2181442 | |
| 仙游县 | 112386 | 9529 | 3596 | 2123 | 282 | 1191 | 19723 | 1868657 | 2300 |
| **三 明 市** | **1181396** | **117186** | **37051** | **12877** | **3679** | **20495** | **187954** | **13552452** | **1603052** |
| 三明市辖区 | 167804 | 15343 | 466 | 66 | 42 | 358 | 2498 | 718926 | 22236 |
| 梅列区 | 29166 | 2564 | 410 | 56 | 42 | 312 | 1388 | 262033 | 5336 |
| 三元区 | 138638 | 12779 | 56 | 10 | | 46 | 1110 | 456893 | 16900 |
| 永安市 | 128761 | 13179 | 1472 | 719 | | 753 | 12474 | 2033565 | 97069 |
| 明溪县 | 50250 | 4315 | 1793 | 1558 | | 235 | 17982 | 472817 | 59127 |
| 清流县 | 80892 | 8968 | 14898 | 4765 | | 10133 | 35249 | 1935106 | 56319 |
| 宁化县 | 116722 | 11721 | 6827 | 1356 | | 5471 | 13205 | 806972 | 22450 |
| 大田县 | 136434 | 12686 | 3352 | 1653 | | 1699 | 40510 | 2028394 | 1222841 |
| 尤溪县 | 203335 | 16936 | 1875 | 825 | 2 | 1048 | 31452 | 1892651 | 45582 |
| 沙 县 | 150714 | 18423 | 1025 | 608 | | 417 | 12650 | 1539901 | 73135 |
| 将乐县 | 48053 | 4601 | 756 | 411 | 95 | 250 | 7892 | 1460850 | 4293 |
| 泰宁县 | 39659 | 4039 | 785 | 654 | | 131 | 3822 | 305720 | |
| 建宁县 | 58772 | 6975 | 3802 | 262 | 3540 | | 10220 | 357550 | |
| **泉 州 市** | **858340** | **94776** | **59964** | **30043** | **2590** | **27331** | **150867** | **19842122** | **341871** |
| 泉州市辖区 | 91406 | 10451 | 5993 | 3970 | 127 | 1896 | 27874 | 3323134 | 8063 |
| 鲤城区 | | | | | | | | | |
| 丰泽区 | | | 82 | 43 | 39 | | 728 | 36751 | |
| 洛江区 | 48318 | 6467 | 4247 | 3055 | 88 | 1104 | 10744 | 1683602 | 4188 |
| 泉港区 | 43088 | 3984 | 1664 | 872 | | 792 | 16402 | 1602781 | 3875 |

## 5-3 续表

单位：头、只

| 地区 | 生猪 | #能繁母猪 | 牛 | 肉牛 | 奶牛 | 役用牛 | 羊 | 家禽 | 家兔 |
|---|---|---|---|---|---|---|---|---|---|
| 石狮市 | | | 10 | 10 | | | 11 | 9412 | |
| 晋江市 | 29918 | 2387 | 2394 | 1564 | 733 | 97 | 5778 | 633871 | 23865 |
| 南安市 | 273255 | 48411 | 16141 | 7144 | 1241 | 7756 | 16790 | 5594244 | 8490 |
| 惠安县 | 86394 | 4483 | 11125 | 5108 | 277 | 5740 | 41927 | 4147065 | 6778 |
| 安溪县 | 159205 | 12030 | 12775 | 8859 | 174 | 3742 | 21536 | 3141567 | 61902 |
| 永春县 | 128322 | 11552 | 3294 | 2042 | 38 | 1214 | 19832 | 1635126 | 136124 |
| 德化县 | 89840 | 5462 | 8232 | 1346 | | 6886 | 17119 | 1357703 | 96649 |
| **漳州市** | **1440801** | **158238** | **38414** | **26953** | **6338** | **5123** | **59988** | **37334472** | **264711** |
| 漳州市辖区 | 6298 | 625 | 2415 | 1257 | 1104 | 54 | 4491 | 2866826 | 1175 |
| 芗城区 | 6298 | 625 | 2382 | 1232 | 1096 | 54 | 4489 | 2817684 | 1175 |
| 龙文区 | | | 33 | 25 | 8 | | 2 | 49142 | |
| 龙海市 | 205187 | 13099 | 5420 | 2559 | 709 | 2152 | 7362 | 3390530 | 34080 |
| 云霄县 | 142638 | 16465 | 3363 | 2784 | | 579 | 2595 | 886503 | 672 |
| 漳浦县 | 300832 | 42083 | 5639 | 4189 | 135 | 1315 | 14551 | 5253436 | 11060 |
| 诏安县 | 125435 | 22310 | 6418 | 2596 | 3577 | 245 | 3861 | 2480019 | 3351 |
| 长泰县 | 65791 | 7408 | 6116 | 5564 | 429 | 123 | 6156 | 4160266 | 4237 |
| 东山县 | 55723 | 2725 | 824 | 605 | | 219 | 4773 | 255049 | 6373 |
| 南靖县 | 241162 | 26656 | 1540 | 1317 | 215 | 8 | 4919 | 14378994 | 59925 |
| 平和县 | 185544 | 19596 | 1845 | 1598 | 23 | 224 | 1431 | 778224 | 20450 |
| 华安县 | 112191 | 7271 | 4834 | 4484 | 146 | 204 | 9849 | 2884625 | 123388 |
| **南平市** | **1063402** | **99270** | **43471** | **10281** | **27983** | **5207** | **111166** | **72769221** | **330069** |
| 南平市辖区 | 533642 | 51582 | 23586 | 1374 | 21192 | 1020 | 31451 | 6490120 | 81535 |
| 延平区 | 508961 | 48428 | 18035 | 720 | 16822 | 493 | 16610 | 3575495 | 68536 |
| 建阳区 | 24681 | 3154 | 5551 | 654 | 4370 | 527 | 14841 | 2914625 | 12999 |
| 邵武市 | 77152 | 8887 | 4881 | 4833 | 39 | 9 | 15871 | 845505 | 163454 |
| 武夷山市 | 51296 | 5071 | 1167 | 615 | | 552 | 5354 | 1045068 | 6591 |
| 建瓯市 | 154042 | 13475 | 3390 | 541 | 2689 | 160 | 13560 | 2318265 | 12310 |
| 顺昌县 | 86573 | 6778 | 3382 | 315 | 1589 | 1478 | 13682 | 435617 | 19250 |
| 浦城县 | 106048 | 9015 | 3961 | 1097 | 2460 | 404 | 11887 | 21259437 | 17691 |
| 光泽县 | 7691 | 350 | 1923 | 1150 | 14 | 759 | 6690 | 32796419 | 98 |
| 松溪县 | 19357 | 648 | 378 | 195 | | 183 | 6692 | 537090 | 9487 |
| 政和县 | 27601 | 3464 | 803 | 161 | | 642 | 5979 | 7041700 | 19653 |
| **龙岩市** | **2264311** | **228289** | **68809** | **53192** | **303** | **15314** | **149585** | **41234651** | **2251103** |
| 龙岩市辖区 | 908481 | 85026 | 11088 | 9789 | 37 | 1262 | 34286 | 15962881 | 273423 |
| 新罗区 | 430123 | 39941 | 2508 | 2424 | | 84 | 23595 | 13320509 | 128999 |
| 永定区 | 478358 | 45085 | 8580 | 7365 | 37 | 1178 | 10691 | 2642372 | 144424 |
| 漳平市 | 244139 | 24752 | 4411 | 1498 | | 2913 | 33784 | 2507830 | 142122 |
| 长汀县 | 348112 | 35915 | 18052 | 18052 | | | 16080 | 6727549 | 199465 |
| 上杭县 | 382050 | 41320 | 16195 | 13157 | 172 | 2866 | 33050 | 10110866 | 878036 |
| 武平县 | 218786 | 22123 | 7909 | 3139 | | 4770 | 20566 | 3309487 | 335854 |
| 连城县 | 162743 | 19153 | 11154 | 7557 | 94 | 3503 | 11819 | 2616038 | 422203 |
| **宁德市** | **797004** | **80034** | **10789** | **6993** | **1132** | **2664** | **81730** | **5031251** | **182196** |
| 宁德市辖区 | 120507 | 10359 | 999 | 895 | | 104 | 5845 | 410484 | 5977 |
| 蕉城区 | 120507 | 10359 | 999 | 895 | | 104 | 5845 | 410484 | 5977 |
| 福安市 | 114211 | 9435 | 938 | 723 | 50 | 165 | 16423 | 1038509 | 12593 |
| 福鼎市 | 51303 | 5935 | 480 | 88 | | 392 | 8984 | 451282 | 13449 |
| 霞浦县 | 76760 | 9383 | 2020 | 1216 | | 804 | 13484 | 680932 | 20562 |
| 古田县 | 128818 | 12508 | 3215 | 1826 | 282 | 1107 | 12225 | 967063 | 55913 |
| 屏南县 | 162699 | 20476 | 574 | 574 | | | 6746 | 485613 | 13652 |
| 寿宁县 | 50211 | 5040 | 1346 | 1298 | | 48 | 8041 | 565988 | 7215 |
| 周宁县 | 69865 | 4327 | 1182 | 349 | 800 | 33 | 5106 | 300039 | 35728 |
| 柘荣县 | 22630 | 2571 | 35 | 24 | | 11 | 4876 | 131341 | 17107 |

# 5-4 市县畜禽出栏数(2021年)

单位：头、只

| 地区 | 生猪 | 牛 | 羊 | 家禽 | 家兔 |
|---|---|---|---|---|---|
| **全　　省** | **15475864** | **228955** | **1596936** | **1077423705** | **12442886** |
| **福　州　市** | **2096380** | **32280** | **446528** | **22624081** | **1371140** |
| 福州市辖区 | 298722 | 5580 | 23741 | 4124547 | 159792 |
| 鼓楼区 | | | | | |
| 台江区 | | | | | |
| 仓山区 | | | | | |
| 马尾区 | 40415 | 89 | 313 | 101041 | |
| 晋安区 | 58785 | 502 | 5042 | 771884 | 2156 |
| 长乐区 | 199522 | 4989 | 18386 | 3251622 | 157636 |
| 福清市 | 686214 | 12875 | 64761 | 2931415 | 134940 |
| 闽侯县 | 359830 | 5250 | 127587 | 7323375 | 418332 |
| 连江县 | 210254 | 3314 | 28947 | 1212598 | 120516 |
| 罗源县 | 118388 | 1711 | 37406 | 1357466 | 213590 |
| 闽清县 | 153385 | 822 | 24032 | 3021971 | 41421 |
| 永泰县 | 148392 | 1900 | 125807 | 2354159 | 269697 |
| 平潭县 | 121195 | 828 | 14247 | 298550 | 12852 |
| **厦　门　市** | **361174** | **6872** | **7535** | **4575841** | **15245** |
| 厦门市辖区 | 361174 | 6872 | 7535 | 4575841 | 15245 |
| 思明区 | | | | | |
| 海沧区 | | 309 | 1664 | 373054 | 680 |
| 湖里区 | | | | | |
| 集美区 | | 1145 | 1786 | 1009577 | 3900 |
| 同安区 | 181101 | 2644 | 2021 | 2044639 | 5775 |
| 翔安区 | 180073 | 2774 | 2064 | 1148571 | 4890 |
| **莆　田　市** | **555384** | **3622** | **65486** | **34520873** | **10533** |
| 莆田市辖区 | 395901 | 2115 | 32121 | 26344625 | 101 |
| 城厢区 | 146918 | | 1940 | 14992811 | |
| 涵江区 | 86785 | 1234 | 8416 | 2291524 | |
| 荔城区 | 82883 | | 3855 | 1913100 | 101 |
| 秀屿区 | 79315 | 881 | 17910 | 7147190 | |
| 仙游县 | 159483 | 1507 | 33365 | 8176248 | 10432 |
| **三　明　市** | **1972022** | **23317** | **312238** | **34955472** | **3458203** |
| 三明市辖区 | 314012 | 328 | 2699 | 1635598 | 70791 |
| 梅列区 | 50892 | 289 | 919 | 653763 | 13191 |
| 三元区 | 263120 | 39 | 1780 | 981835 | 57600 |
| 永安市 | 208319 | 1104 | 21033 | 6922488 | 194469 |
| 明溪县 | 78792 | 3820 | 27630 | 1030998 | 113684 |
| 清流县 | 111554 | 9491 | 67747 | 1912708 | 131463 |
| 宁化县 | 189594 | 2866 | 26687 | 2669821 | 43429 |
| 大田县 | 195105 | 2441 | 55784 | 3774393 | 2657906 |
| 尤溪县 | 323300 | 866 | 55597 | 4729957 | 58482 |
| 沙　县 | 261772 | 1377 | 21812 | 4488707 | 164456 |
| 将乐县 | 80970 | 447 | 10549 | 5462044 | 5991 |
| 泰宁县 | 106054 | 327 | 10080 | 1237878 | 17532 |
| 建宁县 | 102550 | 250 | 12620 | 1090880 | |
| **泉　州　市** | **1399870** | **43842** | **241448** | **46767869** | **559127** |
| 泉州市辖区 | 140361 | 5424 | 40844 | 5989502 | 15579 |
| 鲤城区 | | | | | |
| 丰泽区 | | 32 | 467 | 51589 | |
| 洛江区 | 84689 | 3714 | 9603 | 3051159 | 4904 |
| 泉港区 | 55672 | 1678 | 30774 | 2886754 | 10675 |

5-4 续表

单位：头、只

| 地 区 | 生猪 | 牛 | 羊 | 家禽 | 家兔 |
|---|---|---|---|---|---|
| 石狮市 | | 18 | 36 | 15460 | |
| 晋江市 | 39397 | 3904 | 3721 | 1434113 | 24173 |
| 南安市 | 521987 | 11053 | 26658 | 18185952 | 16155 |
| 惠安县 | 131185 | 4869 | 69494 | 7744705 | 8383 |
| 安溪县 | 210516 | 9866 | 37970 | 6852033 | 97622 |
| 永春县 | 221560 | 3128 | 40772 | 3568800 | 192009 |
| 德化县 | 134864 | 5580 | 21953 | 2977304 | 205206 |
| **漳 州 市** | **2255094** | **44780** | **74295** | **144397224** | **487869** |
| 漳州市辖区 | 6215 | 1264 | 4471 | 10547924 | 3812 |
| 芗城区 | 6215 | 1233 | 4471 | 10433437 | 3812 |
| 龙文区 | | 31 | | 114487 | |
| 龙海市 | 335127 | 4279 | 13241 | 15554850 | 128911 |
| 云霄县 | 262028 | 3657 | 2444 | 2045464 | 3586 |
| 漳浦县 | 465008 | 5767 | 13751 | 16459390 | 12822 |
| 诏安县 | 171670 | 3540 | 3955 | 6465896 | 3754 |
| 长泰县 | 82643 | 5978 | 5517 | 7571431 | 7253 |
| 东山县 | 62865 | 508 | 6589 | 693159 | 8496 |
| 南靖县 | 427320 | 4066 | 7138 | 73648600 | 94221 |
| 平和县 | 248937 | 5248 | 1033 | 3125116 | 53969 |
| 华安县 | 193281 | 10473 | 16156 | 8285394 | 171045 |
| **南 平 市** | **1580299** | **18987** | **156655** | **577090077** | **1201655** |
| 南平市辖区 | 717807 | 7864 | 44162 | 15997508 | 199595 |
| 延平区 | 670792 | 4563 | 28801 | 9447420 | 169476 |
| 建阳区 | 47015 | 3301 | 15361 | 6550088 | 30119 |
| 邵武市 | 142919 | 5966 | 33080 | 3267245 | 865393 |
| 武夷山市 | 80586 | 807 | 12450 | 2500681 | 19635 |
| 建瓯市 | 209182 | 377 | 18085 | 9916555 | 27274 |
| 顺昌县 | 152044 | 884 | 16304 | 1351412 | 28826 |
| 浦城县 | 154451 | 1544 | 11413 | 166266340 | 24263 |
| 光泽县 | 16390 | 829 | 8419 | 310307380 | 749 |
| 松溪县 | 56218 | 333 | 6690 | 1790300 | 19561 |
| 政和县 | 50702 | 383 | 6052 | 65692656 | 16359 |
| **龙 岩 市** | **4247723** | **50062** | **189863** | **203374579** | **5023487** |
| 龙岩市辖区 | 1650982 | 11485 | 41134 | 90815281 | 787887 |
| 新罗区 | 850889 | 2395 | 26488 | 78682415 | 437671 |
| 永定区 | 800093 | 9090 | 14646 | 12132866 | 350216 |
| 漳平市 | 365397 | 1396 | 39348 | 4762979 | 257927 |
| 长汀县 | 648713 | 7035 | 18523 | 16835193 | 336353 |
| 上杭县 | 764473 | 14155 | 46313 | 53696390 | 2143242 |
| 武平县 | 505141 | 4362 | 22454 | 22894227 | 451288 |
| 连城县 | 313017 | 11629 | 22091 | 14370509 | 1046790 |
| **宁 德 市** | **1007918** | **5193** | **102888** | **9117689** | **315627** |
| 宁德市辖区 | 152176 | 437 | 6743 | 1006687 | 11223 |
| 蕉城区 | 152176 | 437 | 6743 | 1006687 | 11223 |
| 福安市 | 133185 | 714 | 19318 | 1818153 | 48837 |
| 福鼎市 | 62943 | 571 | 21703 | 1060745 | 14951 |
| 霞浦县 | 109697 | 891 | 13123 | 951434 | 25781 |
| 古田县 | 163872 | 1378 | 9301 | 1898912 | 111128 |
| 屏南县 | 212145 | 346 | 11858 | 768830 | 22682 |
| 寿宁县 | 63545 | 416 | 7689 | 962582 | 8031 |
| 周宁县 | 68259 | 330 | 4896 | 448007 | 42301 |
| 柘荣县 | 42096 | 110 | 8257 | 202339 | 30693 |

# 5-5 市县主要畜禽产品产量(2021年)

单位：吨

| 地区 | 肉蛋奶总产量 | #肉类总产量 | #猪肉 | #牛肉 | #羊肉 | #禽肉 |
|---|---|---|---|---|---|---|
| **全　　省** | **3633837** | **2865369** | **1243361** | **25591** | **22970** | **1528465** |
| **福 州 市** | **341235** | **210119** | **163484** | **3525** | **6211** | **34029** |
| 福州市辖区 | 56371 | 35172 | 27072 | 581 | 342 | 6574 |
| 鼓楼区 | | | | | | |
| 台江区 | | | | | | |
| 仓山区 | | | | | | |
| 马尾区 | 7528 | 5925 | 5691 | 12 | 9 | 213 |
| 晋安区 | 9647 | 7796 | 5904 | 70 | 76 | 1387 |
| 长乐区 | 39196 | 21451 | 15477 | 499 | 257 | 4974 |
| 福清市 | 105308 | 60863 | 53636 | 1410 | 944 | 4645 |
| 闽侯县 | 60375 | 40024 | 25819 | 591 | 1740 | 11001 |
| 连江县 | 26126 | 17207 | 14736 | 387 | 374 | 1497 |
| 罗源县 | 23832 | 12960 | 9855 | 170 | 508 | 2080 |
| 闽清县 | 34952 | 16442 | 11643 | 111 | 341 | 4278 |
| 永泰县 | 22932 | 18125 | 12057 | 190 | 1761 | 3602 |
| 平潭县 | 11339 | 9325 | 8666 | 85 | 201 | 352 |
| **厦 门 市** | **39035** | **35669** | **28713** | **687** | **105** | **6001** |
| 厦门市辖区 | 39035 | 35669 | 28713 | 687 | 105 | 6001 |
| 思明区 | | | | | | |
| 海沧区 | 919 | 658 | | 31 | 23 | 466 |
| 湖里区 | | | | | | |
| 集美区 | 2416 | 1522 | | 115 | 25 | 1377 |
| 同安区 | 19273 | 17327 | 14398 | 264 | 28 | 2628 |
| 翔安区 | 16427 | 16162 | 14315 | 277 | 29 | 1531 |
| **莆 田 市** | **130074** | **96009** | **45235** | **452** | **907** | **49399** |
| 莆田市辖区 | 92655 | 70839 | 32321 | 228 | 444 | 37846 |
| 城厢区 | 34612 | 33649 | 12130 | | 17 | 21502 |
| 涵江区 | 19159 | 10397 | 6943 | 137 | 119 | 3198 |
| 荔城区 | 17720 | 9894 | 6720 | | 58 | 3115 |
| 秀屿区 | 21165 | 16900 | 6528 | 91 | 250 | 10031 |
| 仙游县 | 37418 | 25169 | 12914 | 224 | 462 | 11553 |
| **三 明 市** | **280494** | **223105** | **157469** | **2550** | **4391** | **52159** |
| 三明市辖区 | 31064 | 27727 | 25074 | 36 | 38 | 2440 |
| 梅列区 | 7089 | 5110 | 4064 | 32 | 13 | 975 |
| 三元区 | 23976 | 22616 | 21011 | 4 | 25 | 1465 |
| 永安市 | 32783 | 27745 | 16635 | 121 | 296 | 10334 |
| 明溪县 | 11470 | 8838 | 6292 | 418 | 389 | 1541 |
| 清流县 | 25768 | 13968 | 8908 | 1038 | 953 | 2855 |
| 宁化县 | 23948 | 20008 | 15139 | 313 | 375 | 4001 |
| 大田县 | 33309 | 26345 | 15579 | 267 | 784 | 5631 |
| 尤溪县 | 41511 | 34643 | 25816 | 95 | 782 | 7060 |
| 沙　县 | 33995 | 28458 | 20903 | 151 | 307 | 6695 |
| 将乐县 | 16547 | 14817 | 6466 | 49 | 148 | 8128 |
| 泰宁县 | 11358 | 10520 | 8469 | 36 | 142 | 1848 |
| 建宁县 | 18741 | 10037 | 8189 | 27 | 178 | 1628 |
| **泉 州 市** | **286531** | **197832** | **112855** | **4617** | **3626** | **73429** |
| 泉州市辖区 | 33620 | 21543 | 10979 | 605 | 610 | 9261 |
| 鲤城区 | | | | | | |
| 丰泽区 | 287 | 86 | | 3 | 7 | 76 |
| 洛江区 | 15042 | 11619 | 6454 | 423 | 151 | 4529 |
| 泉港区 | 18290 | 9838 | 4525 | 179 | 452 | 4656 |

5-5 续表 1

单位：吨

| 地　　区 | #兔肉 | #禽蛋产量 | #奶类产量 | 蜂蜜产量 | 蜂蜡产量 | 兔毛产量(公斤) |
|---|---|---|---|---|---|---|
| **全　　省** | **19248** | **559126** | **199742** | **17947** | **619** | **14110** |
| **福 州 市** | **2224** | **123356** | **7754** | **2660** | **177** | **23** |
| 福州市辖区 | 248 | 20186 | 1013 | 323 | | 23 |
| 鼓楼区 | | | | | | |
| 台江区 | | | | | | |
| 仓山区 | | | | | | |
| 马尾区 | | 1509 | 94 | | | |
| 晋安区 | 3 | 1591 | 260 | 323 | | 23 |
| 长乐区 | 244 | 17086 | 659 | | | |
| 福清市 | 228 | 38797 | 5648 | | | |
| 闽侯县 | 679 | 19469 | 882 | 167 | | |
| 连江县 | 213 | 8894 | 25 | 256 | | |
| 罗源县 | 335 | 10767 | 99 | 37 | | |
| 闽清县 | 69 | 18462 | 47 | 172 | | |
| 永泰县 | 432 | 4767 | 39 | 1705 | 177 | |
| 平潭县 | 21 | 2014 | | | | |
| **厦 门 市** | **23** | **2456** | **910** | **181** | **0** | |
| 厦门市辖区 | 23 | 2456 | 910 | 181 | 0 | |
| 思明区 | | | | | | |
| 海沧区 | 1 | 183 | 78 | 13 | | |
| 湖里区 | | | | | | |
| 集美区 | 6 | 737 | 157 | 68 | 0 | |
| 同安区 | 9 | 1287 | 659 | 83 | | |
| 翔安区 | 7 | 250 | 15 | 17 | | |
| **莆 田 市** | **16** | **30556** | **3509** | **2820** | **13** | |
| 莆田市辖区 | | 18798 | 3018 | 1744 | 13 | |
| 城厢区 | | 963 | | | | |
| 涵江区 | | 6105 | 2657 | 1744 | 13 | |
| 荔城区 | | 7465 | 361 | | | |
| 秀屿区 | | 4265 | | | | |
| 仙游县 | 16 | 11758 | 491 | 1076 | | |
| **三 明 市** | **5329** | **49057** | **8314** | **2454** | **109** | |
| 三明市辖区 | 113 | 2437 | 901 | 62 | 2 | |
| 梅列区 | 27 | 1077 | 901 | 50 | 2 | |
| 三元区 | 86 | 1360 | | 12 | | |
| 永安市 | 355 | 5024 | 13 | 58 | | |
| 明溪县 | 176 | 2432 | 200 | 52 | | |
| 清流县 | 215 | 11800 | | 35 | | |
| 宁化县 | 66 | 3940 | | 27 | | |
| 大田县 | 4015 | 6965 | | 163 | 30 | |
| 尤溪县 | 88 | 6843 | 13 | 1053 | 77 | |
| 沙　县 | 266 | 5534 | | 938 | | |
| 将乐县 | 9 | 1539 | 187 | 66 | | |
| 泰宁县 | 26 | 838 | | | | |
| 建宁县 | | 1704 | 7000 | | | |
| **泉 州 市** | **940** | **83122** | **5577** | **1199** | **2** | |
| 泉州市辖区 | 37 | 11734 | 343 | 243 | | |
| 鲤城区 | | | | | | |
| 丰泽区 | | | 201 | | | |
| 洛江区 | 12 | 3301 | 122 | 68 | | |
| 泉港区 | 26 | 8433 | 20 | 175 | | |

## 5-5 续表 2

单位：吨

| 地区 | 肉蛋奶总产量 | #肉类总产量 | #猪肉 | #牛肉 | #羊肉 | #禽肉 |
|---|---|---|---|---|---|---|
| 石狮市 | 122 | 22 | | 2 | 1 | 19 |
| 晋江市 | 12910 | 6011 | 3249 | 404 | 90 | 2229 |
| 南安市 | 93095 | 72446 | 43377 | 1131 | 373 | 27201 |
| 惠安县 | 33049 | 26896 | 10812 | 507 | 1045 | 12636 |
| 安溪县 | 45520 | 29584 | 16586 | 1038 | 586 | 11193 |
| 永春县 | 45344 | 24338 | 16928 | 333 | 592 | 6082 |
| 德化县 | 22873 | 16992 | 10924 | 597 | 329 | 4808 |
| **漳州市** | **509483** | **400911** | **181084** | **5265** | **1121** | **203379** |
| 漳州市辖区 | 28671 | 21921 | 514 | 161 | 66 | 14407 |
| 芗城区 | 22271 | 16532 | 514 | 158 | 66 | 14183 |
| 龙文区 | 6400 | 5389 | | 3 | | 224 |
| 龙海市 | 70099 | 51025 | 27926 | 490 | 225 | 21028 |
| 云霄县 | 26701 | 25217 | 21194 | 445 | 37 | 3536 |
| 漳浦县 | 72096 | 62502 | 37466 | 625 | 201 | 23764 |
| 诏安县 | 51312 | 26790 | 13489 | 399 | 65 | 12659 |
| 长泰县 | 39681 | 17498 | 6561 | 655 | 82 | 10098 |
| 东山县 | 7545 | 7107 | 5544 | 59 | 94 | 1396 |
| 南靖县 | 143089 | 135769 | 34706 | 437 | 105 | 99814 |
| 平和县 | 28886 | 25435 | 19403 | 738 | 26 | 5172 |
| 华安县 | 41403 | 27646 | 14281 | 1255 | 220 | 11506 |
| **南平市** | **1197342** | **935693** | **134863** | **2054** | **2221** | **792016** |
| 南平市辖区 | 242294 | 85288 | 59984 | 896 | 651 | 22799 |
| 延平区 | 173295 | 70672 | 56317 | 553 | 429 | 12870 |
| 建阳区 | 68999 | 14616 | 3667 | 343 | 222 | 9929 |
| 邵武市 | 23300 | 19298 | 11919 | 620 | 429 | 4484 |
| 武夷山市 | 20636 | 12443 | 7305 | 87 | 185 | 3500 |
| 建瓯市 | 52292 | 30036 | 17565 | 35 | 277 | 12123 |
| 顺昌县 | 29695 | 14759 | 12665 | 95 | 232 | 1639 |
| 浦城县 | 274158 | 245412 | 15553 | 162 | 159 | 229423 |
| 光泽县 | 448319 | 428260 | 1400 | 87 | 120 | 426650 |
| 松溪县 | 7321 | 6684 | 4153 | 34 | 95 | 2366 |
| 政和县 | 99327 | 93513 | 4319 | 39 | 73 | 89032 |
| **龙岩市** | **720227** | **668938** | **339642** | **5854** | **2837** | **304021** |
| 龙岩市辖区 | 288007 | 271187 | 131891 | 1275 | 620 | 136228 |
| 新罗区 | 195142 | 184044 | 68101 | 244 | 395 | 114660 |
| 永定区 | 92865 | 87143 | 63790 | 1031 | 225 | 21568 |
| 漳平市 | 43416 | 36612 | 28432 | 168 | 585 | 6990 |
| 长汀县 | 85427 | 80570 | 51856 | 844 | 270 | 26984 |
| 上杭县 | 161455 | 155328 | 61943 | 1670 | 758 | 81072 |
| 武平县 | 81911 | 74051 | 40722 | 498 | 283 | 30407 |
| 连城县 | 60011 | 51190 | 24798 | 1399 | 321 | 22340 |
| **宁德市** | **129417** | **97094** | **80017** | **585** | **1551** | **14030** |
| 宁德市辖区 | 15196 | 13276 | 11667 | 49 | 95 | 1429 |
| 蕉城区 | 15196 | 13276 | 11667 | 49 | 95 | 1429 |
| 福安市 | 21478 | 14870 | 10984 | 97 | 330 | 3215 |
| 福鼎市 | 9388 | 7035 | 5147 | 57 | 336 | 1440 |
| 霞浦县 | 15527 | 10720 | 8851 | 103 | 190 | 1466 |
| 古田县 | 19970 | 16214 | 12911 | 146 | 144 | 2817 |
| 屏南县 | 21059 | 18371 | 16973 | 41 | 170 | 1152 |
| 寿宁县 | 8458 | 6741 | 5085 | 40 | 104 | 1462 |
| 周宁县 | 13635 | 5828 | 4834 | 39 | 67 | 753 |
| 柘荣县 | 4706 | 4039 | 3564 | 14 | 114 | 296 |

## 5-5 续表 3

单位：吨

| 地　　区 | | | | 蜂蜜产量 | 蜂蜡产量 | 兔毛产量(公斤) |
|---|---|---|---|---|---|---|
| | #兔肉 | #禽蛋产量 | #奶类产量 | | | |
| 石狮市 | | 100 | | | | |
| 晋江市 | 39 | 4273 | 2626 | | | |
| 南安市 | 29 | 18430 | 2219 | 306 | | |
| 惠安县 | 14 | 6131 | 22 | | | |
| 安溪县 | 163 | 15648 | 288 | 129 | | |
| 永春县 | 340 | 20927 | 79 | 376 | | |
| 德化县 | 317 | 5881 | | 145 | 2 | |
| **漳　州　市** | **776** | **77145** | **22543** | **3324** | **131** | **96** |
| 漳州市辖区 | 5 | 4369 | 1343 | | | 16 |
| 芗城区 | 5 | 4339 | 1330 | | | 16 |
| 龙文区 | | 30 | 13 | | | |
| 龙海市 | 194 | 17567 | 1375 | 79 | 5 | |
| 云霄县 | 5 | 1484 | | 61 | 6 | |
| 漳浦县 | 18 | 9388 | 205 | 64 | | |
| 诏安县 | 6 | 5722 | 18800 | 104 | | |
| 长泰县 | 11 | 20646 | 328 | 176 | 39 | |
| 东山县 | 14 | 438 | | | | |
| 南靖县 | 167 | 7137 | 124 | 153 | | |
| 平和县 | 92 | 3275 | 163 | 131 | 2 | 80 |
| 华安县 | 264 | 7119 | 204 | 2557 | 80 | |
| **南　平　市** | **2024** | **117930** | **143637** | **2063** | **129** | **1191** |
| 南平市辖区 | 393 | 50695 | 106293 | 901 | 70 | 47 |
| 延平区 | 342 | 17124 | 85480 | 458 | 70 | 47 |
| 建阳区 | 51 | 33570 | 20813 | 443 | | |
| 邵武市 | 1411 | 3731 | 255 | 158 | | |
| 武夷山市 | 35 | 8146 | | 167 | 4 | |
| 建瓯市 | 37 | 8627 | 13628 | 93 | 3 | |
| 顺昌县 | 47 | 2466 | 12470 | 111 | 20 | |
| 浦城县 | 37 | 17832 | 10914 | 173 | 32 | 1000 |
| 光泽县 | 1 | 19981 | 77 | 93 | | |
| 松溪县 | 36 | 637 | | 95 | | |
| 政和县 | 27 | 5814 | | 273 | | 144 |
| **龙　岩　市** | **7395** | **49980** | **734** | **2311** | **20** | |
| 龙岩市辖区 | 1173 | 16623 | 197 | 1066 | | |
| 新罗区 | 644 | 11045 | 53 | 246 | | |
| 永定区 | 529 | 5578 | 144 | 820 | | |
| 漳平市 | 380 | 6366 | | 203 | 1 | |
| 长汀县 | 538 | 4747 | | 168 | 1 | |
| 上杭县 | 3279 | 5768 | 359 | 427 | 14 | |
| 武平县 | 600 | 7859 | | 309 | 3 | |
| 连城县 | 1425 | 8617 | 178 | 139 | 1 | |
| **宁　德　市** | **521** | **25523** | **6765** | **935** | **37** | **12800** |
| 宁德市辖区 | 33 | 1920 | | 142 | 1 | |
| 蕉城区 | 33 | 1920 | | 142 | 1 | |
| 福安市 | 85 | 6485 | 119 | 165 | 36 | 12631 |
| 福鼎市 | 30 | 2352 | | 256 | | 113 |
| 霞浦县 | 38 | 4776 | | 108 | | |
| 古田县 | 181 | 3413 | 343 | 29 | | |
| 屏南县 | 35 | 2604 | 84 | 80 | | |
| 寿宁县 | 11 | 1717 | | 85 | | 56 |
| 周宁县 | 56 | 1589 | 6218 | 32 | | |
| 柘荣县 | 51 | 667 | | 38 | | |

# 5-6 设区市全体居民人均可支配收入(2021年)

单位：元

| 地区 | 可支配收入 | 工资性收入 | 经营净收入 | 财产净收入 | 转移净收入 |
|---|---|---|---|---|---|
| **全省** | **40659** | **23784** | **7412** | **4540** | **4923** |
| 福州 | 44249 | 27068 | 5071 | 5307 | 6803 |
| 厦门 | 64362 | 45681 | 5549 | 8174 | 4958 |
| 莆田 | 34755 | 18018 | 6150 | 4134 | 6453 |
| 三明 | 32951 | 18113 | 8077 | 2138 | 4622 |
| 泉州 | 44331 | 25470 | 11680 | 4008 | 3174 |
| 漳州 | 33818 | 18809 | 8408 | 2138 | 4462 |
| 南平 | 30995 | 16670 | 7545 | 2117 | 4663 |
| 龙岩 | 33431 | 19760 | 7750 | 2694 | 3227 |
| 宁德 | 31460 | 12999 | 12314 | 2502 | 3644 |

# 5-7 设区市全体居民人均可支配收入构成(2021年)

单位：%

| 地区 | 可支配收入 | 工资性收入 | 经营净收入 | 财产净收入 | 转移净收入 |
|---|---|---|---|---|---|
| **全省** | **100.0** | **58.5** | **18.2** | **11.2** | **12.1** |
| 福州 | 100.0 | 61.2 | 11.5 | 12.0 | 15.4 |
| 厦门 | 100.0 | 71.0 | 8.6 | 12.7 | 7.7 |
| 莆田 | 100.0 | 51.8 | 17.7 | 11.9 | 18.6 |
| 三明 | 100.0 | 55.0 | 24.5 | 6.5 | 14.0 |
| 泉州 | 100.0 | 57.5 | 26.3 | 9.0 | 7.2 |
| 漳州 | 100.0 | 55.6 | 24.9 | 6.3 | 13.2 |
| 南平 | 100.0 | 53.8 | 24.3 | 6.8 | 15.0 |
| 龙岩 | 100.0 | 59.1 | 23.2 | 8.1 | 9.7 |
| 宁德 | 100.0 | 41.3 | 39.1 | 8.0 | 11.6 |

## 5-8 设区市全体居民人均生活消费支出(2021年)

单位：元

| 地 区 | 生活消费支 出 | 食品烟酒 | 衣着 | 居住 | 生活用品及 服 务 | 交通通信 | 教育文化娱 乐 | 医疗保健 | 其他用品及 服 务 |
|---|---|---|---|---|---|---|---|---|---|
| **全 省** | **28440** | **9168** | **1432** | **8301** | **1473** | **3121** | **2572** | **1769** | **606** |
| 福 州 | 30869 | 9734 | 1573 | 9957 | 1533 | 3036 | 2856 | 1423 | 756 |
| 厦 门 | 41644 | 12403 | 1969 | 13334 | 2065 | 4685 | 3753 | 2330 | 1105 |
| 莆 田 | 24211 | 8801 | 1073 | 6997 | 1340 | 2187 | 2134 | 1313 | 366 |
| 三 明 | 22953 | 7990 | 1158 | 5172 | 1340 | 2611 | 2523 | 1639 | 520 |
| 泉 州 | 28272 | 9406 | 1666 | 7278 | 1639 | 3373 | 2766 | 1321 | 823 |
| 漳 州 | 22894 | 8048 | 940 | 5929 | 1070 | 2562 | 2361 | 1519 | 464 |
| 南 平 | 20458 | 7923 | 1249 | 4538 | 1016 | 2039 | 1939 | 1344 | 409 |
| 龙 岩 | 22635 | 8218 | 1143 | 5193 | 1202 | 2602 | 2494 | 1303 | 481 |
| 宁 德 | 22220 | 8208 | 1507 | 5076 | 1249 | 1667 | 2165 | 1909 | 440 |

## 5-9 设区市全体居民人均生活消费支出构成(2021年)

单位：%

| 地 区 | 生活消费支 出 | 食品烟酒 | 衣着 | 居住 | 生活用品及 服 务 | 交通通信 | 教育文化娱 乐 | 医疗保健 | 其他用品及 服 务 |
|---|---|---|---|---|---|---|---|---|---|
| **全 省** | **100.0** | **32.2** | **5.0** | **29.2** | **5.2** | **11.0** | **9.0** | **6.2** | **2.1** |
| 福 州 | 100.0 | 31.5 | 5.1 | 32.3 | 5.0 | 9.8 | 9.3 | 4.6 | 2.5 |
| 厦 门 | 100.0 | 29.8 | 4.7 | 32.0 | 5.0 | 11.2 | 9.0 | 5.6 | 2.7 |
| 莆 田 | 100.0 | 36.4 | 4.4 | 28.9 | 5.5 | 9.0 | 8.8 | 5.4 | 1.5 |
| 三 明 | 100.0 | 34.8 | 5.0 | 22.5 | 5.8 | 11.4 | 11.0 | 7.1 | 2.3 |
| 泉 州 | 100.0 | 33.3 | 5.9 | 25.7 | 5.8 | 11.9 | 9.8 | 4.7 | 2.9 |
| 漳 州 | 100.0 | 35.2 | 4.1 | 25.9 | 4.7 | 11.2 | 10.3 | 6.6 | 2.0 |
| 南 平 | 100.0 | 38.7 | 6.1 | 22.2 | 5.0 | 10.0 | 9.5 | 6.6 | 2.0 |
| 龙 岩 | 100.0 | 36.3 | 5.0 | 22.9 | 5.3 | 11.5 | 11.0 | 5.8 | 2.1 |
| 宁 德 | 100.0 | 36.9 | 6.8 | 22.8 | 5.6 | 7.5 | 9.7 | 8.6 | 2.0 |

# 5-10 市(县、区)全体居民人均收支情况(2021年)

单位：元

| 地区 | 可支配收入 | 生活消费支出 |
|---|---|---|
| **全 省** | **40659** | **28440** |
| **福 州 市** | **44249** | **30869** |
| 福州市辖区 | | |
| 鼓楼区 | 62850 | 42390 |
| 台江区 | 58324 | 38910 |
| 仓山区 | 49711 | 33639 |
| 马尾区 | 50541 | 35948 |
| 晋安区 | 53699 | 35590 |
| 长乐区 | 39870 | 28372 |
| 福清市 | 40299 | 28782 |
| 闽侯县 | 36917 | 25751 |
| 连江县 | 30758 | 22338 |
| 罗源县 | 26951 | 19605 |
| 闽清县 | 24997 | 18836 |
| 永泰县 | 24493 | 17833 |
| 平潭县 | 30941 | 22463 |
| **厦 门 市** | **64362** | **41644** |
| 厦门市辖区 | | |
| 思明区 | 81224 | 55318 |
| 海沧区 | 60859 | 41667 |
| 湖里区 | 66226 | 40821 |
| 集美区 | 58219 | 37051 |
| 同安区 | 49606 | 30362 |
| 翔安区 | 40062 | 26774 |
| **莆 田 市** | **34755** | **24211** |
| 莆田市辖区 | | |
| 城厢区 | 44182 | 27296 |
| 涵江区 | 39066 | 24796 |
| 荔城区 | 43560 | 31043 |
| 秀屿区 | 27084 | 20720 |
| 仙游县 | 27562 | 19643 |
| **三 明 市** | **32951** | **22953** |
| 三明市辖区 | | |
| 梅列区 | | |
| 三元区 | 45311 | 31597 |
| 永安市 | 35833 | 25175 |
| 明溪县 | 27404 | 18811 |
| 清流县 | 27320 | 18947 |
| 宁化县 | 24733 | 17790 |
| 大田县 | 31295 | 21691 |
| 尤溪县 | 29115 | 20222 |
| 沙 县 | 36011 | 25081 |
| 将乐县 | 30957 | 21075 |
| 泰宁县 | 28642 | 20001 |
| 建宁县 | 26112 | 17451 |
| **泉 州 市** | **44331** | **28272** |
| 泉州市辖区 | | |
| 鲤城区 | 53224 | 32685 |
| 丰泽区 | 64604 | 37404 |
| 洛江区 | 36481 | 23238 |
| 泉港区 | 32320 | 20720 |
| 石狮市 | 61590 | 37432 |
| 晋江市 | 48849 | 30341 |
| 南安市 | 42906 | 27921 |
| 惠安县 | 40578 | 27345 |
| 安溪县 | 27738 | 19556 |
| 永春县 | 30639 | 20580 |
| 德化县 | 35599 | 23495 |
| **漳 州 市** | **33818** | **22894** |
| 漳州市辖区 | | |
| 芗城区 | 47354 | 32004 |
| 龙文区 | 47272 | 33689 |
| 龙海市 | 34802 | 23313 |
| 云霄县 | 28684 | 19421 |
| 漳浦县 | 33071 | 22064 |
| 诏安县 | 26223 | 19149 |
| 长泰县 | 33838 | 24027 |
| 东山县 | 35257 | 23323 |
| 南靖县 | 30046 | 19754 |
| 平和县 | 27528 | 17193 |
| 华安县 | 29441 | 19227 |
| **南 平 市** | **30995** | **20458** |
| 南平市辖区 | | |
| 延平区 | 34752 | 22678 |
| 建阳区 | 32238 | 21761 |
| 邵武市 | 36199 | 23649 |
| 武夷山市 | 33064 | 22716 |
| 建瓯市 | 29965 | 18948 |
| 顺昌县 | 27795 | 18041 |
| 浦城县 | 27132 | 17601 |
| 光泽县 | 25886 | 17594 |
| 松溪县 | 24804 | 16495 |
| 政和县 | 24702 | 17049 |
| **龙 岩 市** | **33431** | **22635** |
| 龙岩市辖区 | | |
| 新罗区 | 41871 | 27114 |
| 永定区 | 32625 | 21121 |
| 漳平市 | 32171 | 22061 |
| 长汀县 | 25852 | 18954 |
| 上杭县 | 31496 | 21458 |
| 武平县 | 28128 | 19687 |
| 连城县 | 27466 | 19426 |
| **宁 德 市** | **31460** | **22220** |
| 宁德市辖区 | | |
| 蕉城区 | 34535 | 24714 |
| 福安市 | 35375 | 25034 |
| 福鼎市 | 33491 | 24551 |
| 霞浦县 | 29241 | 20527 |
| 古田县 | 28483 | 19272 |
| 屏南县 | 24705 | 16249 |
| 寿宁县 | 24523 | 17017 |
| 周宁县 | 26828 | 18405 |
| 柘荣县 | 26935 | 18725 |

## 5-11 设区市农村居民人均可支配收入(2021年)

单位：元

| 地 区 | 可支配收入 | 工资性收入 | 经营净收入 | 财产净收入 | 转移净收入 |
|---|---|---|---|---|---|
| **全 省** | **23229** | **10516** | **8586** | **466** | **3660** |
| 福 州 | 25201 | 13280 | 6090 | 1347 | 4483 |
| 厦 门 | 29894 | 18728 | 6959 | 1472 | 2734 |
| 莆 田 | 22892 | 11524 | 4730 | 657 | 5981 |
| 三 明 | 21617 | 7894 | 10501 | 492 | 2731 |
| 泉 州 | 25911 | 14462 | 8670 | 395 | 2385 |
| 漳 州 | 23582 | 11639 | 9361 | 209 | 2373 |
| 南 平 | 20431 | 7785 | 10350 | 170 | 2126 |
| 龙 岩 | 22716 | 8824 | 10935 | 287 | 2669 |
| 宁 德 | 21282 | 6597 | 12330 | 238 | 2118 |

## 5-12 设区市农村居民人均可支配收入构成(2021年)

单位：%

| 地 区 | 可支配收入 | 工资性收入 | 经营净收入 | 财产净收入 | 转移净收入 |
|---|---|---|---|---|---|
| **全 省** | **100.0** | **45.3** | **37.0** | **2.0** | **15.8** |
| 福 州 | 100.0 | 52.7 | 24.2 | 5.3 | 17.8 |
| 厦 门 | 100.0 | 62.6 | 23.3 | 4.9 | 9.1 |
| 莆 田 | 100.0 | 50.3 | 20.7 | 2.9 | 26.1 |
| 三 明 | 100.0 | 36.5 | 48.6 | 2.3 | 12.6 |
| 泉 州 | 100.0 | 55.8 | 33.5 | 1.5 | 9.2 |
| 漳 州 | 100.0 | 49.4 | 39.7 | 0.9 | 10.1 |
| 南 平 | 100.0 | 38.1 | 50.7 | 0.8 | 10.4 |
| 龙 岩 | 100.0 | 38.8 | 48.1 | 1.3 | 11.8 |
| 宁 德 | 100.0 | 31.0 | 57.9 | 1.1 | 10.0 |

## 5-13 设区市农村居民人均生活消费支出(2021年)

单位：元

| 地区 | 生活消费支出 | 食品烟酒 | 衣着 | 居住 | 生活用品及服务 | 交通通信 | 教育文化娱乐 | 医疗保健 | 其他用品及服务 |
|---|---|---|---|---|---|---|---|---|---|
| **全省** | **19290** | **6765** | **918** | **4894** | **939** | **2232** | **1662** | **1484** | **397** |
| 福州 | 20911 | 7611 | 1220 | 4985 | 1369 | 1832 | 1970 | 1406 | 518 |
| 厦门 | 25033 | 8234 | 965 | 7980 | 1182 | 2808 | 2181 | 1176 | 508 |
| 莆田 | 18759 | 7601 | 679 | 4939 | 912 | 1662 | 1439 | 1188 | 339 |
| 三明 | 15883 | 5635 | 696 | 3355 | 841 | 1998 | 2005 | 1036 | 317 |
| 泉州 | 19564 | 7514 | 972 | 4826 | 875 | 2238 | 1859 | 830 | 450 |
| 漳州 | 16409 | 6238 | 562 | 4116 | 635 | 1754 | 1558 | 1231 | 315 |
| 南平 | 14844 | 5812 | 776 | 3319 | 755 | 1741 | 1282 | 953 | 206 |
| 龙岩 | 16467 | 6325 | 681 | 3680 | 803 | 2040 | 1544 | 1017 | 377 |
| 宁德 | 16269 | 6539 | 935 | 3561 | 668 | 1120 | 1460 | 1657 | 329 |

## 5-14 设区市农村居民人均生活消费支出构成(2021年)

单位：%

| 地区 | 生活消费支出 | 食品烟酒 | 衣着 | 居住 | 生活用品及服务 | 交通通信 | 教育文化娱乐 | 医疗保健 | 其他用品及服务 |
|---|---|---|---|---|---|---|---|---|---|
| **全省** | **100.0** | **35.1** | **4.8** | **25.4** | **4.9** | **11.6** | **8.6** | **7.7** | **2.1** |
| 福州 | 100.0 | 36.4 | 5.8 | 23.8 | 6.5 | 8.8 | 9.4 | 6.7 | 2.5 |
| 厦门 | 100.0 | 32.9 | 3.9 | 31.9 | 4.7 | 11.2 | 8.7 | 4.7 | 2.0 |
| 莆田 | 100.0 | 40.5 | 3.6 | 26.3 | 4.9 | 8.9 | 7.7 | 6.3 | 1.8 |
| 三明 | 100.0 | 35.5 | 4.4 | 21.1 | 5.3 | 12.6 | 12.6 | 6.5 | 2.0 |
| 泉州 | 100.0 | 38.4 | 5.0 | 24.7 | 4.5 | 11.4 | 9.5 | 4.2 | 2.3 |
| 漳州 | 100.0 | 38.0 | 3.4 | 25.1 | 3.9 | 10.7 | 9.5 | 7.5 | 1.9 |
| 南平 | 100.0 | 39.2 | 5.2 | 22.4 | 5.1 | 11.7 | 8.6 | 6.4 | 1.4 |
| 龙岩 | 100.0 | 38.4 | 4.1 | 22.3 | 4.9 | 12.4 | 9.4 | 6.2 | 2.3 |
| 宁德 | 100.0 | 40.2 | 5.7 | 21.9 | 4.1 | 6.9 | 9.0 | 10.2 | 2.0 |

# 5-15 市(县、区)农村居民人均收支情况(2021年)

单位：元

| 地　区 | 可支配收入 | 生活消费支出 | 地　区 | 可支配收入 | 生活消费支出 |
|---|---|---|---|---|---|
| **全　省** | **23229** | **19290** | 石狮市 | 31981 | 22208 |
| **福州市** | **25201** | **20911** | 晋江市 | 30201 | 22386 |
| 福州市辖区 | | | 南安市 | 27811 | 20424 |
| 鼓楼区 | | | 惠安县 | 26587 | 19893 |
| 台江区 | | | 安溪县 | 20909 | 16563 |
| 仓山区 | | | 永春县 | 20382 | 15211 |
| 马尾区 | 32375 | 27304 | 德化县 | 19933 | 15951 |
| 晋安区 | 25679 | 17595 | **漳州市** | **23582** | **16409** |
| 长乐区 | 28837 | 23778 | 漳州市辖区 | | |
| 福清市 | 29870 | 23996 | 芗城区 | 23586 | 19116 |
| 闽侯县 | 24180 | 20505 | 龙文区 | 25234 | 21304 |
| 连江县 | 23044 | 19376 | 龙海市 | 24696 | 18025 |
| 罗源县 | 19393 | 16450 | 云霄县 | 21665 | 14453 |
| 闽清县 | 19148 | 16468 | 漳浦县 | 25807 | 17709 |
| 永泰县 | 18620 | 15415 | 诏安县 | 21216 | 15300 |
| 平潭县 | 20904 | 17830 | 长泰县 | 24643 | 19226 |
| **厦门市** | **29894** | **25033** | 东山县 | 27281 | 18965 |
| 厦门市辖区 | | | 南靖县 | 22862 | 16187 |
| 思明区 | | | 平和县 | 23005 | 13672 |
| 海沧区 | 36948 | 33636 | 华安县 | 22746 | 14836 |
| 湖里区 | | | **南平市** | **20431** | **14844** |
| 集美区 | 36200 | 33518 | 南平市辖区 | | |
| 同安区 | 27564 | 21749 | 延平区 | 22219 | 15560 |
| 翔安区 | 27045 | 21643 | 建阳区 | 20629 | 15513 |
| **莆田市** | **22892** | **18759** | 邵武市 | 23634 | 16781 |
| 莆田市辖区 | | | 武夷山市 | 22430 | 16717 |
| 城厢区 | 25444 | 19209 | 建瓯市 | 21624 | 15236 |
| 涵江区 | 21898 | 17957 | 顺昌县 | 19591 | 13831 |
| 荔城区 | 26063 | 20338 | 浦城县 | 18817 | 13813 |
| 秀屿区 | 23756 | 20590 | 光泽县 | 17384 | 13438 |
| 仙游县 | 20643 | 16921 | 松溪县 | 15817 | 11778 |
| **三明市** | **21617** | **15883** | 政和县 | 16388 | 12627 |
| 三明市辖区 | | | **龙岩市** | **22716** | **16467** |
| 梅列区 | | | 龙岩市辖区 | | |
| 三元区 | 23971 | 16821 | 新罗区 | 26703 | 18985 |
| 永安市 | 22583 | 17364 | 永定区 | 23745 | 16330 |
| 明溪县 | 20131 | 14850 | 漳平市 | 22649 | 15470 |
| 清流县 | 20617 | 14709 | 长汀县 | 20587 | 15584 |
| 宁化县 | 20134 | 15069 | 上杭县 | 22458 | 17259 |
| 大田县 | 21874 | 16275 | 武平县 | 21674 | 15370 |
| 尤溪县 | 22294 | 16068 | 连城县 | 20688 | 15397 |
| 沙　县 | 24303 | 19198 | **宁德市** | **21282** | **16269** |
| 将乐县 | 21855 | 15838 | 宁德市辖区 | | |
| 泰宁县 | 20485 | 15598 | 蕉城区 | 21333 | 16121 |
| 建宁县 | 20338 | 12678 | 福安市 | 22211 | 17448 |
| **泉州市** | **25911** | **19564** | 福鼎市 | 21505 | 17197 |
| 泉州市辖区 | | | 霞浦县 | 21696 | 17028 |
| 鲤城区 | | | 古田县 | 22522 | 16087 |
| 丰泽区 | | | 屏南县 | 19126 | 12926 |
| 洛江区 | 22329 | 16358 | 寿宁县 | 18636 | 13675 |
| 泉港区 | 24829 | 18459 | 周宁县 | 19756 | 15265 |
| | | | 柘荣县 | 18825 | 12647 |

# 5-16 设区市城镇居民人均可支配收入(2021年)

单位：元

| 地 区 | 可支配收入 | 工资性收入 | 经营净收入 | 财产净收入 | 转移净收入 |
|---|---|---|---|---|---|
| **全 省** | **51140** | **31762** | **6706** | **6990** | **5682** |
| 福 州 | 53421 | 33707 | 4581 | 7213 | 7920 |
| 厦 门 | 67197 | 47898 | 5433 | 8725 | 5141 |
| 莆 田 | 44101 | 23134 | 7269 | 6874 | 6824 |
| 三 明 | 42315 | 26556 | 6075 | 3498 | 6186 |
| 泉 州 | 55011 | 31852 | 13425 | 6102 | 3632 |
| 漳 州 | 43309 | 25456 | 7525 | 3927 | 6400 |
| 南 平 | 39353 | 23700 | 5326 | 3657 | 6669 |
| 龙 岩 | 43785 | 30326 | 4672 | 5020 | 3766 |
| 宁 德 | 40615 | 18757 | 12301 | 4540 | 5017 |

# 5-17 设区市城镇居民人均可支配收入构成(2021年)

单位：%

| 地 区 | 可支配收入 | 工资性收入 | 经营净收入 | 财产净收入 | 转移净收入 |
|---|---|---|---|---|---|
| **全 省** | **100.0** | **62.1** | **13.1** | **13.7** | **11.1** |
| 福 州 | 100.0 | 63.1 | 8.6 | 13.5 | 14.8 |
| 厦 门 | 100.0 | 71.3 | 8.1 | 13.0 | 7.7 |
| 莆 田 | 100.0 | 52.5 | 16.5 | 15.6 | 15.5 |
| 三 明 | 100.0 | 62.8 | 14.4 | 8.3 | 14.6 |
| 泉 州 | 100.0 | 57.9 | 24.4 | 11.1 | 6.6 |
| 漳 州 | 100.0 | 58.8 | 17.4 | 9.1 | 14.8 |
| 南 平 | 100.0 | 60.2 | 13.5 | 9.3 | 16.9 |
| 龙 岩 | 100.0 | 69.3 | 10.7 | 11.5 | 8.6 |
| 宁 德 | 100.0 | 46.2 | 30.3 | 11.2 | 12.4 |

## 5-18 设区市城镇居民人均生活消费支出(2021年)

单位：元

| 地 区 | 生活消费支 出 | 食品烟酒 | 衣着 | 居住 | 生活用品及服务 | 交通通信 | 教育文化娱 乐 | 医疗保健 | 其他用品及服务 |
|---|---|---|---|---|---|---|---|---|---|
| **全 省** | **33942** | **10612** | **1741** | **10349** | **1794** | **3656** | **3120** | **1939** | **731** |
| 福 州 | 35664 | 10756 | 1743 | 12352 | 1612 | 3616 | 3282 | 1432 | 871 |
| 厦 门 | 43010 | 12746 | 2051 | 13774 | 2137 | 4839 | 3883 | 2425 | 1154 |
| 莆 田 | 28505 | 9746 | 1383 | 8619 | 1676 | 2601 | 2682 | 1411 | 388 |
| 三 明 | 28794 | 9936 | 1540 | 6673 | 1752 | 3118 | 2952 | 2137 | 687 |
| 泉 州 | 33321 | 10502 | 2068 | 8700 | 2081 | 4031 | 3293 | 1606 | 1040 |
| 漳 州 | 28907 | 9726 | 1291 | 7611 | 1474 | 3312 | 3106 | 1786 | 601 |
| 南 平 | 24899 | 9594 | 1623 | 5503 | 1223 | 2275 | 2459 | 1653 | 569 |
| 龙 岩 | 28595 | 10047 | 1589 | 6655 | 1587 | 3144 | 3411 | 1580 | 582 |
| 宁 德 | 27573 | 9709 | 2022 | 6438 | 1771 | 2160 | 2798 | 2136 | 539 |

## 5-19 设区市城镇居民人均生活消费支出构成(2021年)

单位：%

| 地 区 | 生活消费支 出 | 食品烟酒 | 衣着 | 居住 | 生活用品及服务 | 交通通信 | 教育文化娱 乐 | 医疗保健 | 其他用品及服务 |
|---|---|---|---|---|---|---|---|---|---|
| **全 省** | **100.0** | **31.3** | **5.1** | **30.5** | **5.3** | **10.8** | **9.2** | **5.7** | **2.2** |
| 福 州 | 100.0 | 30.2 | 4.9 | 34.6 | 4.5 | 10.1 | 9.2 | 4.0 | 2.4 |
| 厦 门 | 100.0 | 29.6 | 4.8 | 32.0 | 5.0 | 11.3 | 9.0 | 5.6 | 2.7 |
| 莆 田 | 100.0 | 34.2 | 4.9 | 30.2 | 5.9 | 9.1 | 9.4 | 4.9 | 1.4 |
| 三 明 | 100.0 | 34.5 | 5.3 | 23.2 | 6.1 | 10.8 | 10.3 | 7.4 | 2.4 |
| 泉 州 | 100.0 | 31.5 | 6.2 | 26.1 | 6.2 | 12.1 | 9.9 | 4.8 | 3.1 |
| 漳 州 | 100.0 | 33.6 | 4.5 | 26.3 | 5.1 | 11.5 | 10.7 | 6.2 | 2.1 |
| 南 平 | 100.0 | 38.5 | 6.5 | 22.1 | 4.9 | 9.1 | 9.9 | 6.6 | 2.3 |
| 龙 岩 | 100.0 | 35.1 | 5.6 | 23.3 | 5.5 | 11.0 | 11.9 | 5.5 | 2.0 |
| 宁 德 | 100.0 | 35.2 | 7.3 | 23.3 | 6.4 | 7.8 | 10.1 | 7.7 | 2.0 |

# 5-20　市(县、区)城镇居民人均收支情况(2021年)

单位：元

| 地　　区 | 可支配收入 | 生活消费支出 |
|---|---|---|
| **全　　省** | **51140** | **33942** |
| **福 州 市** | **53421** | **35664** |
| 福州市辖区 | | |
| 鼓楼区 | 62850 | 42390 |
| 台江区 | 58324 | 38910 |
| 仓山区 | 49711 | 33639 |
| 马尾区 | 58990 | 39929 |
| 晋安区 | 54071 | 35974 |
| 长乐区 | 55032 | 35438 |
| 福清市 | 54281 | 36407 |
| 闽侯县 | 50834 | 32153 |
| 连江县 | 43878 | 28241 |
| 罗源县 | 39769 | 25485 |
| 闽清县 | 38360 | 25148 |
| 永泰县 | 36935 | 23948 |
| 平潭县 | 46866 | 30767 |
| **厦 门 市** | **67197** | **43010** |
| 厦门市辖区 | | |
| 思明区 | 81224 | 55318 |
| 海沧区 | 61664 | 42025 |
| 湖里区 | 66226 | 40821 |
| 集美区 | 60252 | 37279 |
| 同安区 | 56461 | 33229 |
| 翔安区 | 47730 | 30138 |
| **莆 田 市** | **44101** | **28505** |
| 莆田市辖区 | | |
| 城厢区 | 50854 | 30526 |
| 涵江区 | 41987 | 26260 |
| 荔城区 | 49300 | 35494 |
| 秀屿区 | 36888 | 22062 |
| 仙游县 | 37870 | 24132 |
| **三 明 市** | **42315** | **28794** |
| 三明市辖区 | | |
| 梅列区 | | |
| 三元区 | 47121 | 32679 |
| 永安市 | 43263 | 29510 |
| 明溪县 | 35464 | 23817 |
| 清流县 | 37008 | 25036 |
| 宁化县 | 34588 | 23816 |
| 大田县 | 42645 | 28422 |
| 尤溪县 | 40293 | 27310 |
| 沙　县 | 43269 | 28714 |
| 将乐县 | 40738 | 26931 |
| 泰宁县 | 38777 | 25882 |
| 建宁县 | 35452 | 25137 |
| **泉 州 市** | **55011** | **33321** |
| 泉州市辖区 | | |
| 鲤城区 | 53224 | 32685 |
| 丰泽区 | 64604 | 37404 |
| 洛江区 | 48199 | 29047 |
| 泉港区 | 41725 | 24079 |
| 石狮市 | 69759 | 41429 |
| 晋江市 | 59023 | 34670 |
| 南安市 | 54743 | 33908 |
| 惠安县 | 51909 | 33479 |
| 安溪县 | 38459 | 24693 |
| 永春县 | 38043 | 24510 |
| 德化县 | 40838 | 25894 |
| **漳 州 市** | **43309** | **28907** |
| 漳州市辖区 | | |
| 芗城区 | 48764 | 32401 |
| 龙文区 | 49807 | 34739 |
| 龙海市 | 44755 | 28632 |
| 云霄县 | 38272 | 26367 |
| 漳浦县 | 44003 | 28963 |
| 诏安县 | 36143 | 26972 |
| 长泰县 | 45141 | 30255 |
| 东山县 | 43129 | 27739 |
| 南靖县 | 39296 | 24475 |
| 平和县 | 36938 | 24916 |
| 华安县 | 40123 | 26579 |
| **南 平 市** | **39353** | **24899** |
| 南平市辖区 | | |
| 延平区 | 40329 | 25517 |
| 建阳区 | 40711 | 26418 |
| 邵武市 | 41145 | 26126 |
| 武夷山市 | 40579 | 26873 |
| 建瓯市 | 39096 | 23951 |
| 顺昌县 | 36085 | 22613 |
| 浦城县 | 36732 | 22291 |
| 光泽县 | 35962 | 22995 |
| 松溪县 | 34687 | 22327 |
| 政和县 | 34718 | 22459 |
| **龙 岩 市** | **43785** | **28595** |
| 龙岩市辖区 | | |
| 新罗区 | 47989 | 30172 |
| 永定区 | 46099 | 28664 |
| 漳平市 | 41667 | 28523 |
| 长汀县 | 31769 | 22857 |
| 上杭县 | 47896 | 29700 |
| 武平县 | 41255 | 28782 |
| 连城县 | 37616 | 25717 |
| **宁 德 市** | **40615** | **27573** |
| 宁德市辖区 | | |
| 蕉城区 | 42665 | 29865 |
| 福安市 | 43748 | 29737 |
| 福鼎市 | 43196 | 30467 |
| 霞浦县 | 40309 | 25990 |
| 古田县 | 38530 | 24976 |
| 屏南县 | 33549 | 21703 |
| 寿宁县 | 31718 | 21224 |
| 周宁县 | 34953 | 22187 |
| 柘荣县 | 32937 | 23136 |

## 5-21 福州市住宅销售价格月环比指数(2021年)

(上月=100)

| 指　标 | 1月 | 2月 | 3月 | 4月 | 5月 | 6月 | 7月 | 8月 | 9月 | 10月 | 11月 | 12月 |
|---|---|---|---|---|---|---|---|---|---|---|---|---|
| **新建商品住宅销售价格指数** | **100.6** | **100.3** | **101.0** | **100.6** | **100.5** | **100.5** | **100.3** | **100.2** | **100.0** | **99.8** | **99.6** | **100.1** |
| 90平方米及以下 | 100.9 | 100.6 | 100.9 | 100.8 | 100.8 | 100.1 | 100.0 | 100.0 | 100.0 | 99.6 | 99.4 | 100.3 |
| 90-144平方米 | 100.6 | 100.2 | 101.1 | 100.5 | 100.3 | 100.4 | 100.3 | 100.3 | 100.0 | 99.8 | 99.7 | 100.2 |
| 144平方米以上 | 100.5 | 100.1 | 100.7 | 100.6 | 100.7 | 101.1 | 100.2 | 100.0 | 100.1 | 100.0 | 99.5 | 99.7 |
| **二手住宅销售价格指数** | **100.8** | **100.6** | **100.7** | **100.7** | **100.6** | **100.6** | **100.2** | **99.7** | **99.9** | **99.6** | **99.9** | **99.8** |
| 90平方米及以下 | 100.9 | 100.8 | 101.0 | 100.9 | 100.4 | 100.8 | 100.2 | 99.3 | 99.8 | 99.1 | 99.8 | 99.6 |
| 90-144平方米 | 100.5 | 100.3 | 100.6 | 100.7 | 100.8 | 100.7 | 100.3 | 99.8 | 100.0 | 100.0 | 100.0 | 100.0 |
| 144平方米以上 | 101.1 | 100.9 | 100.3 | 100.2 | 100.3 | 100.0 | 100.4 | 100.3 | 99.6 | 99.7 | 99.9 | 99.9 |

## 5-22 厦门市住宅销售价格月环比指数(2021年)

(上月=100)

| 指　标 | 1月 | 2月 | 3月 | 4月 | 5月 | 6月 | 7月 | 8月 | 9月 | 10月 | 11月 | 12月 |
|---|---|---|---|---|---|---|---|---|---|---|---|---|
| **新建商品住宅销售价格指数** | **100.3** | **100.4** | **100.3** | **100.2** | **100.9** | **100.7** | **100.4** | **100.4** | **100.3** | **100.2** | **99.4** | **100.2** |
| 90平方米及以下 | 100.4 | 100.2 | 100.6 | 100.0 | 101.4 | 100.8 | 100.3 | 100.2 | 100.2 | 100.2 | 99.5 | 100.2 |
| 90-144平方米 | 100.5 | 100.4 | 100.4 | 100.1 | 100.6 | 100.8 | 100.1 | 100.5 | 100.2 | 100.0 | 99.6 | 100.3 |
| 144平方米以上 | 100.0 | 100.5 | 100.0 | 100.4 | 101.0 | 100.6 | 100.7 | 100.6 | 100.5 | 100.7 | 99.2 | 100.1 |
| **二手住宅销售价格指数** | **100.6** | **100.5** | **100.4** | **100.4** | **100.1** | **100.3** | **100.3** | **100.0** | **99.8** | **99.7** | **99.8** | **99.6** |
| 90平方米及以下 | 100.8 | 100.6 | 100.8 | 100.5 | 99.8 | 100.0 | 100.1 | 100.0 | 99.6 | 99.4 | 99.9 | 99.5 |
| 90-144平方米 | 100.8 | 100.3 | 100.3 | 100.4 | 100.3 | 100.4 | 100.6 | 99.7 | 100.0 | 99.5 | 99.6 | 99.9 |
| 144平方米以上 | 100.2 | 100.6 | 100.3 | 100.2 | 100.2 | 100.5 | 100.2 | 100.2 | 99.7 | 100.4 | 99.9 | 99.3 |

## 5-23 泉州市住宅销售价格月环比指数(2021年)

(上月=100)

| 指　标 | 1月 | 2月 | 3月 | 4月 | 5月 | 6月 | 7月 | 8月 | 9月 | 10月 | 11月 | 12月 |
|---|---|---|---|---|---|---|---|---|---|---|---|---|
| **新建商品住宅销售价格指数** | **100.8** | **100.7** | **100.8** | **100.7** | **100.6** | **100.4** | **100.6** | **100.3** | **100.1** | **99.9** | **99.5** | **99.2** |
| 90平方米及以下 | 101.0 | 100.3 | 100.6 | 100.8 | 100.1 | 100.1 | 100.5 | 100.5 | 100.1 | 99.7 | 99.4 | 99.2 |
| 90-144平方米 | 100.8 | 100.8 | 100.8 | 100.7 | 100.7 | 100.5 | 100.7 | 100.3 | 100.0 | 99.9 | 99.5 | 99.2 |
| 144平方米以上 | 100.7 | 100.6 | 100.6 | 100.6 | 100.8 | 100.3 | 100.3 | 100.2 | 100.6 | 99.9 | 99.5 | 99.4 |
| **二手住宅销售价格指数** | **100.9** | **100.8** | **100.7** | **101.0** | **100.7** | **100.6** | **100.3** | **100.2** | **99.9** | **99.6** | **99.3** | **99.5** |
| 90平方米及以下 | 100.6 | 100.9 | 100.7 | 100.7 | 100.5 | 100.4 | 100.6 | 100.0 | 100.1 | 99.8 | 99.3 | 99.4 |
| 90-144平方米 | 101.2 | 101.0 | 100.8 | 100.8 | 100.8 | 101.0 | 100.3 | 100.1 | 99.7 | 99.6 | 99.1 | 99.6 |
| 144平方米以上 | 100.7 | 100.3 | 100.6 | 101.6 | 100.8 | 100.2 | 100.2 | 100.6 | 99.9 | 99.4 | 99.8 | 99.3 |

## 5-24 福州市住宅销售价格月同比指数(2021年)

(上年同月=100)

| 指标 | 1月 | 2月 | 3月 | 4月 | 5月 | 6月 | 7月 | 8月 | 9月 | 10月 | 11月 | 12月 |
|---|---|---|---|---|---|---|---|---|---|---|---|---|
| **新建商品住宅销售价格指数** | **105.4** | **105.1** | **105.7** | **105.7** | **105.8** | **105.8** | **105.7** | **105.7** | **105.4** | **105.1** | **104.2** | **103.4** |
| 90平方米及以下 | 103.5 | 104.2 | 105.1 | 104.7 | 106.0 | 106.2 | 106.1 | 106.2 | 106.0 | 105.7 | 105.0 | 103.5 |
| 90-144平方米 | 106.1 | 105.3 | 105.7 | 105.7 | 105.4 | 105.3 | 105.2 | 105.5 | 105.0 | 104.9 | 103.9 | 103.4 |
| 144平方米以上 | 105.9 | 105.7 | 106.3 | 106.8 | 106.7 | 106.8 | 106.7 | 105.8 | 105.7 | 105.1 | 104.1 | 103.4 |
| **二手住宅销售价格指数** | **103.4** | **104.1** | **105.2** | **105.1** | **104.6** | **105.0** | **105.7** | **105.6** | **105.1** | **104.3** | **104.2** | **103.1** |
| 90平方米及以下 | 103.1 | 104.2 | 105.8 | 105.7 | 105.2 | 105.7 | 106.4 | 106.1 | 106.1 | 104.9 | 104.5 | 102.7 |
| 90-144平方米 | 103.1 | 103.3 | 104.2 | 104.1 | 103.9 | 104.3 | 105.2 | 105.3 | 104.8 | 104.1 | 104.3 | 103.7 |
| 144平方米以上 | 104.9 | 106.2 | 106.4 | 106.0 | 105.2 | 105.2 | 105.1 | 104.7 | 103.7 | 103.0 | 103.0 | 102.6 |

## 5-25 厦门市住宅销售价格月同比指数(2021年)

(上年同月=100)

| 指标 | 1月 | 2月 | 3月 | 4月 | 5月 | 6月 | 7月 | 8月 | 9月 | 10月 | 11月 | 12月 |
|---|---|---|---|---|---|---|---|---|---|---|---|---|
| **新建商品住宅销售价格指数** | **104.7** | **105.1** | **105.5** | **105.6** | **106.1** | **105.8** | **105.5** | **105.6** | **105.3** | **105.4** | **104.3** | **103.9** |
| 90平方米及以下 | 104.5 | 104.8 | 105.9 | 106.1 | 106.7 | 106.2 | 105.6 | 105.3 | 104.9 | 104.7 | 104.2 | 104.0 |
| 90-144平方米 | 104.2 | 104.6 | 104.8 | 105.4 | 105.6 | 105.6 | 105.2 | 105.6 | 104.9 | 105.0 | 103.9 | 103.6 |
| 144平方米以上 | 105.4 | 106.0 | 106.2 | 105.8 | 106.5 | 105.9 | 105.9 | 105.8 | 106.0 | 106.3 | 105.1 | 104.3 |
| **二手住宅销售价格指数** | **105.1** | **105.6** | **105.9** | **105.8** | **104.9** | **104.4** | **104.2** | **104.2** | **104.0** | **103.3** | **102.5** | **101.4** |
| 90平方米及以下 | 105.9 | 106.0 | 106.5 | 106.7 | 105.0 | 104.7 | 104.3 | 103.9 | 103.8 | 102.9 | 102.1 | 101.0 |
| 90-144平方米 | 105.1 | 105.7 | 105.8 | 105.4 | 104.9 | 104.3 | 104.4 | 104.6 | 104.5 | 103.7 | 102.6 | 101.7 |
| 144平方米以上 | 103.9 | 105.0 | 105.4 | 105.4 | 104.9 | 104.3 | 103.7 | 103.9 | 103.6 | 103.1 | 103.0 | 101.6 |

## 5-26 泉州市住宅销售价格月同比指数(2021年)

(上年同月=100)

| 指标 | 1月 | 2月 | 3月 | 4月 | 5月 | 6月 | 7月 | 8月 | 9月 | 10月 | 11月 | 12月 |
|---|---|---|---|---|---|---|---|---|---|---|---|---|
| **新建商品住宅销售价格指数** | **106.0** | **107.1** | **107.4** | **108.0** | **107.7** | **107.2** | **107.2** | **106.6** | **106.1** | **105.7** | **105.0** | **103.7** |
| 90平方米及以下 | 106.8 | 108.4 | 108.7 | 109.5 | 109.0 | 108.3 | 108.2 | 107.2 | 106.5 | 105.5 | 104.3 | 102.3 |
| 90-144平方米 | 105.9 | 106.9 | 107.3 | 108.0 | 107.7 | 107.2 | 107.2 | 106.6 | 106.1 | 105.9 | 105.2 | 103.9 |
| 144平方米以上 | 105.7 | 106.7 | 107.1 | 106.9 | 106.6 | 106.4 | 106.5 | 106.0 | 105.7 | 105.1 | 104.5 | 103.6 |
| **二手住宅销售价格指数** | **105.0** | **106.1** | **107.1** | **108.2** | **108.2** | **108.3** | **108.4** | **107.7** | **106.9** | **106.0** | **104.8** | **103.6** |
| 90平方米及以下 | 106.1 | 106.9 | 108.1 | 108.6 | 107.8 | 107.9 | 107.5 | 106.9 | 106.3 | 105.6 | 104.1 | 102.9 |
| 90-144平方米 | 104.7 | 106.1 | 107.3 | 108.1 | 108.3 | 108.5 | 108.8 | 108.4 | 107.6 | 106.3 | 105.2 | 104.1 |
| 144平方米以上 | 104.6 | 105.5 | 105.8 | 108.1 | 108.3 | 108.2 | 108.5 | 107.4 | 106.4 | 106.0 | 104.9 | 103.3 |

# 六 附　录

资料整理：李　映　陈嘉玲　郑骁喆　林　丹　黄景楠

# 附录1　主要年份全国及各省(区、市)粮食播种面积

单位：千公顷

| 地　　区 | 2010年 | 2015年 | 2016年 | 2017年 | 2018年 | 2019年 | 2020年 | 2021年 |
|---|---|---|---|---|---|---|---|---|
| **全　　国** | **111695** | **118963** | **119230** | **117989** | **117038** | **116064** | **116768** | **117632** |
| 北　　京 | 223 | 104 | 86 | 67 | 56 | 47 | 49 | 61 |
| 天　　津 | 311 | 352 | 362 | 351 | 350 | 339 | 350 | 374 |
| 河　　北 | 6441 | 6772 | 6791 | 6659 | 6539 | 6469 | 6389 | 6429 |
| 山　　西 | 3210 | 3256 | 3227 | 3181 | 3137 | 3126 | 3130 | 3138 |
| 内 蒙 古 | 5846 | 6580 | 6803 | 6781 | 6790 | 6828 | 6833 | 6884 |
| 辽　　宁 | 3243 | 3605 | 3515 | 3467 | 3484 | 3489 | 3527 | 3544 |
| 吉　　林 | 4677 | 5534 | 5542 | 5544 | 5600 | 5645 | 5682 | 5721 |
| 黑 龙 江 | 12445 | 14283 | 14202 | 14154 | 14215 | 14338 | 14438 | 14551 |
| 上　　海 | 201 | 181 | 158 | 133 | 130 | 117 | 114 | 117 |
| 江　　苏 | 5372 | 5573 | 5583 | 5527 | 5476 | 5381 | 5406 | 5428 |
| 浙　　江 | 1115 | 990 | 951 | 977 | 976 | 977 | 993 | 1007 |
| 安　　徽 | 6948 | 7281 | 7359 | 7322 | 7316 | 7287 | 7290 | 7310 |
| **福　　建** | **1073** | **874** | **833** | **833** | **834** | **822** | **834** | **835** |
| 江　　西 | 3686 | 3815 | 3807 | 3786 | 3721 | 3665 | 3772 | 3773 |
| 山　　东 | 7451 | 8407 | 8517 | 8456 | 8405 | 8313 | 8282 | 8355 |
| 河　　南 | 10027 | 11126 | 11220 | 10915 | 10906 | 10735 | 10739 | 10772 |
| 湖　　北 | 4136 | 4784 | 4816 | 4853 | 4847 | 4609 | 4645 | 4686 |
| 湖　　南 | 4848 | 5054 | 5011 | 4979 | 4748 | 4616 | 4755 | 4758 |
| 广　　东 | 2386 | 2193 | 2178 | 2170 | 2151 | 2161 | 2205 | 2213 |
| 广　　西 | 3004 | 2951 | 2897 | 2853 | 2802 | 2747 | 2806 | 2823 |
| 海　　南 | 400 | 310 | 292 | 282 | 286 | 273 | 271 | 271 |
| 重　　庆 | 2097 | 2021 | 2039 | 2031 | 2018 | 1999 | 2003 | 2013 |
| 四　　川 | 6195 | 6286 | 6291 | 6292 | 6266 | 6279 | 6313 | 6358 |
| 贵　　州 | 3018 | 3111 | 3122 | 3053 | 2740 | 2709 | 2754 | 2788 |
| 云　　南 | 4135 | 4194 | 4201 | 4169 | 4175 | 4166 | 4167 | 4191 |
| 西　　藏 | 170 | 179 | 188 | 186 | 185 | 185 | 182 | 187 |
| 陕　　西 | 3199 | 3019 | 3144 | 3019 | 3006 | 2999 | 3001 | 3004 |
| 甘　　肃 | 2722 | 2716 | 2684 | 2647 | 2645 | 2581 | 2638 | 2677 |
| 青　　海 | 274 | 280 | 285 | 283 | 281 | 280 | 290 | 302 |
| 宁　　夏 | 815 | 728 | 718 | 723 | 736 | 677 | 679 | 689 |
| 新　　疆 | 2024 | 2403 | 2405 | 2296 | 2220 | 2204 | 2230 | 2372 |

# 附录2　主要年份全国及各省(区、市)粮食总产量

单位：万吨

| 地　区 | 2010年 | 2015年 | 2016年 | 2017年 | 2018年 | 2019年 | 2020年 | 2021年 |
|---|---|---|---|---|---|---|---|---|
| **全　国** | **55911** | **66060** | **66044** | **66161** | **65789** | **66384** | **66949** | **68285** |
| 北　京 | 116 | 63 | 53 | 41 | 34 | 29 | 31 | 38 |
| 天　津 | 161 | 184 | 200 | 212 | 210 | 223 | 228 | 250 |
| 河　北 | 3121 | 3602 | 3783 | 3829 | 3701 | 3739 | 3796 | 3825 |
| 山　西 | 1108 | 1314 | 1380 | 1355 | 1380 | 1362 | 1424 | 1421 |
| 内蒙古 | 2344 | 3293 | 3263 | 3255 | 3553 | 3653 | 3664 | 3840 |
| 辽　宁 | 1804 | 2187 | 2316 | 2331 | 2192 | 2430 | 2339 | 2539 |
| 吉　林 | 2791 | 3974 | 4151 | 4154 | 3633 | 3878 | 3803 | 4039 |
| 黑龙江 | 5633 | 7616 | 7416 | 7410 | 7507 | 7503 | 7541 | 7868 |
| 上　海 | 132 | 125 | 112 | 100 | 104 | 96 | 91 | 94 |
| 江　苏 | 3285 | 3595 | 3542 | 3611 | 3660 | 3706 | 3729 | 3746 |
| 浙　江 | 686 | 584 | 565 | 580 | 599 | 592 | 606 | 621 |
| 安　徽 | 3208 | 4077 | 3962 | 4020 | 4007 | 4054 | 4019 | 4088 |
| **福　建** | **585** | **500** | **477** | **487** | **499** | **494** | **502** | **506** |
| 江　西 | 1989 | 2236 | 2234 | 2222 | 2191 | 2157 | 2164 | 2192 |
| 山　东 | 4503 | 5153 | 5332 | 5374 | 5320 | 5357 | 5447 | 5501 |
| 河　南 | 5582 | 6470 | 6498 | 6524 | 6649 | 6695 | 6826 | 6544 |
| 湖　北 | 2304 | 2915 | 2796 | 2846 | 2839 | 2725 | 2727 | 2764 |
| 湖　南 | 2882 | 3094 | 3052 | 3074 | 3023 | 2975 | 3015 | 3074 |
| 广　东 | 1249 | 1212 | 1204 | 1209 | 1193 | 1241 | 1268 | 1280 |
| 广　西 | 1372 | 1433 | 1419 | 1370 | 1373 | 1332 | 1370 | 1387 |
| 海　南 | 167 | 154 | 146 | 138 | 147 | 145 | 145 | 146 |
| 重　庆 | 1081 | 1051 | 1078 | 1080 | 1079 | 1075 | 1081 | 1093 |
| 四　川 | 3183 | 3395 | 3470 | 3489 | 3494 | 3499 | 3527 | 3582 |
| 贵　州 | 1079 | 1211 | 1264 | 1242 | 1060 | 1051 | 1058 | 1095 |
| 云　南 | 1502 | 1791 | 1815 | 1843 | 1861 | 1870 | 1896 | 1930 |
| 西　藏 | 91 | 101 | 104 | 107 | 104 | 104 | 103 | 107 |
| 陕　西 | 1186 | 1205 | 1264 | 1194 | 1226 | 1231 | 1275 | 1270 |
| 甘　肃 | 949 | 1155 | 1117 | 1106 | 1151 | 1163 | 1202 | 1232 |
| 青　海 | 102 | 104 | 105 | 103 | 103 | 106 | 107 | 109 |
| 宁　夏 | 356 | 373 | 371 | 370 | 393 | 373 | 380 | 368 |
| 新　疆 | 1362 | 1895 | 1552 | 1485 | 1504 | 1527 | 1583 | 1736 |

# 附录3　全国及各省(区、市)居民人均可支配收入(2013−2021年)

单位：元

| 地　区 | 2013年 | 2014年 | 2015年 | 2016年 | 2017年 | 2018年 | 2019年 | 2020年 | 2021年 |
|---|---|---|---|---|---|---|---|---|---|
| **全　国** | **18311** | **20167** | **21966** | **23821** | **25974** | **28228** | **30733** | **32189** | **35128** |
| 北　京 | 40830 | 44489 | 48458 | 52530 | 57230 | 62361 | 67756 | 69434 | 75002 |
| 天　津 | 26359 | 28832 | 31291 | 34074 | 37022 | 39506 | 42404 | 43854 | 47449 |
| 河　北 | 15190 | 16647 | 18118 | 19725 | 21484 | 23446 | 25665 | 27136 | 29383 |
| 山　西 | 15120 | 16538 | 17854 | 19049 | 20420 | 21990 | 23828 | 25214 | 27426 |
| 内蒙古 | 18693 | 20559 | 22310 | 24127 | 26212 | 28376 | 30555 | 31497 | 34108 |
| 辽　宁 | 20818 | 22820 | 24576 | 26040 | 27835 | 29701 | 31820 | 32738 | 35112 |
| 吉　林 | 15998 | 17520 | 18684 | 19967 | 21368 | 22798 | 24563 | 25751 | 27770 |
| 黑龙江 | 15903 | 17404 | 18593 | 19838 | 21206 | 22726 | 24254 | 24902 | 27159 |
| 上　海 | 42174 | 45966 | 49867 | 54305 | 58988 | 64183 | 69442 | 72232 | 78027 |
| 江　苏 | 24776 | 27173 | 29539 | 32070 | 35024 | 38096 | 41400 | 43390 | 47498 |
| 浙　江 | 29775 | 32658 | 35537 | 38529 | 42046 | 45840 | 49899 | 52397 | 57541 |
| 安　徽 | 15154 | 16796 | 18363 | 19998 | 21863 | 23984 | 26415 | 28103 | 30904 |
| **福　建** | **21218** | **23331** | **25404** | **27608** | **30048** | **32644** | **35616** | **37202** | **40659** |
| 江　西 | 15100 | 16734 | 18437 | 20110 | 22031 | 24080 | 26262 | 28017 | 30610 |
| 山　东 | 19008 | 20864 | 22703 | 24685 | 26930 | 29205 | 31597 | 32886 | 35705 |
| 河　南 | 14204 | 15695 | 17125 | 18443 | 20170 | 21964 | 23903 | 24810 | 26811 |
| 湖　北 | 16472 | 18283 | 20026 | 21787 | 23757 | 25815 | 28319 | 27881 | 30829 |
| 湖　南 | 16005 | 17622 | 19317 | 21115 | 23103 | 25241 | 27680 | 29380 | 31993 |
| 广　东 | 23421 | 25685 | 27859 | 30296 | 33003 | 35810 | 39014 | 41029 | 44993 |
| 广　西 | 14082 | 15557 | 16873 | 18305 | 19905 | 21485 | 23328 | 24562 | 26727 |
| 海　南 | 15733 | 17476 | 18979 | 20653 | 22553 | 24579 | 26679 | 27904 | 30457 |
| 重　庆 | 16569 | 18352 | 20110 | 22034 | 24153 | 26386 | 28920 | 30824 | 33803 |
| 四　川 | 14231 | 15749 | 17221 | 18808 | 20580 | 22461 | 24703 | 26522 | 29080 |
| 贵　州 | 11083 | 12371 | 13697 | 15121 | 16704 | 18430 | 20397 | 21795 | 23996 |
| 云　南 | 12578 | 13772 | 15223 | 16720 | 18348 | 20084 | 22082 | 23295 | 25666 |
| 西　藏 | 9740 | 10730 | 12254 | 13639 | 15457 | 17286 | 19501 | 21744 | 24950 |
| 陕　西 | 14372 | 15837 | 17395 | 18874 | 20635 | 22528 | 24666 | 26226 | 28568 |
| 甘　肃 | 10954 | 12185 | 13467 | 14670 | 16011 | 17488 | 19139 | 20335 | 22066 |
| 青　海 | 12948 | 14374 | 15813 | 17302 | 19001 | 20757 | 22618 | 24037 | 25919 |
| 宁　夏 | 14566 | 15907 | 17329 | 18832 | 20562 | 22400 | 24412 | 25735 | 27904 |
| 新　疆 | 13670 | 15097 | 16859 | 18355 | 19975 | 21500 | 23103 | 23845 | 26075 |

# 附录4 全国及各省(区、市)城镇居民人均可支配收入(2013-2021年)

单位：元

| 地区 | 2013年 | 2014年 | 2015年 | 2016年 | 2017年 | 2018年 | 2019年 | 2020年 | 2021年 |
|---|---|---|---|---|---|---|---|---|---|
| **全国** | **26467** | **28844** | **31195** | **33616** | **36396** | **39251** | **42359** | **43834** | **47412** |
| 北京 | 44564 | 48532 | 52859 | 57275 | 62406 | 67990 | 73849 | 75602 | 81518 |
| 天津 | 28980 | 31506 | 34101 | 37110 | 40278 | 42976 | 46119 | 47659 | 51486 |
| 河北 | 22227 | 24141 | 26152 | 28249 | 30548 | 32977 | 35738 | 37286 | 39791 |
| 山西 | 22258 | 24069 | 25828 | 27352 | 29132 | 31035 | 33262 | 34793 | 37433 |
| 内蒙古 | 26004 | 28350 | 30594 | 32975 | 35670 | 38305 | 40782 | 41353 | 44377 |
| 辽宁 | 26697 | 29082 | 31126 | 32876 | 34993 | 37342 | 39777 | 40376 | 43051 |
| 吉林 | 21331 | 23218 | 24901 | 26530 | 28319 | 30172 | 32299 | 33396 | 35646 |
| 黑龙江 | 20848 | 22609 | 24203 | 25736 | 27446 | 29191 | 30945 | 31115 | 33646 |
| 上海 | 44878 | 48841 | 52962 | 57692 | 62596 | 68034 | 73615 | 76437 | 82429 |
| 江苏 | 31585 | 34346 | 37173 | 40152 | 43622 | 47200 | 51056 | 53102 | 57743 |
| 浙江 | 37080 | 40393 | 43714 | 47237 | 51261 | 55574 | 60182 | 62699 | 68487 |
| 安徽 | 22789 | 24839 | 26936 | 29156 | 31640 | 34393 | 37540 | 39442 | 43009 |
| **福建** | **28174** | **30722** | **33275** | **36014** | **39001** | **42121** | **45620** | **47160** | **51140** |
| 江西 | 22120 | 24309 | 26500 | 28673 | 31198 | 33819 | 36546 | 38556 | 41684 |
| 山东 | 26882 | 29222 | 31545 | 34012 | 36789 | 39549 | 42329 | 43726 | 47066 |
| 河南 | 21741 | 23672 | 25576 | 27233 | 29558 | 31874 | 34201 | 34750 | 37095 |
| 湖北 | 22668 | 24852 | 27051 | 29386 | 31889 | 34455 | 37601 | 36706 | 40278 |
| 湖南 | 24352 | 26570 | 28838 | 31284 | 33948 | 36698 | 39842 | 41698 | 44866 |
| 广东 | 29537 | 32148 | 34757 | 37684 | 40975 | 44341 | 48118 | 50257 | 54854 |
| 广西 | 22689 | 24669 | 26416 | 28324 | 30502 | 32436 | 34745 | 35859 | 38530 |
| 海南 | 22411 | 24487 | 26356 | 28453 | 30817 | 33349 | 36017 | 37097 | 40213 |
| 重庆 | 23058 | 25147 | 27239 | 29610 | 32193 | 34889 | 37939 | 40006 | 43502 |
| 四川 | 22228 | 24234 | 26205 | 28335 | 30727 | 33216 | 36154 | 38253 | 41444 |
| 贵州 | 20565 | 22548 | 24580 | 26743 | 29080 | 31592 | 34404 | 36096 | 39211 |
| 云南 | 22460 | 24299 | 26373 | 28611 | 30996 | 33488 | 36238 | 37500 | 40905 |
| 西藏 | 20394 | 22016 | 25457 | 27802 | 30671 | 33797 | 37410 | 41156 | 46503 |
| 陕西 | 22346 | 24366 | 26420 | 28440 | 30810 | 33319 | 36098 | 37868 | 40713 |
| 甘肃 | 19873 | 21804 | 23767 | 25693 | 27763 | 29957 | 32323 | 33822 | 36187 |
| 青海 | 20352 | 22307 | 24542 | 26757 | 29169 | 31515 | 33830 | 35506 | 37745 |
| 宁夏 | 21476 | 23285 | 25186 | 27153 | 29472 | 31895 | 34328 | 35720 | 38291 |
| 新疆 | 21091 | 23214 | 26275 | 28463 | 30775 | 32764 | 34664 | 34838 | 37642 |

# 附录5 全国及各省(区、市)农村居民人均可支配收入(2013–2021年)

单位：元

| 地　区 | 2013年 | 2014年 | 2015年 | 2016年 | 2017年 | 2018年 | 2019年 | 2020年 | 2021年 |
|---|---|---|---|---|---|---|---|---|---|
| **全　国** | **9430** | **10489** | **11422** | **12363** | **13432** | **14617** | **16021** | **17131** | **18931** |
| 北　京 | 17101 | 18867 | 20569 | 22310 | . | . | 28928 | 30126 | 33303 |
| 天　津 | 15353 | 17014 | 18482 | 20076 | 21754 | 23065 | 24804 | 25691 | 27955 |
| 河　北 | 9188 | 10186 | 11051 | 11919 | 12881 | 14031 | 15373 | 16467 | 18179 |
| 山　西 | 7949 | 8809 | 9454 | 10082 | 10788 | 11750 | 12902 | 13878 | 15308 |
| 内蒙古 | 8985 | 9976 | 10776 | 11609 | 12584 | 13803 | 15283 | 16567 | 18337 |
| 辽　宁 | 10161 | 11191 | 12057 | 12881 | 13747 | 14656 | 16108 | 17450 | 19217 |
| 吉　林 | 9781 | 10780 | 11326 | 12123 | 12950 | 13748 | 14936 | 16067 | 17642 |
| 黑龙江 | 9369 | 10453 | 11095 | 11832 | 12665 | 13804 | 14982 | 16168 | 17888 |
| 上　海 | 19208 | 21192 | 23205 | 25520 | 27825 | 30375 | 33195 | 34911 | 38521 |
| 江　苏 | 13521 | 14958 | 16257 | 17606 | 19158 | 20845 | 22675 | 24198 | 26791 |
| 浙　江 | 17494 | 19373 | 21125 | 22866 | 24956 | 27302 | 29876 | 31930 | 35247 |
| 安　徽 | 8850 | 9916 | 10821 | 11720 | 12758 | 13996 | 15416 | 16620 | 18368 |
| **福　建** | **11405** | **12650** | **13793** | **14999** | **16335** | **17821** | **19568** | **20880** | **23229** |
| 江　西 | 9089 | 10117 | 11139 | 12138 | 13242 | 14460 | 15796 | 16981 | 18684 |
| 山　东 | 10687 | 11882 | 12930 | 13954 | 15118 | 16297 | 17775 | 18753 | 20794 |
| 河　南 | 8969 | 9966 | 10853 | 11697 | 12719 | 13831 | 15164 | 16108 | 17533 |
| 湖　北 | 9692 | 10849 | 11844 | 12725 | 13812 | 14978 | 16391 | 16306 | 18259 |
| 湖　南 | 9029 | 10060 | 10993 | 11930 | 12936 | 14093 | 15395 | 16585 | 18295 |
| 广　东 | 11068 | 12246 | 13360 | 14512 | 15780 | 17168 | 18818 | 20143 | 22306 |
| 广　西 | 7793 | 8683 | 9467 | 10359 | 11325 | 12435 | 13676 | 14815 | 16363 |
| 海　南 | 8802 | 9913 | 10858 | 11843 | 12902 | 13989 | 15113 | 16279 | 18076 |
| 重　庆 | 8493 | 9490 | 10505 | 11549 | 12638 | 13781 | 15133 | 16361 | 18100 |
| 四　川 | 8381 | 9348 | 10247 | 11203 | 12227 | 13331 | 14670 | 15929 | 17575 |
| 贵　州 | 5898 | 6671 | 7387 | 8090 | 8869 | 9716 | 10756 | 11642 | 12856 |
| 云　南 | 6724 | 7456 | 8242 | 9020 | 9862 | 10768 | 11902 | 12842 | 14197 |
| 西　藏 | 6553 | 7359 | 8244 | 9094 | 10330 | 11450 | 12951 | 14598 | 16935 |
| 陕　西 | 7092 | 7932 | 8689 | 9396 | 10265 | 11213 | 12326 | 13316 | 14745 |
| 甘　肃 | 5589 | 6277 | 6936 | 7457 | 8076 | 8804 | 9629 | 10344 | 11433 |
| 青　海 | 6462 | 7283 | 7933 | 8664 | 9462 | 10393 | 11499 | 12342 | 13604 |
| 宁　夏 | 7599 | 8410 | 9119 | 9852 | 10738 | 11708 | 12858 | 13889 | 15337 |
| 新　疆 | 7847 | 8724 | 9425 | 10183 | 11045 | 11975 | 13122 | 14056 | 15575 |

# 附录6 主要年份全国及各省(区、市)居民消费价格指数

(上年=100)

| 地区 | 2005年 | 2010年 | 2015年 | 2016年 | 2017年 | 2018年 | 2019年 | 2020年 | 2021年 |
|---|---|---|---|---|---|---|---|---|---|
| **全国** | **101.8** | **103.3** | **101.4** | **102.0** | **101.6** | **102.1** | **102.9** | **102.5** | **100.9** |
| 北京 | 101.5 | 102.4 | 101.8 | 101.4 | 101.9 | 102.5 | 102.3 | 101.7 | 101.1 |
| 天津 | 101.5 | 103.5 | 101.7 | 102.1 | 102.1 | 102.0 | 102.7 | 102.0 | 101.3 |
| 河北 | 101.8 | 103.1 | 100.9 | 101.5 | 101.7 | 102.4 | 103.0 | 102.1 | 101.0 |
| 山西 | 102.3 | 103.0 | 100.6 | 101.1 | 101.1 | 101.8 | 102.7 | 102.9 | 101.0 |
| 内蒙古 | 102.4 | 103.2 | 101.1 | 101.2 | 101.7 | 101.8 | 102.4 | 101.9 | 100.9 |
| 辽宁 | 101.4 | 103.0 | 101.4 | 101.6 | 101.4 | 102.5 | 102.4 | 102.4 | 101.1 |
| 吉林 | 101.5 | 103.7 | 101.7 | 101.6 | 101.6 | 102.1 | 103.0 | 102.3 | 100.6 |
| 黑龙江 | 101.2 | 103.9 | 101.1 | 101.5 | 101.3 | 102.0 | 102.8 | 102.3 | 100.6 |
| 上海 | 101.0 | 103.1 | 102.4 | 103.2 | 101.7 | 101.6 | 102.5 | 101.7 | 101.2 |
| 江苏 | 102.1 | 103.8 | 101.7 | 102.3 | 101.7 | 102.3 | 103.1 | 102.5 | 101.6 |
| 浙江 | 101.3 | 103.8 | 101.4 | 101.9 | 102.1 | 102.3 | 102.9 | 102.3 | 101.5 |
| 安徽 | 101.4 | 103.1 | 101.3 | 101.8 | 101.2 | 102.0 | 102.7 | 102.7 | 100.9 |
| **福建** | **102.2** | **103.2** | **101.7** | **101.7** | **101.2** | **101.5** | **102.6** | **102.2** | **100.7** |
| 江西 | 101.7 | 103.0 | 101.5 | 102.0 | 102.0 | 102.1 | 102.9 | 102.6 | 100.9 |
| 山东 | 101.7 | 102.9 | 101.2 | 102.1 | 101.5 | 102.5 | 103.2 | 102.8 | 101.2 |
| 河南 | 102.1 | 103.5 | 101.3 | 101.9 | 101.4 | 102.3 | 103.0 | 102.8 | 100.9 |
| 湖北 | 102.9 | 102.9 | 101.5 | 102.2 | 101.5 | 101.9 | 103.1 | 102.7 | 100.3 |
| 湖南 | 102.3 | 103.1 | 101.4 | 101.9 | 101.4 | 102.0 | 102.9 | 102.3 | 100.5 |
| 广东 | 102.3 | 103.1 | 101.5 | 102.3 | 101.5 | 102.2 | 103.4 | 102.6 | 100.8 |
| 广西 | 102.4 | 103.0 | 101.5 | 101.6 | 101.6 | 102.3 | 103.7 | 102.8 | 100.9 |
| 海南 | 101.5 | 104.8 | 101.0 | 102.8 | 102.8 | 102.5 | 103.4 | 102.3 | 100.3 |
| 重庆 | 100.8 | 103.2 | 101.3 | 101.8 | 101.0 | 102.0 | 102.7 | 102.3 | 100.3 |
| 四川 | 101.7 | 103.2 | 101.5 | 101.9 | 101.4 | 101.7 | 103.2 | 103.2 | 100.3 |
| 贵州 | 101.0 | 102.9 | 101.8 | 101.4 | 100.9 | 101.8 | 102.4 | 102.6 | 100.1 |
| 云南 | 101.4 | 103.7 | 101.9 | 101.5 | 100.9 | 101.6 | 102.5 | 103.6 | 100.2 |
| 西藏 | 101.5 | 102.2 | 102.0 | 102.5 | 101.6 | 101.7 | 102.3 | 102.2 | 100.9 |
| 陕西 | 101.2 | 104.0 | 101.0 | 101.3 | 101.6 | 102.1 | 102.9 | 102.5 | 101.5 |
| 甘肃 | 101.7 | 104.1 | 101.6 | 101.3 | 101.4 | 102.0 | 102.3 | 102.0 | 100.9 |
| 青海 | 100.8 | 105.4 | 102.6 | 101.8 | 101.5 | 102.5 | 102.5 | 102.6 | 101.3 |
| 宁夏 | 101.5 | 104.1 | 101.1 | 101.5 | 101.6 | 102.3 | 102.1 | 101.5 | 101.4 |
| 新疆 | 100.7 | 104.3 | 100.6 | 101.4 | 102.2 | 102.0 | 101.9 | 101.5 | 101.2 |

# 附录7 主要年份全国及各省(区、市)商品零售价格指数

(上年=100)

| 地区 | 2005年 | 2010年 | 2015年 | 2016年 | 2017年 | 2018年 | 2019年 | 2020年 | 2021年 |
|---|---|---|---|---|---|---|---|---|---|
| **全国** | **100.8** | **103.1** | **100.1** | **100.7** | **101.1** | **101.9** | **102.0** | **101.4** | **101.6** |
| 北京 | 99.7 | 100.4 | 98.5 | 98.1 | 99.2 | 101.1 | 100.5 | 101.0 | 101.7 |
| 天津 | 99.9 | 103.4 | 100.3 | 100.5 | 100.8 | 101.6 | 101.7 | 101.0 | 101.5 |
| 河北 | 101.1 | 103.1 | 100.2 | 101.2 | 101.4 | 102.2 | 101.8 | 101.4 | 101.9 |
| 山西 | 100.3 | 102.3 | 99.3 | 100.5 | 101.3 | 101.7 | 101.8 | 100.9 | 102.7 |
| 内蒙古 | 101.5 | 103.0 | 100.5 | 100.6 | 101.2 | 101.6 | 101.5 | 100.5 | 103.8 |
| 辽宁 | 100.1 | 103.2 | 100.5 | 101.0 | 100.7 | 101.4 | 101.7 | 101.1 | 101.9 |
| 吉林 | 101.1 | 104.1 | 99.8 | 101.3 | 101.4 | 102.4 | 102.1 | 100.7 | 101.8 |
| 黑龙江 | 100.4 | 103.1 | 100.1 | 101.1 | 99.9 | 101.1 | 102.1 | 101.5 | 101.6 |
| 上海 | 99.4 | 101.7 | 101.1 | 100.8 | 100.9 | 101.6 | 100.4 | 100.9 | 101.3 |
| 江苏 | 100.3 | 103.2 | 100.6 | 100.8 | 101.9 | 102.6 | 102.6 | 101.8 | 102.3 |
| 浙江 | 100.9 | 103.9 | 99.9 | 101.0 | 101.4 | 102.1 | 102.5 | 101.2 | 102.2 |
| 安徽 | 100.6 | 103.2 | 99.7 | 100.8 | 101.7 | 101.9 | 101.9 | 101.6 | 101.6 |
| **福建** | **100.6** | **103.4** | **99.9** | **100.7** | **100.6** | **101.5** | **101.9** | **101.3** | **101.1** |
| 江西 | 100.9 | 102.7 | 100.5 | 100.6 | 101.0 | 101.0 | 101.9 | 101.6 | 101.2 |
| 山东 | 100.6 | 102.7 | 100.2 | 101.3 | 100.8 | 102.2 | 102.2 | 102.0 | 101.4 |
| 河南 | 101.7 | 103.7 | 99.8 | 100.3 | 101.3 | 102.9 | 102.4 | 100.9 | 101.5 |
| 湖北 | 102.1 | 103.1 | 100.5 | 100.8 | 100.3 | 101.2 | 102.6 | 102.2 | 101.2 |
| 湖南 | 102.3 | 103.1 | 99.9 | 101.0 | 101.3 | 102.3 | 102.3 | 101.3 | 101.6 |
| 广东 | 101.8 | 103.3 | 99.6 | 100.8 | 101.6 | 102.1 | 101.4 | 100.8 | 101.4 |
| 广西 | 101.1 | 103.0 | 100.1 | 100.4 | 101.2 | 101.6 | 103.2 | 101.4 | 101.1 |
| 海南 | 100.9 | 104.6 | 99.8 | 101.0 | 102.0 | 102.5 | 102.5 | 101.6 | 101.3 |
| 重庆 | 98.7 | 101.7 | 100.2 | 101.3 | 100.8 | 101.2 | 101.6 | 102.2 | 101.4 |
| 四川 | 100.6 | 103.0 | 100.2 | 100.8 | 100.5 | 101.4 | 102.7 | 102.7 | 101.4 |
| 贵州 | 101.3 | 103.0 | 100.1 | 100.2 | 100.9 | 101.8 | 101.7 | 101.6 | 101.2 |
| 云南 | 100.1 | 103.6 | 100.8 | 100.7 | 101.3 | 101.5 | 101.5 | 102.4 | 101.4 |
| 西藏 | 100.8 | 101.0 | 101.4 | 102.1 | 101.4 | 101.5 | 102.0 | 102.0 | 101.5 |
| 陕西 | 100.1 | 103.6 | 99.8 | 100.3 | 101.3 | 102.1 | 102.4 | 101.9 | 101.6 |
| 甘肃 | 99.9 | 104.6 | 101.0 | 100.9 | 101.4 | 101.7 | 101.9 | 101.3 | 102.0 |
| 青海 | 100.7 | 104.3 | 101.0 | 100.4 | 101.2 | 102.1 | 102.0 | 102.4 | 101.5 |
| 宁夏 | 100.4 | 103.2 | 100.1 | 100.7 | 101.8 | 102.9 | 101.1 | 100.6 | 102.0 |
| 新疆 | 99.4 | 104.6 | 99.6 | 100.5 | 100.9 | 100.9 | 101.3 | 100.6 | 102.0 |

# 附录8 主要年份全国及各省(区、市)工业生产者出厂价格指数

(上年=100)

| 地区 | 2010年 | 2015年 | 2016年 | 2017年 | 2018年 | 2019年 | 2020年 | 2021年 |
|---|---|---|---|---|---|---|---|---|
| **全 国** | **105.5** | **94.8** | **98.6** | **106.3** | **103.5** | **99.7** | **98.2** | **108.1** |
| 北 京 | 102.2 | 96.9 | 98.1 | 100.7 | 100.0 | 99.6 | 99.1 | 101.1 |
| 天 津 | 105.1 | 90.3 | 97.9 | 108.4 | 105.4 | 99.3 | 97.1 | 110.9 |
| 河 北 | 109.0 | 89.1 | 99.9 | 115.0 | 106.2 | 100.2 | 98.5 | 116.4 |
| 山 西 | 109.5 | 87.7 | 96.8 | 119.4 | 106.7 | 99.7 | 96.7 | 130.2 |
| 内蒙古 | 106.7 | 94.0 | 98.9 | 110.6 | 103.2 | 102.1 | 99.7 | 128.5 |
| 辽 宁 | 107.4 | 93.9 | 98.8 | 108.1 | 104.8 | 99.5 | 97.0 | 113.6 |
| 吉 林 | 105.2 | 95.3 | 98.4 | 103.1 | 102.8 | 98.9 | 98.6 | 105.1 |
| 黑龙江 | 115.0 | 86.0 | 95.1 | 109.3 | 109.0 | 98.2 | 93.4 | 112.3 |
| 上 海 | 102.3 | 96.1 | 98.8 | 103.5 | 101.7 | 98.8 | 98.3 | 102.1 |
| 江 苏 | 107.3 | 95.3 | 98.1 | 104.8 | 102.8 | 98.9 | 97.8 | 106.3 |
| 浙 江 | 106.2 | 96.4 | 98.3 | 104.8 | 103.4 | 98.9 | 96.9 | 106.3 |
| 安 徽 | 109.0 | 93.9 | 98.5 | 108.0 | 103.0 | 100.3 | 99.1 | 107.7 |
| **福 建** | **103.2** | **97.0** | **99.1** | **104.1** | **102.8** | **100.6** | **98.4** | **104.9** |
| 江 西 | 115.3 | 93.7 | 98.6 | 107.9 | 104.2 | 98.9 | 98.3 | 110.5 |
| 山 东 | 107.2 | 95.2 | 98.5 | 105.5 | 103.7 | 99.7 | 98.1 | 110.3 |
| 河 南 | 107.8 | 95.4 | 99.0 | 106.8 | 103.6 | 100.2 | 99.2 | 107.8 |
| 湖 北 | 104.9 | 96.7 | 99.0 | 105.6 | 104.2 | 100.2 | 99.1 | 104.1 |
| 湖 南 | 106.9 | 96.3 | 98.9 | 105.8 | 103.2 | 99.6 | 99.0 | 105.9 |
| 广 东 | 103.2 | 96.8 | 99.4 | 103.3 | 101.8 | 100.2 | 99.0 | 103.4 |
| 广 西 | 112.0 | 97.0 | 99.1 | 107.6 | 103.2 | 99.3 | 99.4 | 108.9 |
| 海 南 | 107.7 | 89.8 | 96.0 | 108.8 | 108.2 | 97.4 | 93.8 | 113.5 |
| 重 庆 | 103.1 | 97.2 | 98.6 | 104.1 | 102.1 | 99.8 | 99.1 | 103.2 |
| 四 川 | 105.0 | 96.4 | 98.9 | 106.5 | 103.6 | 100.4 | 98.8 | 105.9 |
| 贵 州 | 104.7 | 96.1 | 97.9 | 107.2 | 101.8 | 99.8 | 98.3 | 106.5 |
| 云 南 | 108.8 | 94.9 | 97.6 | 105.2 | 102.4 | 100.0 | 98.6 | 110.0 |
| 西 藏 | 105.8 | 93.2 | 102.9 | 110.0 | 100.1 | 98.9 | 99.4 | 101.5 |
| 陕 西 | 108.7 | 90.8 | 97.6 | 110.8 | 105.4 | 100.8 | 95.1 | 116.9 |
| 甘 肃 | 115.0 | 87.0 | 94.9 | 114.5 | 109.5 | 98.3 | 93.9 | 116.4 |
| 青 海 | 109.4 | 93.1 | 98.5 | 116.7 | 104.8 | 98.5 | 96.6 | 114.5 |
| 宁 夏 | 109.1 | 93.7 | 99.1 | 112.1 | 107.3 | 99.4 | 96.9 | 119.9 |
| 新 疆 | 125.3 | 82.4 | 94.5 | 113.7 | 111.2 | 98.5 | 91.6 | 119.4 |

# 附录9 全国及各省(区、市)工业生产者购进价格指数

(上年=100)

| 地　区 | 2010年 | 2015年 | 2016年 | 2017年 | 2018年 | 2019年 | 2020年 | 2021年 |
|---|---|---|---|---|---|---|---|---|
| **全　国** | **109.6** | **93.9** | **98.0** | **108.1** | **104.1** | **99.3** | **97.7** | **111.0** |
| 北　京 | 110.5 | 93.7 | 98.5 | 104.4 | 100.8 | 99.6 | 99.5 | 103.7 |
| 天　津 | 110.0 | 92.4 | 98.3 | 111.1 | 106.2 | 98.8 | 96.9 | 114.7 |
| 河　北 | 110.9 | 90.3 | 98.3 | 114.5 | 104.0 | 102.1 | 98.4 | 119.8 |
| 山　西 | 109.0 | 93.1 | 98.1 | 115.2 | 105.5 | 101.1 | 97.2 | 116.3 |
| 内蒙古 | 105.0 | 95.9 | 97.4 | 106.3 | 102.4 | 101.1 | 99.5 | 128.0 |
| 辽　宁 | 108.6 | 93.5 | 97.9 | 108.0 | 104.5 | 100.8 | 98.2 | 115.0 |
| 吉　林 | 108.6 | 96.6 | 97.8 | 103.4 | 103.5 | 99.2 | 98.7 | 106.2 |
| 黑龙江 | 114.5 | 88.2 | 96.0 | 110.2 | 109.0 | 100.3 | 95.1 | 110.5 |
| 上　海 | 111.2 | 90.6 | 97.7 | 108.9 | 105.2 | 98.7 | 96.9 | 107.3 |
| 江　苏 | 112.8 | 92.1 | 98.0 | 109.7 | 104.6 | 97.2 | 96.5 | 113.8 |
| 浙　江 | 112.0 | 94.5 | 97.8 | 109.6 | 105.1 | 97.1 | 95.9 | 114.5 |
| 安　徽 | 111.8 | 93.5 | 98.4 | 109.2 | 105.3 | 99.9 | 98.5 | 111.5 |
| **福　建** | **107.7** | **96.1** | **98.0** | **105.3** | **102.8** | **99.0** | **98.6** | **109.2** |
| 江　西 | 111.8 | 93.6 | 97.7 | 107.2 | 103.2 | 98.2 | 97.0 | 112.3 |
| 山　东 | 109.3 | 95.0 | 98.0 | 107.3 | 103.6 | 99.2 | 97.5 | 109.5 |
| 河　南 | 110.2 | 95.4 | 99.2 | 107.3 | 104.0 | 101.2 | 99.4 | 109.5 |
| 湖　北 | 110.4 | 92.8 | 98.3 | 108.3 | 104.8 | 99.3 | 98.4 | 108.5 |
| 湖　南 | 110.0 | 94.5 | 98.0 | 107.2 | 103.5 | 100.2 | 98.9 | 108.1 |
| 广　东 | 107.3 | 95.3 | 98.0 | 105.3 | 102.5 | 99.2 | 97.4 | 108.0 |
| 广　西 | 111.2 | 95.7 | 98.3 | 106.5 | 103.4 | 99.5 | 98.5 | 110.7 |
| 海　南 | 110.3 | 88.5 | 94.8 | 112.4 | 110.8 | 103.1 | 92.0 | 116.5 |
| 重　庆 | 106.9 | 97.1 | 98.4 | 104.4 | 102.5 | 100.1 | 99.9 | 107.2 |
| 四　川 | 106.1 | 96.7 | 98.8 | 108.3 | 105.3 | 100.6 | 98.1 | 107.5 |
| 贵　州 | 109.8 | 97.5 | 98.5 | 109.7 | 103.4 | 99.4 | 98.6 | 112.0 |
| 云　南 | 109.0 | 96.9 | 95.9 | 106.2 | 104.4 | 99.0 | 97.3 | 108.9 |
| 西　藏 | | | | | | | | |
| 陕　西 | 109.7 | 95.2 | 95.9 | 106.4 | 104.2 | 100.3 | 97.6 | 116.3 |
| 甘　肃 | 114.4 | 87.0 | 94.6 | 115.5 | 109.8 | 99.0 | 94.1 | 118.1 |
| 青　海 | 108.6 | 97.7 | 96.2 | 108.0 | 104.5 | 98.2 | 96.1 | 111.5 |
| 宁　夏 | 114.1 | 92.1 | 96.9 | 112.9 | 106.5 | 97.5 | 94.7 | 120.8 |
| 新　疆 | 123.9 | 84.3 | 95.5 | 112.8 | 109.2 | 100.0 | 93.4 | 115.0 |

# 附录10 主要年份全国及各省(区、市)农产品生产者价格指数

| 地区 | 2010年 | 2015年 | 2016年 | 2017年 | 2018年 | 2019年 | 2020年 | 2021年 |
|---|---|---|---|---|---|---|---|---|
| **全国** | **110.9** | **101.7** | **103.4** | **96.5** | **99.1** | **114.5** | **115.0** | **97.8** |
| 北京 | 106.5 | 99.8 | 99.7 | 96.2 | 103.6 | 109.9 | 110.9 | 98.2 |
| 天津 | 110.2 | 100.7 | 103.0 | 95.5 | 104.2 | 108.8 | 114.9 | 109.8 |
| 河北 | 115.1 | 97.5 | 96.8 | 96.2 | 104.7 | 107.1 | 111.5 | 108.1 |
| 山西 | 110.2 | 95.8 | 95.2 | 95.9 | 104.7 | 115.2 | 109.4 | 104.8 |
| 内蒙古 | 111.4 | 98.0 | 95.1 | 95.6 | 102.0 | 105.6 | 111.0 | 107.6 |
| 辽宁 | 110.6 | 99.5 | 100.7 | 93.6 | 103.7 | 107.6 | 108.1 | 105.1 |
| 吉林 | 111.8 | 100.6 | 93.1 | 89.5 | 106.1 | 108.7 | 117.1 | 109.3 |
| 黑龙江 | 109.2 | 98.7 | 93.6 | 95.1 | 100.8 | 106.2 | 118.5 | 111.1 |
| 上海 | 107.1 | 102.4 | 106.6 | 98.4 | 100.5 | 105.6 | 106.7 | 104.4 |
| 江苏 | 108.8 | 102.3 | 104.0 | 97.9 | 100.9 | 109.3 | 107.5 | 100.3 |
| 浙江 | 114.8 | 102.0 | 104.5 | 99.1 | 100.8 | 109.9 | 107.3 | 99.3 |
| 安徽 | 110.8 | 99.8 | 101.0 | 98.4 | 99.0 | 109.3 | 115.6 | 101.3 |
| **福建** | **111.5** | **101.2** | **108.3** | **98.9** | **102.6** | **106.9** | **102.3** | **104.5** |
| 江西 | 107.5 | 103.7 | 104.1 | 97.3 | 97.4 | 113.2 | 111.0 | 96.1 |
| 山东 | 118.8 | 100.1 | 102.8 | 98.6 | 100.5 | 112.2 | 108.7 | 104.2 |
| 河南 | 112.5 | 100.7 | 103.2 | 94.9 | 97.9 | 119.9 | 116.8 | 98.0 |
| 湖北 | 112.3 | 99.5 | 106.2 | 99.3 | 96.6 | 110.1 | 118.1 | 101.0 |
| 湖南 | 109.9 | 104.1 | 104.7 | 98.0 | 95.4 | 118.0 | 123.3 | 90.1 |
| 广东 | 107.6 | 102.3 | 106.5 | 99.4 | 101.3 | 107.3 | 104.7 | 98.8 |
| 广西 | 107.6 | 102.0 | 106.1 | 98.2 | 97.3 | 115.5 | 115.5 | 94.9 |
| 海南 | 107.9 | 99.1 | 106.7 | 101.9 | 97.3 | 109.2 | 112.8 | 106.3 |
| 重庆 | 103.2 | 102.4 | 109.8 | 96.8 | 99.7 | 112.1 | 113.6 | 98.4 |
| 四川 | 105.9 | 103.3 | 105.6 | 97.8 | 100.2 | 115.6 | 116.1 | 94.3 |
| 贵州 | 106.7 | 104.6 | 108.7 | 96.7 | 92.6 | 116.2 | 122.6 | 86.4 |
| 云南 | 112.5 | 101.3 | 103.9 | 98.7 | 96.9 | 109.6 | 120.2 | 96.8 |
| 西藏 | | | | | | | | |
| 陕西 | 121.7 | 96.3 | 98.0 | 98.4 | 100.9 | 107.7 | 112.3 | 99.3 |
| 甘肃 | 113.8 | 99.8 | 99.2 | 99.1 | 101.7 | 109.9 | 106.6 | 101.9 |
| 青海 | 124.3 | 96.1 | 104.5 | 101.0 | 100.3 | 109.6 | 122.6 | 104.1 |
| 宁夏 | 117.0 | 98.4 | 98.7 | 99.3 | 105.0 | 106.4 | 113.1 | 106.5 |
| 新疆 | 131.5 | 90.4 | 107.6 | 100.7 | 106.3 | 99.6 | 111.0 | 114.2 |